AF366530

COMPETENCIAS DIRECTIVAS

Llorenç Guilera

COMPETENCIAS DIRECTIVAS

Llorenç Guilera

Colección: Gestiona
Director: David Soler

COMPETENCIAS DIRECTIVAS
1.ª edición, 2016, FUNDIT - Escola Superior de Disseny ESDi,
    ISBN 978-84-936165-5-7
2.ª edición, 2021, Marge Books

© Llorenç Guilera Agüera
© de esta edición, incluido el diseño de la cubierta: ICG Marge, SL

Edita: Marge Books
València, 558 - 08026 Barcelona
Tel. 931 429 486 - marge@margebooks.com
www.margebooks.com

Gestión editorial: Eva Franch
Corrección: Mariella del Riego y Alejandro Vázquez
Revisiones: ESDi - Unitat Departamental de Teoria i Anàlisi del Disseny
Colaboración editorial: Laura Serral
Diseño gráfico y maquetación: Alexandre Fusté i Capellas
Impresión: Prodigitalk, SL (Martorell, Barcelona)

ISBN edición impresa: 978-84-18532-65-8
ISBN edición digital: 978-84-18532-66-5
Depósito Legal: B 6004-2021

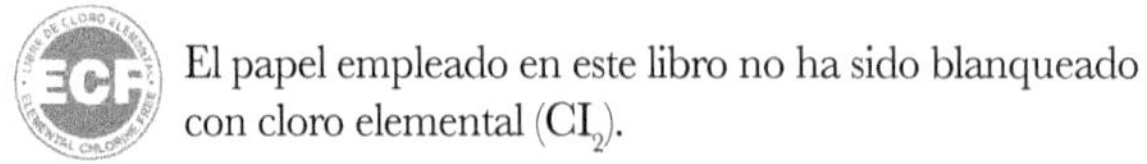

El papel empleado en este libro no ha sido blanqueado con cloro elemental (CI_2).

ÍNDICE

AGRADECIMIENTOS

A los profesores Jordi Villoro, Helena Puig, Patricia Rodríguez, Roberto Torregrosa, Jesús Molina, José Antonio Pérez-Aranda, María Abellanet, María Soy, Lucas Vidaller, Núria Louzao, Mònica Subirats, Rosó Marsellés, Lluís Jover, Rossano Eusebio, Glòria Fernández, Inés Martins y Antonio Garrell por haber confiado en mis capacidades docentes en este tema.

A Mariella del Riego y Alejandro Vázquez por haberme ayudado en la corrección del texto. A Alexandre Fusté por haberle proporcionado un diseño eficiente y agradable.

A todos los que, a lo largo de estos años, han confiado en mis dotes personales de liderazgo para asignarme responsabilidades directivas.

A todos los colaboradores que han sabido aconsejarme e indicarme cuándo mis decisiones no eran acertadas.

A todos los alumnos que mediante su interés me han obligado a formalizar mejor mis conocimientos sobre las competencias directivas y las esencias fundamentales del liderazgo.

EL AUTOR

Llorenç Guilera

Doctor en Psicología por la Universidad Autónoma de Barcelona (UAB) e ingeniero industrial por la Escuela Técnica Superior de Ingenieros de Barcelona. Especializado en Neurociencias aplicadas a la creatividad y la innovación, a las competencias directivas y a la mejora de la memoria y de las capacidades cognitivas. Creador del Taller de inteligencia eficaz que se realizó durante 18 ediciones en la UAB. Director del Primer y Segundo Congreso Internacional de Diseño e Innovación de Catalunya celebrados en Sabadell bajo la organización de la Escuela Superior de Diseño ESDI (www.esdi.es).

Ha combinado su experiencia profesional como directivo de empresas multinacionales de la informática con la dirección de centros de investigación universitaria y su práctica docente por más de 25 años en cuatro universidades.

Entre sus publicaciones destacan *La educación de la inteligencia* (Editorial Almon,1998), *Más allá de la inteligencia emocional: las cinco dimensiones de la mente* (Thomson, 2006), *Anatomía de la creatividad* (Marge Books, 2011), *No te olvides de tu memoria* (RBA, 2014), *Competencias directivas* (FUNDIT, 2016), y *La Industria 4.0 en la sociedad digital* (Marge Books, 2019).

PRÓLOGO

Este libro quiere aportar una visión práctica y actual en el debate sobre los aspectos clave en el binomio simbiótico diseño y conocimiento. En este contexto pocos son los que dudan que en la actualidad el proceso de diseño exige el trabajo interdisciplinar, configurndo equipos heterogéneos tanto en formación, especialidad, cultura o edad. Equipos que desde la complementariedad de las competencias son capaces de abordar retos complejos con criterios de excelencia en los resultados alcanzados en escenarios de recursos fintos de irrenunciable sostenibilidad y de máxima competitividad. Equipos heterogéneos con retos y escenarios complejos que requieren el despliegue de las idóneas competencias directivas.

Unas competencias directivas que han variado sustancialmente en los últimos años, no sólo por la composición de los equipos y los retos abordados, como consecuencia del impacto de las TIC en la manera en que trabajamos, documentamos, relacionamos, viajamos, informamos o analizamos. Los tiempos han variado y hoy en día ya no es el grande quien se come al pequeño, sino el rápido que se come al lento. Hoy las estructuras jerárquicas se han aplanado y la toma de decisión se ha colegiado, sin que eso delimite la responsabilidad de los directivos.

El Jefe, "dotado de autoridad investida" para mandar y conducir a persona, ha sido reemplazado por el líder, "dotado de autoridad reconocida basada en la responsabilidad" para sugerir, influir, a un equipo para lograr objetivos complejos. Liderazgo obliga a interactuar para lograr la cooperación capaz de identificar alternativas y encontrar la mejor solución. Es decir *"movilizar a otros para luchar por una aspiración compartida"* como explicitaron James M. Kouzes y Barry Z. Posner

En este nuevo escenario de progreso científico acelerado, de avances tecnológicos sociotransformadores, de globalización imparable y de competencia hombre/máquina por el avance de la inteligencia artificial es en el que se encuadra el desarrollo de las necesidades de dirección o coordinación de los equipos. Unos recursos productivos configurados por capital humano, instalaciones y maquinaria operativa, y de forma creciente por robots o máquinas capaces de tomar decisiones no predeterminada.

La inclusión en los robots o máquinas inteligentes que se integraran en los equipos a dirigir y recursos a gestionar, es sin duda un nuevo factor de complejidad ya que la sustitución de humanos por robots puede rondar el 50% en un horizonte de 20 a 30 años. Una tendencia corroborada en el estudio *The future of jobs, 2025: working side by side with robots* elaborado por la empresa Forrester, en él se explicita que sólo en Estados Unidos 22,7 millones de puestos de trabajo pasarán en manos de robots en los próximos diez años.

Este es el nuevo escenario en que se desarrolla y desarrollará la actividad y que exige unas competencias directivas muy específicas y en cierto modo nuevas y en proceso de cambio. Es en este contexto en el que se encuadra el nuevo libro del Dr. Llorenç Guilera, un libro avanzado al tiempo que consigue, al atento lector, descubrir las claves del éxito en la gestión y dirección, considerando todos los aspectos que convergen en la actividad y muy especialmente aquellas asociadas en el acierto en la toma de decisiones, unas decisiones que como recuerda el autor, citando a Ken O´Donnell *"El rendimiento de una organización está íntimamente relacionado con las formas de interacción de los equipos que la componen"*, y añadiendo *"el rendimiento de un equipo está íntimamente relacionado con las formas de interacción de las personas que lo componen"*. Tomas de decisión que a su vez deben encuadrarse en la gestión planificada y aquella asociada a las crisis y emergencias ya sean a las asociadas a las catástrofes naturales, incidencias derivadas de acciones de terceros, o las que plantea la competencia. Todo un conjunto de hechos que exige que los *"directivos,* y las personas claves de los equipos, *tengan que estar disponible para gestionar eventuales catástrofes y emergencias de su empresa las 24 horas al día de los 365 días del año"*. Nuevos escenarios donde el surgimiento de conflictos está asegurado y que requiere de gran dotación en inteligencia emocional para evitar que los conflictos se conviertan en confrontaciones insalvables.

El libro que ahora se disponen a leer es un libro que para mucho de los lectores puede convertirse en un libro de cabecera, un libro para consultar, para ayudar a todos los que tienen la responsabilidad de tomar decisiones, y en este punto bueno recordar que todos en nuestras esferas de relación y responsabilidad debemos tomar decisiones, por ello estoy convencido *Competencias Directivas* del Dr. Guilera es un libro recomendable no solo a directivos, sino a todos y cada uno de nosotros, de aquellos que sabemos que decidir comporta riesgos, pero sólo arriesgando se consigue progresar y trazar el futuro en libertad.

Antoni Garrell i Guiu
Fundacio per l'ESDi (FUNDIT)
Director General

COMPETENCIAS DIRECTIVAS

PÓRTICO

Por fortuna —según mi apreciación personal— o por mala suerte —según la opinión de personas muy allegadas—, desde que era estudiante de ingeniería y antes de terminar mi primera carrera universitaria, me ha tocado asumir siempre funciones directivas en todos los empleos que he tenido. A lo largo de cuarenta años he sido director de servicios informáticos de tres universidades diferentes, director de dos centros de investigación, gerente de sistemas avanzados de una entidad bancaria, responsable para España de la consultoría de dos importantes multinacionales de informática y, ya en los últimos tiempos, director de una Escuela de Diseño.

Con ello quiero significar que los conocimientos que pretendo desplegar en este libro han sido adquiridos por un largo goteo y filtrado de experiencias vividas en primera persona.

Desde 2008 tengo el honor y el placer de impartir la asignatura de Sociología laboral en la Escuela Superior de Diseño ESDi, centro adscrito a la Universidad Ramon Llull, y las enseñanzas de Competencias directivas en la Escuela Universitaria de Turismo CETT, centro adscrito a la Universidad de Barcelona.

Enseñar a los demás ha sido siempre una de las maneras más consistentes para consolidar los conocimientos que se poseen. Los alumnos, con sus dudas y sus inquietudes, te obligan siempre a sistematizar y profundizar los conceptos que quieres transmitirles. A todos ellos les debe, pues, este texto, profundo agradecimiento.

Estructurado en quince capítulos, este libro pretende ofrecer una visión muy completa de todas las competencias fundamentales para poder ser un buen líder de no importa qué tipo de empresa o institución.

Detalla los distintos tipos de liderazgos posibles e incide sobre la necesidad del liderazgo basado en valores. Va orientado a la aplicación práctica de las competencias directivas.

Debido a mi formación como doctor en Psicología, he creído que era imprescindible dar a los lectores la visión integradora de todas las capacidades humanas a través del conocimiento del funcionamiento del cerebro humano que nos han proporcionado las Neurociencias.

Muchos textos sobre liderazgo incorporan hoy en día la apropiada utilización de Inteligencia Emocional; pero pocos, en mi opinión, dan una visión global de las diferentes capacidades con las que las Neurociencias nos han hecho ver que hemos sido dotados por la evolución darwiniana de nuestro cerebro (emociones, intuiciones (instintos, razonamiento y capacidad de planificación). Las competencias directivas necesitan siempre una adecuada contribución de estas cinco capacidades mentales que componen y movilizan inevitablemente nuestro funcionamiento cotidiano.

Muchos son, también, los libros de diversos autores, que me han ayudado a formalizar mejor mis conceptos prácticos. Al final de cada capítulo indico las referencias bibliográficas que recomiendo para expandir y complementar lo que aquí se explica. Pero, como siempre les digo a mis alumnos: todos los textos sobre el tema de las competencias directivas nos pueden ser útiles; unos porque nos aportan reflexiones sobre lo que nos conviene hacer, otros porque nos hacen reflexionar que las cosas no son como ellos explican. El libro que cada cual debe construirse, residirá en su cerebro como consecuencia de la combinación entre lo que ha leído, lo que ha reflexionado y —sobre todo— lo que ha experimentado en primera persona.

CAPÍTULO 1 - LIDERAZGO

¿Qué significa ser líder?

Seguro que, sin tener que reflexionarlo mucho, cualquiera asocia la palabra líder con la función de dirigir, mandar, conducir un grupo de gente o —para un aficionado a los deportes— a ir en el primer lugar de la clasificación. Está claro que se puede ser líder en cualquier campo: en política, en religión, en arte, en deportes… Pero si hablamos de liderazgo en empresas, vale la pena ver cómo lo expresan los expertos en competencias directivas.

Peter *Northouse*, en su libro *Leadership: Theory and Practice*, formula la siguiente definición:

> «El liderazgo es un proceso por el cual una persona o un grupo de personas influyen en una serie de individuos para conseguir un objetivo común».

Definición muy similar a la que expresan James M. Kouzes y Barry Z. Posner en *The Leadership Challenge*:

> "Liderazgo es el arte de movilizar a otros para luchar por una aspiración compartida".

Pero, a las primeras de cambio —antes de hacernos una imagen demasiado glamurosa— conviene tener presente lo que nos advierte Peter F. Drucker:

> "Liderazgo no consiste en rangos, títulos, privilegios o dinero. Consiste en responsabilidad".

Cuestión de personalidad

Para ser un buen líder hay que partir de una personalidad adecuada. No todo el mundo dispone de las características necesarias.

Podemos distinguir, en la sociedad, tres tipos de personas:

1. Las que ni tan siquiera se plantean la posibilidad de sugerir a los demás qué es lo que tendrían que hacer;
2. Las que siempre saben lo que deberían hacer o haber hecho los demás;
3. Las que son capaces de interactuar con quién haga falta para buscar juntos las mejores alternativas a los problemas a resolver.

Una persona del primer tipo, prefiere no afrontar solo los problemas y está deseando que alguien le diga qué tiene que hacer. Desea que le dirijan. Una persona del segundo tipo tiene tendencias déspotas y autoritarias y debería renunciar, de entrada, a hacer de líder de nadie. Ninguno de estos dos tipos de personas debería aceptar nunca un cargo de responsabilidad directiva. O no ser que previamente hagan una reeducación profunda de sus respectivas personalidades y adquieran competencias básicas de las que carecen.

Solo si se pertenece al tercer grupo se tiene la personalidad adecuada para ser un buen líder. Pero no basta con tener la personalidad. Para ser un buen líder hace falta dominar los **conceptos**, las **estrategias**, las **metodologías** y la **práctica cotidiana** de las **competencias directivas**.

a Nos vemos obligados a movernos en un terreno (o tema) totalmente nuevo y desconocido.

b Conocemos el terreno (o tema) pero nos falta información crucial para poder tomar la decisión adecuada.

c No nos falta ni información ni conocimientos pero no dominamos a fondo las competencias o habilidades necesarias para acertar en las decisiones que habrá que tomar.

d Estamos rodeados de personas que nos afirman que nuestra decisión es errónea y nos conducirá al fracaso o a grandes perjuicios y carecemos de la seguridad necesaria en los beneficios de nuestra decisión. Ante el riesgo de una decisión errónea, queremos contrastarla previamente con personas que, a nuestro criterio, podrán ratificarla o hacernos ver que estamos equivocados.

Necesidad de liderazgo

Por autosuficientes que nos consideremos, todos necesitamos que alguien dirija nuestros pasos cuando estamos en una de las siguientes situaciones:
Los colectivos humanos demuestran continuamente la necesidad de ser liderados. Incluso en grupos de reducidas dimensiones es frecuente que se produzcan discrepancias sobre los objetivos a conseguir y, ya no digamos, sobre la manera de abordarlos. No siempre logran ponerse de acuerdo aplicando tan solo las reglas de convivencia social. En estos casos, asumir que un miembro particular del grupo tiene la autoridad para tomar la última decisión y acabar

con los debates y las dudas es, casi siempre, una necesidad aceptada por el colectivo. La única dificultad puede ser superar las diferencias de opiniones a la hora de acordar a qué persona concreta se le reconocen las competencias necesarias e imprescindibles para ejercer de líder.

No es lo mismo liderar que gobernar

Ken O´Donnell, consultor internacional, en su obra *v*, afirma:

> "El rendimiento de una organización está íntimamente relacionado con las formas de interacción de los equipos que la componen".

Y se podría añadir: "el rendimiento de un equipo está íntimamente relacionado con las formas de interacción de las personas que lo componen". Porque, como señala el propio O'Donnell:

> "La esencia del trabajo en equipo radica en el entendimiento de la dinámica de las relaciones humanas y la forma como nos tratemos".

Una organización puede ser gobernada por un equipo de gobierno o liderada por un equipo de expertos y su andadura será muy distinta.

- **Gobernar es dirigir a golpe de mandatos, decretos y reglas.** Dictar, desde las leyes y normativas establecidas qué es lo que debe hacerse (por una supuesta sabiduría superior).

- **Liderar es gozar de la confianza de un equipo o colectivo** para — a sugerencia y petición de ellos — dialogar y determinar qué es lo que debe hacerse.

Para gobernar hay que disponer de un ámbito de poder en el que sea imperativo que los gobernados escojan entre obedecer o asumir la sanción correspondiente a la desobediencia. Para liderar hay que gozar del reconocimiento del grupo de ser poseedor de un carisma personal y una autoridad basada en alguna clase de excelencia (de la moral, de la inteligencia, de la creatividad, de alguna habilidad particular o conocimiento específico).
En los colectivos muy grandes (por ejemplo: una nación) se hace necesaria la dirección por un equipo que gobierne. Si el colectivo goza de un sistema democrático, el equipo de gobierno saldrá de unas elecciones libres entre los diferentes líderes que se ofrezcan a la voluntad mayoritaria.

No es lo mismo ser jefe que ser líder

A los directivos centrados en ejercer su autoridad sin profundizar en adquirir competencias directivas les llamaremos "jefes". En la Tabla 1.1 resumimos las principales diferencias entre la manera de actuar de un jefe y un auténtico líder.

Jefe	Líder
Administra	Innova
Imita o copia	Crea
Mantiene	Desarrolla
Centrado en el corto plazo	Planifica a largo plazo
Se ocupa del "Cómo" y "Cuándo"	Se ocupa del "Qué" y el "Porqué"
Se centra en los mercados actuales	Vislumbra horizontes de futuro
Conserva el statu quo	Arriesga
Atento a los sistemas y las estructuras	Atento a las personas
Da órdenes a sus "subordinados"	Guía a sus "colaboradores"
Controla a sus "subordinados"	Delega y ofrece confianza a sus "colaboradores"
Quiere que sus subordinados le obedezcan	Quiere que sus colaboradores crezcan con él
Procura ser un buen capitán	Procura ser buena persona
Quiere hacer las cosas correctamente	Quiere hacer las cosas correctas

Tabla 1.1. - Diferencias entre jefe y líder

Es bastante frecuente que un "jefe" sólo busque el beneficio egoísta y egocéntrico de su carrera profesional y sacrifique los objetivos de la empresa a este fin. A nadie le gusta trabajar para esta clase de malos líderes. Puede que logren engañar a su equipo durante un tiempo, pero en situaciones críticas se pondrán en evidencia y dejarán de ser apreciados por sus "subordinados".

También hay jefes que buscan ganar en solitario las batallas, sin contar con sus colaboradores. Porque no confían en ellos o no saben cómo motivarlos. Estos tipos de jefes crean frustración y descontento y desmotivan al personal.

El liderazgo en el reino animal

Es un hecho que la mayoría de mamíferos son animales sociales y que la supervivencia de un grupo social de animales depende en gran manera del buen hacer de sus líderes. Vale la pena, pues, observar que soluciones adoptan algunas especies. Durante largos años se ha tenido interés en proporcionar una mirada totalmente sesgada del liderazgo en el mundo animal con el interés espurio de justificar un modelo de organización jerárquica (y machista) de las sociedades. Se nos ha puesto como modelo el sistema de los primates superiores (babuinos, orangutanes, gorilas y chimpancés) con el argumento de una mayor proximidad a nuestra subespecie. Aunque somos conscientes de que es una visión antropocéntrica —como no puede ser de otra manera—, conviene observarla variedad que existe en la aplicación del liderazgo en algunos animales sociales.

Los gorilas, por ejemplo, son proclives a aceptar a un macho dominante como jerarca de la tribu (compuestas normalmente por menos de 50 ejemplares). Suele ser un gorila de los llamados "espalda plateada" por las canas que le adornan debido a la madurez de edad. Los "espaldas plateadas" toman todas las decisiones, median en los conflictos, deciden los movimientos del grupo, llevan a los demás a sitios donde alimentarse y toman la responsabilidad de la seguridad y el bienestar del grupo. Suelen monopolizar las relaciones sexuales con todas las hembras de la tribu y se han visto casos en que al reemplazar a un macho alfa muerto o derrotado, el nuevo macho dominante mata a las crías recientes del anterior. También es conocido que, cuando un macho "espalda negra" cree poder ganar en fuerza física al macho alfa gobernante, lo reta a luchar y que el gorila vencedor suele respetar al vencido que, a su vez, muestra inmediata sumisión en beneficio de la buena convivencia futura.

Los orangutanes se comportan de manera muy similar y recurren a veces a la violación de la hembra para lograr la reproducción, pero, a diferencia de algunos humanos, nunca hieren ni maltratan a las hembras violadas.

Pero existe un primate superior, el bonobo (también llamado chimpancé pigmeo) que no se organiza jerárquicamente con supeditación a machos dominantes. Son genéticamente tan afines al hombre como sus congéneres de mayor tamaño pero, a diferencia de ellos, detestan la agresividad y buscan la superación de los conflictos a través de las relaciones sexuales, totalmente desinhibidas y promiscuas. Basándose en las comparaciones de conductas, algunos antropólogos señalan que los humanos estamos a medio camino entre gorilas y bonobos.

Los bisontes norteamericanos tienen un líder al que siguen ciegamente y su organización social se asemeja en mucho a las sectas. Todos van al unísono pero si el líder sucumbe la manada se queda desorientada y sin saber qué hacer.

Los lobos cazan y se defienden de sus enemigos en manada y distribuyen sus presas de manera equitativa. Son monógamos y es frecuente que el liderato lo designe la manada a una pareja de macho y hembra reputados por su mayor experiencia.

Los grupos de elefantes suelen estar liderados por la elefanta más longeva porque es la que posee más experiencia y memoria de los sitios donde encontrar comida. Las hembras cuidan de las crías de manera colectiva y los machos suelen ir en grupo aparte siguiendo el rastro de sus familias.

Las bandadas de aves migratorias no tienen un líder único. Son muchas las aves que alternativamente van presidiendo el vértice de la típica formación en V que adoptan. Los pingüinos emperador demuestran, en su larga marcha a la reproducción de cada año, esta alternancia natural e improvisada de líderes sucesivos según quién recibe primero las señales de orientación.

Las manadas de ciervos y de abejas carecen de líderes y deciden en grupo si hay que permanecer o huir y cuál es la dirección más ventajosa en cada caso. En los grandes bancos de peces se ha comprobado que los líderes que guían sus trayectorias son los individuos mejor alimentados. Ellos son la garantía para el colectivo de saber dónde hallar comida y de poseer rápidos reflejos para escaparse de los depredadores.

Los delfines viven en comunidad, sin líderes establecidos, y cada uno se cuida a sí mismo pero se protegen en grupo y se auxilian cuando cualquiera lo necesita.

Las hormigas y las abejas productoras de miel son todas obreras sin jerarquías y se coordinan perfectamente entre ellas para llevar a cabo el trabajo del grupo en equipo cooperativo. Son un ejemplo para el estudio científico de la inteligencia colectiva y han sido fuente de inspiración en la construcción de robots autónomos.

Origen de la autoridad

¿A qué se debe que a una persona le otorguemos la autoridad de que nos dirija y a otra se la neguemos? La autoridad de un líder o un jefe puede tener orígenes muy diversos:

Autoridad por jerarquía
Se basa en el ejercicio de la potestad nominal, en la creencia de que **cada nivel de la organización trabaja para los intereses del nivel superior**, que lo sabe todo y al que no se le puede contradecir. Ejemplo: los jefes de taller reportan al jefe de planta y le obedecen en todo.
Una variante es la autoridad otorgada por el hecho de ocupar **un cargo de responsabilidad** en el organigrama de la empresa. Ejemplo: el hijo del dueño ocupando la dirección administrativa.

Autoridad por propiedad de los recursos
La autoridad la ejerce el propietario de la empresa por **el derecho que le otorga haber proporcionado los recursos de producción** y con independencia de si posee o no capacidades directivas. Ejemplo: el dueño lleva el negocio y manda, típico en muchas Pymes.

Autoridad coercitiva
Por las **amenazas de aplicar una fuerza superior sobre los que no obedezcan.** Ejemplos: la ocupación militar de un país, un jefe tiránico en una empresa.

Autoridad por capacidad
Proviene del conocimiento. **Se le otorga la autoridad porque posee el conocimiento más idóneo para dirigir la unidad de trabajo o la empresa entera.** Los directivos de la empresa son los que se supone que tienen mayores conocimientos estratégicos y, por eso, tienen la última palabra en los temas de este tipo.
Una variante es la autoridad por tener **conocimientos imprescindibles** para lograr los objetivos que el grupo persigue. Ejemplo: Steve Jobs y líderes de empresas o unidades de alta tecnología.

Autoridad por información privilegiada
La autoridad proviene de tener **acceso privilegiado a información estratégica.** Ejemplo: presidentes de gobierno, secretarios generales de partidos políticos, directores de servicios de espionaje.

Autoridad por capacidad contrastada
Tener reconocimiento del grupo por **anteriores experiencias exitosas.** Ejemplo: Charles de Gaulle y los entrenadores deportivos reputados.

Autoridad por carisma personal
La autoridad se le otorga por su **carisma personal y capacidad de persuasión** sobre el grupo. Por ganarse la confianza del grupo y saberlo convencer de que las metas propuestas son las mejores y él/ella es la persona ideal para guiarlo a conseguirlas. Ejemplo: líderes religiosos, líderes políticos, líderes de opinión.

Los objetivos de un líder empresarial

Los objetivos de un gerente o director general deberán ser los mismos que hayan definido los propietarios o el Consejo de Administración de la empresa.

Podrán ser del tipo:
  — Dar un servicio al país.
  — Alcanzar la relevancia social.
  — Crear puestos de trabajo.
  — Garantizar el futuro de las nuevas generaciones.
  — Etc.

Pero, se explicite o no, siempre estará, obligatoriamente, el objetivo básico y fundamental de toda empresa: **obtener beneficios económicos**. Sin la obtención de beneficios, las empresas están condenadas a desaparecer.

Son pocas las empresas que en el mundo actual no les toque navegar en un mar proceloso, lleno de continuas tormentas y cambios de viento. Mantener a flote una empresa es, a menudo, una tarea ardua que exige excelentes dotes de navegante en los mandos. La competencia –por civilizada que pueda presentarse a los ojos del gran público– plantea siempre una "lucha a muerte" de las empresas rivales. Cuando dos o más empresas compiten por un mismo nicho de mercado, cada una de ellas busca la desaparición total de sus rivales o, si resulta viable, su absorción.

El objetivo máximo de un líder empresarial será, pues, **aumentar la competitividad de su empresa en el mercado global**, sus beneficios y su proyección de futuro. Para ello deberá actuar en tres ejes imprescindibles:
  1- Ofrecer **innovación continua** con los mejores servicios y productos posibles en su subsector.
  2 - Aumentar al máximo posible la **productividad**.
  3 - Afrontar la **internacionalización** de la empresa para abarcar el mercado global.

Factores que inciden en los beneficios de la empresa

Son varios los factores que permiten mejorar la cuenta de resultados de una empresa:
  1 - **Aumentar la producción**, con máxima calidad y mínimo coste. Ideal cuando se tiene demanda suficiente. Si la demanda baja, nos llenamos de stocks que nos pueden llevar a la ruina.
  2 - **Marketing innovador y agresivo.** Los costes deberán estar en proporción al aumento de ventas previsto. Se corre el riesgo de que la competencia nos supere mediante una campaña más acertada o con una relación calidad/precio que nos aparte del mercado.
  3 - **Minimizar los gastos financieros.** Es una condición imprescindible que nos permitirá disponer de más recursos económicos para aplicar al resto de partidas.

4 - **Optimizar las condiciones con los proveedores**. Comprar barato y pagar con comodidades ayuda a disponer de más recursos económicos. Tiene el inconveniente de que no fideliza suficientemente a los proveedores y se corre el riesgo de perder a los mejores porque obtengan mejor trato en la competencia.

5 - **Vender al máximo precio posible** sin perder competitividad. Es una regla de oro de toda venta. Obliga a seguir con máxima agilidad las fluctuaciones del mercado. Para las empresas pequeñas tiene el peligro de ser víctimas de un dumping de precios de los grandes.

6 - **Minimizar los costes de personal** y maximizar la productividad. Aumento rápido de beneficios que tiene el riesgo de crear malestar en los recursos humanos, con las consiguientes fugas de los mejores y desmotivación del colectivo.

7 - **Invertir en Investigación, Desarrollo e Innovación** (I+D+i) para no perder posiciones frente a la competencia. Como ya hemos dicho, sin innovación permanente no se mantiene la competitividad en el mercado global actual.

8 - **Invertir en capital intelectual**. La innovación sale de la creatividad y la creatividad sale del talento. Solo se obtendrán resultados si se ha contratado personal bien preparado y con talento, se le ha dado la oportunidad de reflexionar y proponer cambios, y se le ha proporcionado el ambiente propicio y los incentivos necesarios.

De los ocho factores enumerados, el que ofrece resultados más espectaculares es el octavo. Las empresas que han apostado por aprovechar el capital intelectual y la capacidad creativa de su personal han conseguido incrementos anuales de beneficios superiores al 10 % y todas las que figuran en el top-ten de los rankings de su sector han basado su capacidad de innovación en el capital intelectual de sus empleados.

El capital intelectual es el único factor empresarial que tiene capacidad ilimitada de aportar beneficios y puede crecer en grandes cifras sin incrementar sensiblemente los costes. Su capacidad dependerá de los conocimientos y de la motivación que reciban, es decir: de la existencia o carencia de un buen liderazgo.

Las cualidades del líder

Google nos da más de setenta millones de entradas para la palabra en castellano y más de dos mil millones para la palabra en inglés. Es una evidencia del interés que el tema suscita en todos los países y en todos los ámbitos.

Podemos hallar multitud de textos y vídeos sobre los objetivos que un líder debe perseguir; de las competencias directivas que debe poseer; de las cualidades personales que deben adornarle; de la manera que debe tratar y motivar a su equipo; y de unas cuantas maneras más.

Lo cierto es que a un buen líder se le exigen (ver Figura 1.1):

Cualidades de un buen líder

— Valores humanos básicos.
— Cualidades personales.
— Autoconocimiento y control emocional.
— Preparación profesional adecuada a las necesidades de la empresa.
— Conocer a fondo la misión y la organización de la empresa.
— Entender el entorno de mercado en el que tiene que actuar.
— Dominio de las competencias directivas, entre las que destacan la capacidad de planificación y la visión de futuro.

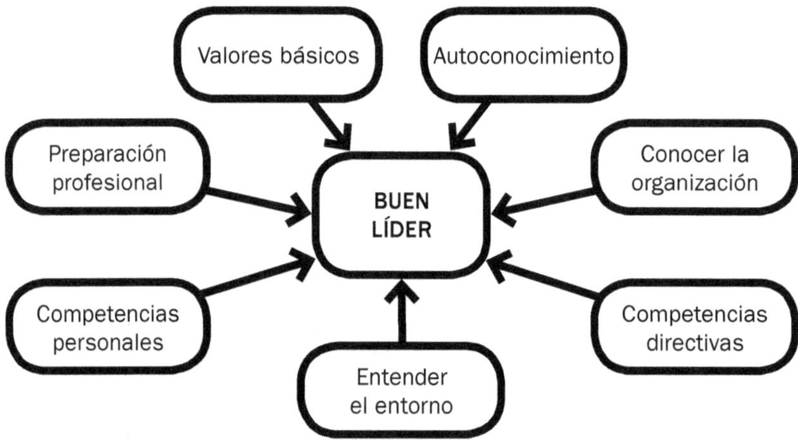

Figura 1.1.- Cualidades de un líder

Competencias personales

En mayor o menor medida, un líder deberá estar en posesión de las siguientes aptitudes:
- Buenas antenas perceptivas y gran capacidad de observación.
- Capacidad empática, control de las propias emociones e inteligencia emocional en las relaciones con los demás.
- Energía, actitud positiva y resistencia a la frustración.
- Capacidad de actuar bajo presión.
- Gran capacidad intuitiva, creatividad, capacidad de improvisación y espíritu innovador.
- Buena lógica, capacidades analíticas y habilidades en la resolución de problemas, conflictos y emergencias.
- Visión de futuro, capacidad de planificación y definición de proyectos.
- Eficacia en el seguimiento de proyectos.
- Ambición de crecimiento personal y deseo de asumir mayores responsabilidades.
- Motivación para la excelencia.
- Autonomía.

Competencias directivas

Las principales competencias directivas que se consideran imprescindibles para un buen líder son las que se detallan en la siguiente Figura 1.2 y son las que se desarrollan en los siguientes capítulos de este libro:

Figura 1.2. – Competencias directivas

Liderazgos temporales

Hay personas que —sin tener ningún cargo de responsabilidad asignado sobre otros miembros del equipo— disponen de las habilidades para ser líderes si las circunstancias le obligaran a ello. Es una cualidad remarcable a impulsar y fomentar por parte del líder del equipo. Hay momentos durante la ejecución de cualquier proyecto empresarial en los que es bueno que se produzca un liderato natural de la persona del equipo que dispone de los conocimientos más especializados y/o actualizados sobre la tarea que se está resolviendo. El líder responsable del equipo debe saber dar rienda suelta a estas capacidades. No solo esto, es conveniente que las estimule en aras al crecimiento profesional de sus colaboradores y, en consecuencia, del incremento de su motivación.

Nunca hay que subestimar la inteligencia y la capacidad creativa de nadie. Estar en las trincheras y en el día a día proporciona información directa muy válida y muy difícil de conseguir desde el despacho de un directivo. Cualquier miembro del equipo —independientemente de su cargo y su preparación académica— puede aportar ideas útiles para promover una mejora de los procesos diarios. El reconocimiento de las ideas útiles que haya aportado un colaborador beneficia a la empresa y motiva el crecimiento personal del colaborador que, de esta manera, se prepara para futuros roles de mayor responsabilidad.

Solo los "jefes" inseguros y con poca confianza en su valía personal ven una amenaza a su autoridad en esta manera de proceder. Los buenos líderes saben que el crecimiento de sus colaboradores repercute en la mejor valoración del colectivo y, en consecuencia, de su labor como líderes.

Triángulo virtuoso del liderazgo

La situación ideal en una organización es cuando se produce la conjunción armonizada de los tres pilares: un buen propósito de la empresa, definido por su misión y sus valores; un líder (o equipo de líderes) con unas buenas competencias directivas; y unos equipos de trabajo bien capacitado, con unas buenas actitudes y totalmente motivados por los valores comunes definidos por la organización.

Recomendaciones para ser un buen líder

— Participar en la definición (o revisión) de la misión de la empresa, sus políticas y objetivos a corto, medio y largo plazo. Dirigir la elaboración del Plan Estratégico de la empresa y planificar su ejecución. Plantear retos de futuro al alcance de la empresa con una buena gestión.

— Diagnosticar correctamente la situación actual y su evolución de futuro. Detectar antes que nadie los cambios del mercado y de la sociedad en general y ver lo que conviene hacer para adaptarse a las nuevas condiciones del entorno. Proponer al Comité de Dirección los cambios de todo tipo que crea necesarios.

— Organizar y gestionar los recursos humanos, técnicos y económicos a su disposición.

— Lograr que su equipo tenga la motivación debida. Que hagan lo que se tiene que hacer, cuando se tiene que hacer, de la forma que se tiene que hacer, aprovechando los recursos materiales y humanos disponibles, superando reticencias personales y con elevado espíritu de colaboración en equipo.

— Tener muy claro que las personas a su cargo son los recursos humanos con los que cuenta para lograr los objetivos marcados, pero que no están a su servicio. Él es un recurso especial (por su capacidad personal pero, sobre todo, por la visión estratégica que le otorga su posición en el organigrama) que está al servicio de su equipo. Para guiarlos y ayudarlos a conseguir las metas impuestas.

— Velar para que las relaciones humanas sean óptimas y exista un buen clima laboral. Especialmente, evitar que nadie sea rechazado por los demás por razones de raza, credo, sexo, aspecto físico a cualquier otra causa injusta.

— Aprovechar el capital humano a su cargo y preocuparse por la formación y el crecimiento profesional de todas las personas que le reporten.

— Resolver con eficacia y eficiencia los problemas del día a día, los conflictos de todo tipo que puedan surgir y, por supuesto, las eventuales emergencias por incidencias, imprevistos, accidentes o catástrofes.

— Anteponer la responsabilidad del cargo a sus apetencias o necesidades personales.

— Comunicarse y coordinarse con la Dirección General y con los restantes líderes de la organización, haciendo un frente común unitario.

— Actuar siempre dentro de la legalidad y con ética profesional.

— Respetar la naturaleza y contribuir a luchar contra el calentamiento global del planeta.

CAPÍTULO 2 - ESTILOS DE LIDERAZGO

Diferentes orientaciones del liderazgo

Aunque un líder debe intentar cubrir todos sus objetivos actuando en todos los frentes (Figura 2.1), es lógico que cada líder particular persiga la consecución de sus objetivos enfrontando los temas con distintas prioridades, según las condiciones concretas de cada situación y de su propia personalidad.

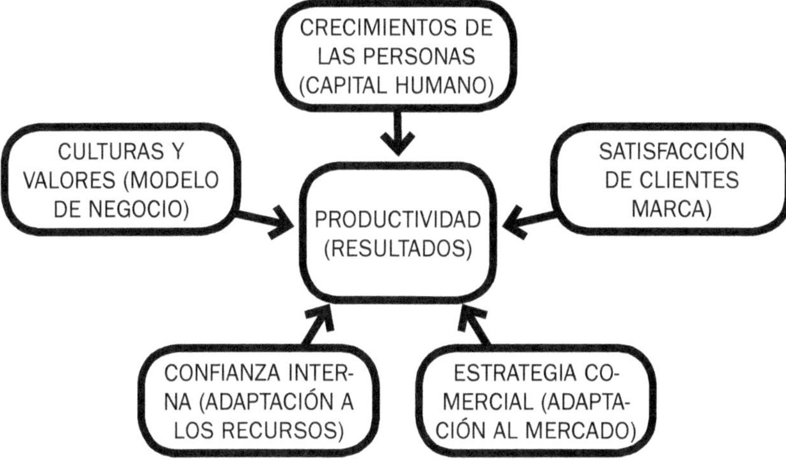

Figura 2.1.- Distintos objetivos claves del liderazgo

Es muy frecuente que los líderes se orienten principalmente a los **resultados**. En estos casos el objetivo fundamental es anteponer la máxima productividad al resto de consideraciones (clima laboral, rotación excesiva del personal, seguridad en el trabajo, etc.).

Otros líderes conceden la máxima prioridad a la satisfacción de los clientes porque tienen claro que una empresa con clientes insatisfechos tiene los días contados y, por el contrario, los clientes satisfechos son mentores a coste cero de la **buena imagen de la marca** y garantizan el crecimiento continuado de las ventas.

Para que las ventas sean siempre óptimas, hay líderes que centran sus esfuerzos prioritarios en **adaptarse al mercado** con máxima flexibilidad y agilidad y tener en cada momento la **estrategia comercial** que aporte máxima facturación en ventas.

Para las empresas con crecimientos cero o negativo, es frecuente que la principal preocupación del líder se centre en la **adaptación a los recursos** disponibles para la consecución de los resultados deseados. Para ello, el líder deberá cultivar en extremo la motivación de todo el personal y fomentar por todos los medios la **confianza interna**.

Para mercados con nivel alto de saturación, es imprescindible buscar innovación en el **modelo de negocio**. Las nuevas tecnologías emergentes y el talento de los empleados creativos suele ser la fuente de inspiración más efectiva para lograrlo. Está orientación solo funcionará si la gestión de los recursos humanos está basada en **la cultura y los valores**.

Los líderes visionarios, que buscan irrumpir en el mercado con productos y servicios rompedores que marquen época en su sector, dan máxima prioridad a la gestión del talento, a la potenciación del **capital humano** del que disponen. Para estos líderes, el **crecimiento de las personas** es la herramienta preferida de su gestión.

Todas estas posibles orientaciones están interrelacionadas entre sí y el líder ideal sería el que las supiera mantener todas ellas al nivel máximo de prioridad. Pero tal maravilla de la humanidad no ha sido conocida hasta la fecha. Los líderes reales se suelen manejar alternando entre dos o pocas más orientaciones de las aquí consignadas.

Diferencias en el trato a los colaboradores

Si nos fijamos en como el líder trata a los miembros de su equipo tendremos otra clasificación de estilos de liderazgo (ver Figura 2.2):

Pasivo (Laisser faire)
Ausencia total de criterio en la dirección del personal. Dejar que cada empleado actúe a su aire. Incapacidad de enfrentarse a malas conductas o errores por miedo a provocar problemas de relación. Puede ser debido a negligencia o a simple incompetencia.

Paternalista o conciliador
Persigue el objetivo principal de crear un buen ambiente en las interrelaciones humanas. Antepone a todo lo demás el objetivo de que los trabajadores estén contentos y exista armonía entre ellos. Aplica la metáfora de "**La empresa es como una familia**". Corrige con benevolencia los errores y negligencias y, por el contrario, hace halagos y comentarios positivos cuando corresponde; reconoce siempre el buen trabajo, aplaudiendo en público los logros y las buenas conductas. Es un estilo que genera un efecto muy positivo en la comunicación, ya que se intercambian las ideas y las intuiciones y se fomenta la confianza entre las personas. Tiene el inconveniente de que puede acarrear falta de respeto y pérdida de autoridad.

Practica la Dirección por Amenazas. Da órdenes, amenaza con castigos (que no siempre cumple) si no le obedecen o no se obtienen los resultados pedidos (a veces imposibles de conseguir y él lo sabe). Marca un camino a seguir y obliga a su seguimiento. Está convencido que un empleado rinde más cuando se la presiona a fondo. No dialoga ni soporta que le lleven la contraria, ni mucho menos que le enmienden los fallos. Recurre a las leyes, reglamentos, manuales de normas y cualquier soporte escrito que pueda existir (y si hace falta los inventa) para estar siempre en posesión de la verdad. Nunca comete errores; cuando las cosas salen mal, siempre tiene la culpa otra persona (a ser posible de alguien que pueda abroncar). Es un sistema que permite rápidos aumentos de productividad en muy pocos días, pero que tiene el inconveniente de desmotivar profundamente al equipo y acaba creando un resentimiento y unos deseos de venganza que pueden perjudicar, a medio plazo, todo lo que se había ganado. A este tipo de directivo se le puede llamar "jefe" pero, hablando con propiedad, no merece el nombre de "líder".

Orientativo

Practica la **Dirección por Objetivos.** Marca los objetivos a alcanzar por cada departamento, unidad operativa y persona concreta. Da indicaciones de cómo considera que se podrían alcanzar. Hace el seguimiento en los tiempos establecidos. Señala desviaciones en los resultados obtenidos y sugiere maneras de superarlas. Cuando las circunstancias tienen cambios drásticos, se ve obligado a redefinir todos los niveles de objetivos con la máxima agilidad posible. Suele buscar la motivación del equipo a base de incentivos económicos y procura evitar las involucraciones emocionales, especialmente si considera que pueden alterar la consecución de los objetivos marcados.

Afirmativo

Practica la **Dirección basada en la Capacitación,** orientada a incrementar la calidad profesional de los colaboradores. Parte de la base que las personas rinden más cuando están perfectamente formadas en las tareas que se les asigna. Se preocupa de que todos los miembros del equipo tengan la formación que necesitan para su puesto de trabajo y de que estén bien informados de los recursos que van a disponer y del entorno en que van a tener que desenvolverse.

Participativo o democrático

Practica la **Dirección por Delegación y Cogestión.** Propicia la participación y fomenta el compromiso. Delega la responsabilidad y la autoridad asociada a los colaboradores directos y les confiere auténtica autonomía porque confía plenamente en sus capacidades, ya contrastadas por su historia anterior o por el refrendo del departamento de selección de personal. Es un sistema de dirección que obliga a altos niveles de comunicación interna y a mecanismos ágiles y eficaces de coordinación para hacer frente a los cambios urgentes obligados por el día a día. Una caricatura —tristemente frecuente— de este sistema consiste en delegar la responsabilidad sin otorgar la autoridad que debería acompañarla (los recursos necesarios y el poder para usarlos a discreción).

Afiliativo o Imitativo

Practica la **Dirección basada en Valores** y en el carisma del líder. Establece un clima de relación positivo y cohesionado de pertenencia al grupo. El líder es el modelo a seguir. Él marca la misión, el comportamiento a imitar y los valores a respetar en todo momento. Tiene el reconocimiento de sus colaboradores de que él hace las cosas más rápidamente y mejor que nadie. Su mensaje principal es: "Haz como yo. Si yo puedo, tú también puedes". Se parte de la idea de que si todos los colaboradores fueran clónicos de su manera de actuar, la empresa derribaría todas las resistencias posibles del mercado. Sistema de liderazgo bastante frecuente en agrupaciones religiosas y sectas, en partidos políticos de escasa democracia interna, en equipos deportivos y en empresas que venden imagen de marca por encima de todo. También puede hallarse este modelo en empresas que giran alrededor del genio creativo e innovador del líder. Tiene dos riesgos importantes: el primero, crear fanatismos y pérdida de objetividad; el segundo, crear frustración y bajón de autoestima entre los colaboradores por no lograr estar a la altura del líder.

Capacitador o potenciador (coach)

Practica la **Dirección basada en el Crecimiento de las Personas**. Persigue el éxito de la empresa mediante la realización profesional de sus colaboradores. El líder ayuda a sus colaboradores a identificar sus puntos fuertes y débiles y los vincula a sus aspiraciones personales y profesionales. Parte de la base que todas las personas pueden dar lo mejor de sí mismas cuando se fomentan sus talentos y habilidades naturales. Todo el mundo puede crecer en inteligencia y creatividad si se conoce a si misma a fondo y vive en un ambiente laboral propicio. El líder está dispuesto a tolerar algún fracaso momentáneo y fomenta el aprendizaje a largo plazo. Se preocupa de empoderar a su equipo y practica *coaching* como método para conseguirlo. Se ocupa de buscar y potenciar las capacidades de futuros líderes en todos los niveles de la organización. Establece una estructura directiva bastante plana (de pocos niveles) y procura que la comunicación entre las personas sea en red y no pase por protocolos jerarquizados.

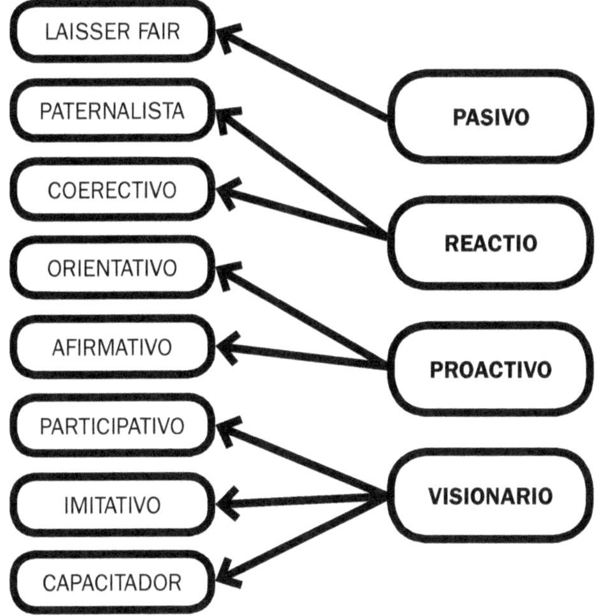

Figura 2.2. - Tipos de líderes según trato al personal y visión de futuro

Una clasificación binaria

Algunos autores simplifican esta clasificación reduciéndola a tan solo dos estilos, extremos opuestos del trato al personal:

Restadores (Diminishers)

No confían en absoluto en la capacidad de sus empleados. No les escuchan ni dialogan con ellos. Solo les delegan responsabilidades (sin la autoridad correspondiente) para poder reprenderles después. Se creen superiores y que son los únicos que en todo momento y circunstancia saben lo que conviene hacer. Buscan señales de incompetencia y falta de responsabilidad en las personas a su cargo y —como es lógico, dada su actitud— las encuentran casi siempre y las esgrimen para socavar la autoestima y autoconfianza del personal. Frase típica de ellos: "Suerte que me tenéis a mí, que estoy en todo". Minusvaloran el talento de sus colaboradores y no lo aprovechan. Ahogan cualquier atisbo de creatividad. Si las cosas salen mal, la culpa siempre es de otro, y si salen bien, no dudan en atribuirse los méritos ajenos. Crean estrés e impotencia entre sus subordinados. Despliegan energía negativa y crean mal ambiente de trabajo a su alrededor.

Multiplicadores (Multipliers)

Confían en la capacidad y habilidades de su equipo humano y consideran que vale la pena potenciarlas. Procuran sacar el máximo talento de los recursos humanos a su cargo. Consultan a su equipo antes de tomar una decisión y les da la oportunidad de aportar ideas. Trabajan en equipo, despliegan energía positiva y consiguen un buen ambiente de trabajo. Saben delegar retos: dan a cada empleado el espacio necesario para que pueda desplegar su personalidad y tener la autonomía de decisiones que le hagan más ágil y útil a la empresa. Reconocen en público los méritos y los éxitos. Advierten de los errores y las carencias en privado, con asertividad y respeto a la persona. El equipo se siente valorado y motivado, con ganas de aportar innovación en los terrenos en los que se sienten preparados con el fin de aumentar la competitividad de la empresa.

De lo seis estilos enumerados antes, el Paternalista y el Coercitivo encajan de pleno con el Restador. El Orientativo puede encajar con Restador o Multiplicador según sea la forma de gestionar las desviaciones de los objetivos, y los cuatro estilos últimos (Afirmativo, Participativo, Imitativo y Potenciador) podrían matizan cuatro modalidades distintas del estilo Multiplicador.

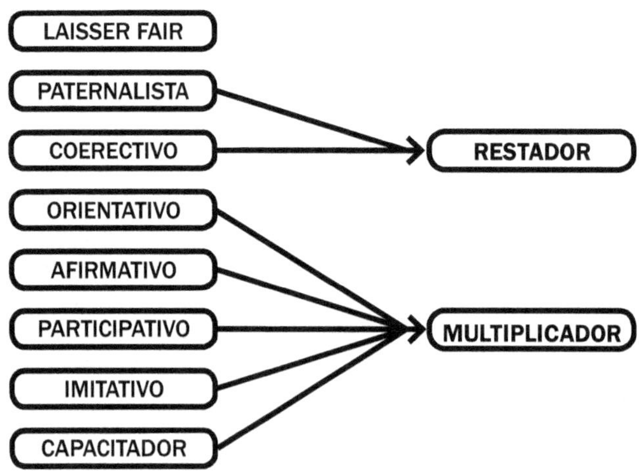

Diferencias en la manera de afrontar el futuro

Según la manera en la que el líder visualiza el futuro y planifica la manera de afrontarlo, tenemos cuatro categorías posibles:

Líder pasivo
Con visión muy pobre del futuro. Anclado en el pasado y su experiencia anterior. Evita tomar decisiones de riesgo y se deja arrastrar por lo que los acontecimientos externos o internos le van marcando. Es muy frecuente en esta categoría de líderes el estilo de trato al personal Laisser fair, de dejarse llevar por los acontecimientos y conformarse con los mínimos objetivos con tal de evitar enfrentarse con los problemas. Es típica la actitud de cerrar los ojos ante los incumplimientos o malas prácticas del personal.

Líder reactivo
Incapaz de actuar con una planificación a largo plazo. Con independencia de cuál sea su capacidad de visualizar el futuro, está siempre absorbido por el día a día, reaccionando para afrontar las urgencias inmediatas, desatendiendo las decisiones estratégicas que deberían ser su prioridad. Con relación al personal pueden tomar una **actitud paternalista** (disculpar fallos y negligencias con aires paternales) o una **actitud coercitiva** (con los manuales de procedimiento y el control de presencia en la mano).

Líder proactivo
Dispone de una visión de futuro propia y se esfuerza en planificar correctamente las acciones adecuadas para afrontar los cambios antes de que se produzcan. Con relación al personal, puede adoptar un **estilo orientativo** si está más inclinado a los resultados o **afirmativo** si valora la necesidad de formación y procura que su equipo crezca en competencias profesionales para que estén a la altura de los cambios que se avecinan. **Rara vez, tomará el estilo coercitivo.**

Líder visionario
Es un líder proactivo que asume el rol de **creador del futuro de su sector. Proyecta un objetivo común que resulta motivador**. Tiene una visión particular de cómo tiene que ser el futuro y asume la parte de protagonismo que se auto-otorga para impulsar los cambios que estima necesarios. Viene caracterizado por tres factores imprescindibles:
    1 - Fuerte conocimiento y comprensión del entorno.
    2 - Creatividad y motivación para cambiar este entorno con visión de futuro.
    3 - Competencias directivas para llevar a cabo los cambios que imagina.

Se mueve con una idea guía obliga a innovar en las estructuras organizativas y en las tecnologías y apoyarse en los instrumentos, estrategias y métodos adecuados para la consecución de sus objetivos.

Necesitará, por supuesto, rodearse del personal más competente posible y valorará la creatividad y las capacidades de autonomía y liderazgo de sus colaboradores. Para este tipo de líderes el **empoderamiento de su equipo** es una premisa imprescindible. Los estilos posibles de trato al personal serán **capacitadores, participativos** o (a menudo) **imitativos**. Si el visionario es muy joven, tiene el riesgo de ser tomado por presuntuoso por los colaboradores de más edad.

Existe cierta diferencia entre el visionario creativo y el visionario innovador. El **creativo** es capaz de imaginar multitud de alternativas nuevas sobre los productos o servicios a ofrecer. El **innovador** es capaz de convertir la creatividad (propia o ajena) en fuente de beneficios para la empresa. Como dijo Henry W. Chesbrough, profesor del Center for Open Innovation de la Universidad de Berkeley:

> *"La mayoría de las innovaciones fracasan. Pero las compañías que no innovan desaparecen".*

¿Se puede aprender a ser un buen líder?

Como cualquier otra habilidad humana, para ser un buen líder hay que reunir un conjunto de competencias directivas que se pueden tener de manera innata o se pueden aprender. Este libro tiene el empeño de ayudar a adquirirlas a quienes sigan con dedicación los conocimientos y recomendaciones que en él se plasman:

— Un buen gestor puede adquirir habilidades de líder.
— Una persona que lidera grupos sin estar suficientemente preparado, puede aprender a superar sus carencias y conseguir ser un buen líder.
— Una persona que ya es actualmente un buen líder, es de esperar que pueda encontrar en este texto alguna reflexión o alguna profundización en alguna competencia directiva que le permita aumentar, todavía un poco más, su excelencia.

Liderazgo situacional

Paul Hersey y Ken Blanchard, cuando eran jóvenes profesores de la Universidad de Michigan, participaron a comienzos de los años 70 en un seminario de directivos empresariales sobre modelos de liderazgo que se realizó en Toronto. Expusieron sus investigaciones sobre lo que ellos denominaron Curva de madurez del empleado, que mide en qué grado el empleado está capacitado y dispuesto a hacer lo que se espera de él.

Grado de madurez del colaborador		Estilo de trato del líder	
M1	Baja competencia / Motivación Alta	E1	DIRIGIR: estructurar, supervisar y controlar.
M2	Competencia regular / Motivación Baja	E2	INSTRUIR: orientar, formar y ayudar
M3	Alta competencia / Motivación Variable	E3	APOYAR: elogiar, escuchar y dar facilidades
M4	Alta competencia / Motivación Alta	E4	DELEGAR: conceder autonomía

**Tabla 2.1.- Acciones de liderazgo
según grado de madurez**

Definieron cuatro situaciones tipo dentro de la curva de madurez y establecieron los distintos comportamientos más recomendables para el líder en cada una de ellas (ver Tabla 2.1). Un conjunto de recomendaciones que llamaron Liderazgo situacional.

Grado de madurez M1: El empleado no es plenamente competente ni seguro. Carece de las capacidades requeridas para su puesto de trabajo pero tiene alto nivel de autoconfianza en sus posibilidades, un alto compromiso y una alta motivación. Lo recomendable será supervisarlo muy de cerca y ayudarle a crecer. El líder define los trabajos y señala qué, cómo, cuándo y dónde realizar las tareas. Supervisa los resultados y corrige los errores y deficiencias para ayudar al empleado a mejorar.

Grado de madurez M2: El empleado dispone de algunas competencias que nos interesan pero tiene un nivel de motivación muy escaso. Lo recomendable será motivarlo y orientarlo para que pase a nivel de madurez M3 o M4.

Grado de madurez M3: El empleado dispone de buenas capacidades pero tiene motivación inestable, ya sea porque a veces le falla la autoestima, ya sea porque no se siente reconocido en la empresa. La recomendación es aquí apoyarle claramente para que se sienta reconocido y su autoestima y motivación puedan crecer y pasar a M4.

Grado de madurez M4: El empleado dispone de altas capacidades, alto nivel de compromiso y alta motivación para desempeñar sus tareas. Lo recomendable es demostrarle nuestra confianza y delegarle responsabilidades (con la consiguiente autoridad) para que pueda actuar con la suficiente autonomía y se convierta en cargo de nuestra confianza.

El esquema resumen de roles a desempeñar según la situación se muestra en la Tabla 2.2.

DIRECTOR / GERENTE	**SOPORTE / COACH**
Se dan instrucciones claras completas. Se orienta de forma precisa todo lo que tiene que hacer. Relación personal distante.	Se establecen relaciones de orientación y soporte claras. Se planifica, se supervisa y se establece un feedback.
INSTRUCTOR / FORMADOR	**DELEGACIÓN / AUTONIMÍA**
Relación más personal. Menos concreción en instrucciones. nformación y formación oportuna. Se apoya y motiva al empleado para que participe en la toma de decisiones	Se confía en sus capacidades. Se refuerzan sus competencias. Se da autonomía al empleado para que haga y decida sobre las actividades a su cargo. Se le otorga autoridad y responsabilidad vinculada.

Tabla 2.2.- Roles según situación del colaborador

El modelo de Hersey y Blanchard se utiliza todavía en la actualidad en las escuelas de empresariales, porque —aunque no supuso un avance importante en el desarrollo del concepto de liderazgo— contribuyó a que profesionales y consultores de todo el mundo prestaran atención a que el líder debe tener flexibilidad para adaptarse a los distintas formas de relación según el grado de madurez e implicación de cada empleado.

Estilos de dirección

La Dirección por Objetivos

La Dirección por Objetivos (DPO), también llamada Dirección Centrada en Resultados, encaja dentro de la planificación general como la concreción a corto plazo de los objetivos de la organización. Es una técnica de Dirección que se centra en el "qué", en los resultados, dejando el "cómo" (los planes concretos de actuación) a la iniciativa del personal implicado. Es una planificación a corto plazo, que proviene del proceso iniciado anteriormente con la Planificación

Estratégica y que se concreta en los objetivos y acciones de cada departamento primero, de cada equipo después y de cada persona finalmente.

La Dirección por Objetivos se fundamenta en la existencia de Personas de Tipo "Y" definidas por Mc Gregor como personas que están a gusto con su trabajo, no rehúyen la responsabilidad, buscan la creatividad y valoran positivamente el control interno.

Los principales inconvenientes de la DPO son:

1 - Es difícil que toda la plantilla corresponda a personas del tipo Y de Mc Gregor.

2 - La DPO tiene demasiada inercia frente a los cambios rápidos y continuos del mercado altamente competitivo y global de la sociedad actual.

La Dirección por Valores

La Dirección por Valores (DPV) es el estilo de dirección que permite obtener la máximas eficiencia y máxima eficacia de los recursos humanos. Requiere una alta involucración directa de los líderes con las personas y consigue, a cambio de ello, que los empleados asuman un alto nivel de compromiso con la visión y la misión de la empresa.

Los posibles valores a compartir, entre otros, son:
— Motivación con la misión de la empresa y búsqueda incansable de la mejora de la calidad y la satisfacción del cliente.
— Sentido de la Justicia, honestidad, responsabilidad y ética profesional.
— Cortesía y amabilidad, respeto a todas las personas (empleados, clientes y proveedores) y tolerancia con las diferencias personales de todo tipo.
— Aprendizaje permanente y crecimiento de los colaboradores.
— Confianza mutua y participación de todos en la tarea colectiva.
— Creatividad y capacidad de innovación.

Para poder aplicar la DPV es imprescindible que sea una empresa con un nivel cultural alto, por encima de la media. La cultura de valores de la empresa es su principal fuerza integradora.

La inversión de la pirámide

Las actuales teorías del buen liderazgo han invertido la visión de la pirámide tradicional. En la visión tradicional, los empleados están para satisfacer lo que se les manda y los directivos están totalmente capacitados para saber siempre qué es lo que hay que mandar para conseguir los objetivos de la empresa. En la visión actual, los directivos están para potenciar los equipos de trabajo; son un recurso especializado al servicio de los equipos de trabajo. Los equipos de trabajo, usando su autonomía, determinan cuando es conveniente la intervención del líder para cerrar un proceso con su intervención de más alta responsabilidad y superior conocimiento de los planes estratégicos dela empresa. Es un cambio del clásico planteamiento top-down, por el bottom-up.

Un buen líder servirá a la empresa para que consiga sus objetivos. Servirá a los clientes para que obtengan la calidad que requieren. Estará a disposición de su equipo para proporcionarles los recursos y contactos necesarios que consigan cumplir con sus tareas. Tiene muy presente que un líder sin equipo no puede conseguir nada sólido y perdurable. Como dice Max de Pree:

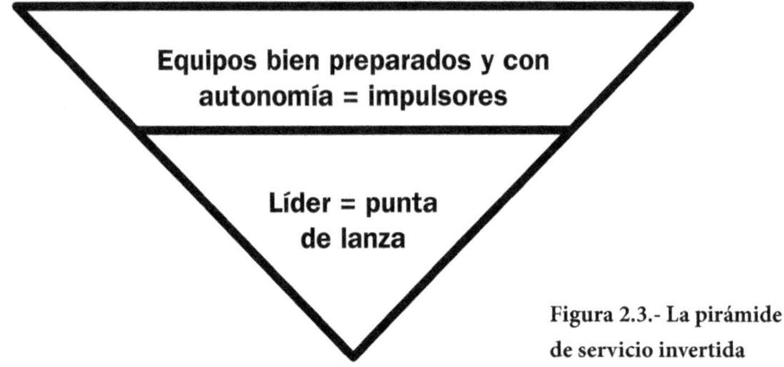

Figura 2.3.- La pirámide
de servicio invertida

"La primera responsabilidad de un líder es definir la realidad. La última es dar las gracias. Entre ambas, el líder debe asumir el rol de servidor".

Organizaciones abiertas e interconectadas

La actual Sociedad de la Información obliga a que las organizaciones que quieran sobrevivir en el mar proceloso de la competencia globalizada deban estructurarse de forma abierta e interconectada. En su obra de 1996, Digital Economy, Don Tapscott ya estableció una tabla comparativa entre una organización adaptada a la nueva era y una organización anclada en el pasado que —adaptada a nuestro contexto— reproducimos a continuación.

Herramientas de diagnóstico del estilo de liderazgo

Entre las diversas herramientas existentes a disposición de las consultoras especializadas, destacaremos:

Elementos	Organización tradicional	Organización abierta e interconectada
Estructura	Jerárquica	Interconectada
Alcance	Interna / cerrada	Externa / abierta
Recurso principal	Capital Financiero	Capital Intelectual
Funcionamiento	Estable	Dinámico
Personas	Directores	Profesionales
Tipo de Dirección	Control	Valores
Responsabilidades	Centralizadas	Delegación/Autonomía
Motivación individual	Satisfacer a los superiores	Logros del equipo
Motivador clave	Premio-castigo	Compromiso
Compensación	Cargo/jerarquía	Crecimiento personal
Aprendizaje	Específico	Habilidades múltiples
Relación personas	Competitiva	Cooperativa
Actitud	Indiferencia	Identificación
Exigencias principales	Administración autoritaria	Liderazgo

Tabla 2.4.- Comparativa entre las organizaciones abiertas y las tradicionales.

The Leadership Circle, de TLC Culture

Se trata de un cuestionario on-line que permite analizar la cultura del liderazgo actual y sus diferencias con la deseada. Se puede aplicar a un equipo de trabajo, a un departamento o la globalidad de la organización. Proporciona un gráfico circular que revela el estado de evolución del liderazgo del colectivo (Figura 2.4.) analizado y las diferencias existentes entre la cultura actual y la cultura deseada. Evalúa ocho competencias básicas que van del liderazgo reactivo (cumplir, proteger, controlar) al liderazgo creativo (relaciones, autoconciencia, autenticidad, conciencia sistémica y logro).

Team Diagnostic Assessment
Es una herramienta para diagnosticar la situación de un equipo en un momento concreto mediante una evaluación de factores clave relacionados con

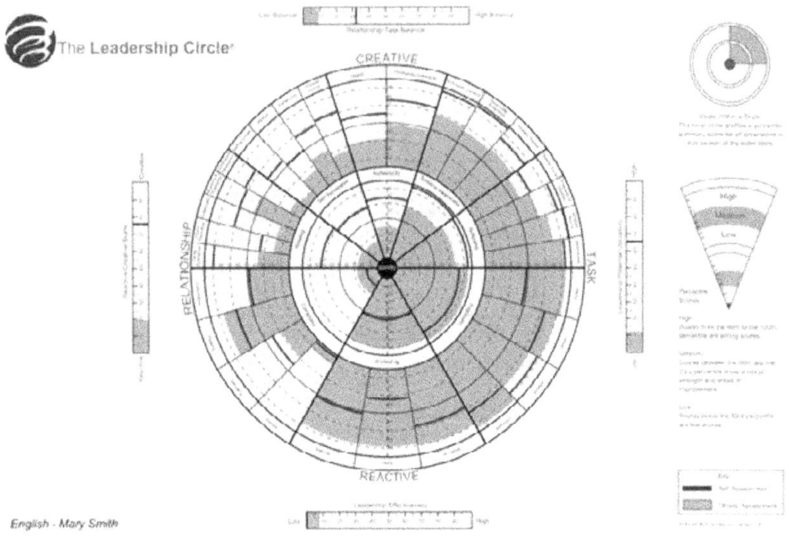

Figura 2.4.- Gráfico circular del método TLC

las tareas, las relaciones y el ambiente del equipo, tal como son percibidas por los miembros que lo componen.

Permite medir, tanto las Fortalezas Positivas del liderazgo (orientación a la relación) reflejadas en la Figura 2.5 como la Productividad del equipo (orientación a la tarea).

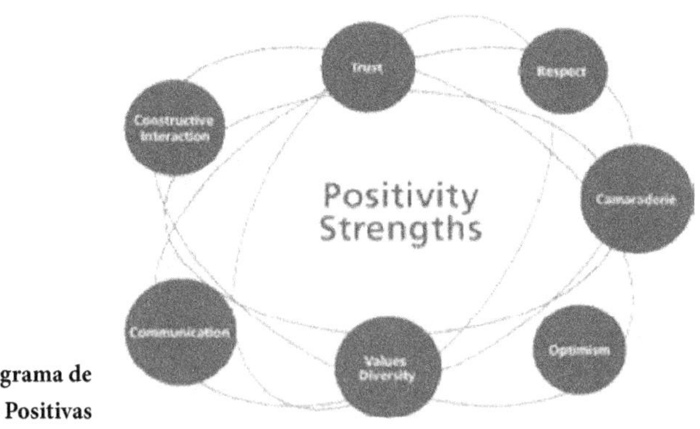

Figura 2.5.- Diagrama de Fortalezas Positivas

Proporciona una matriz de doble entrada que analiza la fortaleza o debilidad con respecto a los siete indicadores básicos de la Positividad (optimismo, confianza, respeto, comunicación, interacción constructiva, camaradería y diversidad) y siete indicadores básicos de la productividad o capacidad de obtener resultados del equipo Liderazgo de equipo (metas y estrategia, alineación, proactividad, toma de decisiones, recursos y responsabilidad). Ver Figura 2.6.

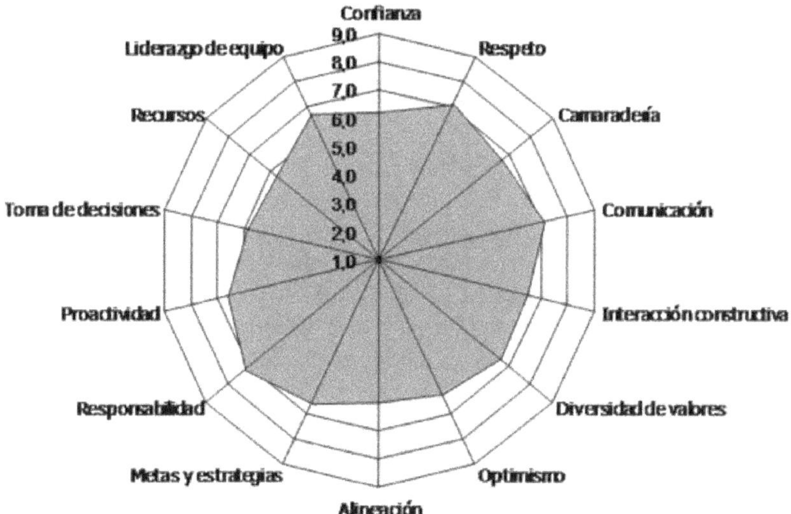

Figura 2.6.- Diagrama circular del calibrado de cualidades

Recomendaciones para elegir a un buen líder

A la hora de participar en la selección de un nuevo directivo entre varios candidatos, puede ser útil atender a las siguientes recomendaciones:
— Conviene valorar por separado las competencias gestoras de técnicas y tecnologías de las competencias gestoras de relaciones humanas.
— Debemos asegurarnos de que es capaz de tener un buen trato social con todo tipo de personas.
— Es buena práctica que alguno de los miembros del equipo a ser dirigido intervenga en las entrevistas a los candidatos. Con derecho a opinar pero sin capacidad decisoria.
— Conviene asegurarse de que el candidato encaja con la cultura de la organización.

— Hay que comprobar que sabe delegar y compartir el poder. Que no quiera controlarlo todo de manera obsesiva.
— Hay que procurar que sea más inteligente y dotados en algunos aspectos que el propio responsable de la selección. No hay que perder de vista que debe contribuir a aumentar el capital intelectual de la empresa.
— El responsable de la selección debe hacerse la pregunta: "¿Yo lo podría aceptar como jefe mío?". Si él lo rechazaría, ¿qué le hace pensar que su equipo no la rechazará?

Vínculo entre liderazgo y gestión

Un buen liderazgo debe ir acompañado de una buena gestión de la organización. Pero no siempre el perfil de buen gestor y el de buen líder coinciden en la misma persona. En estos casos, es necesario que el líder se sepa acompañar de buenos gestores en los que pueda delegar y coordinar el día a día de la empresa:
— Los líderes se centran en generar cambios. Los gestores en optimizar los resultados predecibles con los recursos disponibles.
— Las personas necesitan ser lideradas. Los recursos (incluidos los humanos) necesitan ser gestionados.
— La gestión es una ciencia. El liderazgo es un arte. Dominar ambos a la vez es una rareza y un privilegio reservados a unja minoría de personas.

Características de líderes y gestores
En la Tabla 2.3 se destaca la comparativa entre las características diferenciales de un líder y un gestor.

Líderes	Gestores
Definen qué hay que hacer y porqué.	Controlan cuándo debe hacerse, cómo debe hacerse y cuánto nos costará.
Su interés está más en el largo plazo que en el día a día.	Orientados al día a día, centrados en los resultados y la eficiencia.
Prefieren la flexibilidad y la innovación a la estabilidad y el control.	Prefieren un contexto estable y previsible.
Destacan por su pensamiento divergente y su creatividad.	Destacan por su capacidad para resolver problemas.

Tabla 2.3.- Diferencias entre líderes y gestores.

Líderes	Gestores
Son más intuitivos y visionarios en su toma de decisiones.	Basan sus decisiones en análisis rigurosos de datos y diagnósticos
Asumen riesgos calculados.	Calculan los riegos asumidos.
Buscan oportunidades y alianzas externas.	Sacan provecho de las oportunidades y alianzas de la empresa.
Motivación individual	Satisfacer a los superiores
Motivador clave	Premio-castigo

Tabla 2.3.- Diferencias entre líderes y gestores.

Recomendaciones para tener un buen estilo de liderazgo

- Antes de guiar a los demás, **aprende primero a guiarte a ti mismo.**
- **Date prisa en aprender** de las vivencias y coger experiencia, porque la vida es corta.
- **Ocúpate del crecimiento de los miembros** de tu equipo, con estilo coach como la manera más efectiva de invertir en crear sentido de la responsabilidad y confianza.
- **Comparte tus conocimientos.** Con máxima generosidad en proporcionar información a quién la necesite.
- **Practica un buen estilo de dirección.** Participa en la definición y/o actualización de la misión y valores de la empresa y transmítelos a tu equipo.
- **Trabaja en equipo.**
- Ayuda a **motivar de manera personalizada** a cada uno de tus colaboradores.
- Aplica el **máximo talento** a todas tus tareas y fomenta el talento de tus colaboradores.
- **Afronta los problemas sin miedo.**
- Frente a los problemas y a los conflictos, procura tener una **buena capacidad de diagnóstico** y saber atacar las causas, no los efectos.
- Fomenta la capacidad de **creatividad e innovación**, tanto la propia como la de tu equipo. Sé capaz de hallar soluciones originales a los problemas. Sé innovador y abre nuevas rutas.
- Define los **puestos de trabajo de forma abierta.** Evita que las job descriptions estén definidas de manera demasiado cerrada y se ciñan a cumplimientos básicos preestablecidos. Procura que contemplen siempre una posibilidad de innovación.

— Gánate la **confianza de tu superior inmediato**. Como dice Sergio Cardona Palau: "Si no puedes entrar en el despacho de tu jefe y decirle tranquilamente: 'Esto está mal hecho y es preciso enfocarlo de otra forma', lárgate a otro sitio. Aunque te estén pagando bien, estás hipotecando tu futuro".

— Mantén el listón de **auto-exigencia lo más alto posible**.

— Lee todos los libros y artículos sobre competencias directivas y liderazgo que caigan en tus manos. Los buenos textos te enseñaran cosas a hacer; los malos, cosas a evitar. Piensa que **el mejor manual guía de tu labor será el que puedas construir tú mismo** contrastando toda tu formación teórica con la enseñanza práctica de las realidades experimentadas en la empresa.

— **Sé honesto y coherente**. Predica con el ejemplo.

— **Sé humilde**. Un buen líder tiene la humildad de reconocer lo que no sabe. Sin avergonzarse, porque nadie puede dominar todos los temas y todos los conocimientos desplegados en la sociedad actual. Para cubrir tus lagunas, debes buscar siempre nuevas fuentes de conocimientos y saberte rodear de los expertos (internos o externos) que de verdad dominan lo que conviene dominar.

— **Aprende a delegar**. Un líder acumula demasiadas responsabilidades. La eficacia de poder cumplir con todas tus obligaciones pasa necesariamente por apoyarte en tus colaboradores. Despliega las autonomías de mando. Establece una estructura descentralizada y flexible. Delega responsabilidades con los recursos y autoridad necesaria. Rodéate de personal cualificado y otórgales responsabilidades al máximo nivel que puedan asumir, con la autoridadvinculada al cargo y con los recursos necesarios para su desempeño. No da la misma carga supervisar y coordinar a tus mandos de confianza que llevar directamente todos los mandos de la empresa.

— **Trata inmejorablemente a todas las personas**. Un buen líder respeta plenamente a todas las personas, sean clientes o empleados. Los clientes son la razón de ser de la empresa y su satisfacción debe ser una prioridad de la actividad del grupo.

— **Tus empleados son tus "colaboradores"**, no tus "subordinados".

— **La motivación y los deseos de crecimiento** de tu equipo son la mejor garantía de su entrega a mejorar en todo lo que puedan las actividades de la empresa.

— **Escucha y analiza las propuestas que te formulen**, porque las mejores ideas pueden proceder de cualquier persona, con independencia de su cargo en el organigrama y de la capacitación profesional que conste en su CV. La frase autoritaria "Porqué lo digo yo" debes substituirla por "¿Qué os parece? ¿Alguna idea mejor al respecto?".

— **Ten vocación de servicio**. Servir es la preocupación del verdadero líder. En el trabajo, en la familia, en la sociedad estamos para servir. La "vocación para servir" es la que diferencia a una organización (pública o privada) de otra; es la que determina su calidad, su aten-ción a los clientes, su respuesta en la postventa, en el servicio técnico, etc. Todos tenemos el compromiso de servir adecuadamente a las personas que están requiriendo nuestra actuación, y el que no lo vea así, está -yendo a contramano del respeto humano, la convivencia social y la imagen pública de su empresa u organización. Tenemos que diferenciar claramente dos conceptos que a veces se confunden: servir nos lleva a ser "serviciales", pero jamás "serviles". En una sociedad democrática y respetuosa con las libertades individuales, absolutamente nadie tiene la necesidad de ser "servil".

— Tener como utopía a alcanzar la **socialización del liderazgo** (liderazgo compartido).

— Que los que te rodean te vean como **una gran persona** y los clientes como una gran ayuda.

— Que **tus logros permanezcan** aunque te hayas ido a otro reto de tu vida y ya no se acuerden de ti.

CAPÍTULO 3 - LAS CAPACIDADES MENTALES

Necesidad de entender cómo funciona la mente

Hay mucha interdependencia entre las distintas habilidades que el líder debe poseer. Resulta imposible estudiarlas por separado sin referirnos a los muchos aspectos psicológicos que tienen en común. Si queremos comprenderlas más a fondo, se hace imprescindible remitirnos a conocer las capacidades mentales que componen el funcionamiento de todas las personas. Porque todas las competencias directivas están basadas en las habilidades mentales.

Pero, para entender el funcionamiento complejo de la mente humana es necesario comprender un poco más a fondo cómo funciona el cerebro. Para atender esta finalidad nos apoyaremos en la Psicología Evolutiva y las Neurociencias.

Visión evolutiva del cerebro

Tal como Charles Darwin advirtió en "El origen de las especies", el hombre actual es el resultado de la evolución de las especies a lo largo de millones de años. Ha quedado demostrado por los paleontólogos que el cerebro es la parte del cuerpo humano que más ha evolucionado y más incremento de volumen ha experimentado. La evolución ha ido añadiendo, a lo largo de los siglos, funciones más poderosas, más capaces de ayudarnos a la supervivencia en cada etapa clave de la evolución. El funcionamiento del cerebro nos da capacidades instintivas, emocionales, intuitivas, racionales y planificadoras que no siempre logramos combinar adecuadamente.

La Psicología Evolutiva y las Neurociencias distinguen cinco etapas muy marcadas en esta evolución. Cada una de ellas ha dejado su clara impronta en la anatomía del cerebro y ha proporcionado un nuevo modo —cada vez más poderoso, pero más complejo— de funcionamiento de la mente (Figura 3.1).

Figura 3.1. – Las cinco grandes etapas de la evolución del cerebro.

Etapa 1: **Instintos**. (*Cerebro reptiliano*).
El cerebro reptiliano solo tiene capacidad instintiva. Se mueve por el mecanismo automático de estímulo/respuesta y es incapaz de aprender y modificar su conducta porque no tiene memoria de la emociones.

Etapa 2: **Emociones**. (*Cerebro emocional*).
En los primeros mamíferos poco evolucionados aparece ya la capacidad de recordar las emociones experimentadas y gobernar los impulsos instintivos en función de evitar disgustos y castigos y buscar placeres y premios. Este control de los instintos básicos permite el aprendizaje y la regulación de la conducta en función de la experiencia.

Etapa 3: **Intuiciones**. (*Cerebro intuitivo*).
La capacidad de aceptar o rechazar algo por intuición aparece por primera vez en los primates más avanzados (los grandes primates), ubicada en la corteza cerebral. Proporciona la capacidad de "inducir sin razonar", por asociación inconsciente y automática con la acumulación de vivencias. En cuestión de 125 milisegundos, el cerebro humano proporciona una respuesta rápida de aceptación o rechazo del estímulo que le está llegando (persona, objeto o situación), una respuesta generada de forma inmediata por la memoria emocional de las vivencias que lleva acumuladas.

Etapa 4: **Razonamientos**. (*Cerebro racional*).
La capacidad de razonamiento analítico y lógico aparece por primera vez en los homínidos, como una especialización del hemisferio izquierdo del neocórtex, como una mejora de las alternativas de respuesta frente a los estímulos percibidos. Su principal inconveniente radica en que es de tiempo de reacción muy lento comparado con el tiempo de reacción del hemisferio derecho (la intuición) y que solo proporciona resultados correctos si se cumplen unas condiciones previas bastantes exigentes (tener toda la información necesaria, conocer el método a aplicar y disponer del tiempo necesario).

Etapa 5: **Planificación**. (*Cerebro ejecutivo*).
La visión de las posibles consecuencias futuras de una acción actual aparece por primera vez en el homo sapiens. Es una capacidad que se ubica en los lóbulos frontales (que en la expansión definitiva del cerebro se desparraman en la frente, por encima de las cejas). Proporciona la capacidad de planificación, de elaboración de proyectos de futuras actuaciones. Pasa a ser la parte del cerebro que gobierna las interrelaciones entre todas las demás partes y el factor principal del control de los instintos y las emociones. Sus principales

inconvenientes son que todavía es más lento que el cerebro racional y que su funcionamiento no alcanza el pleno rendimiento hasta la edad de la madurez.

Localizaciones anatómicas en el cerebro

Cada etapa ha configurado una parte anatómicamente diferenciada en nuestro cerebro. En la Figura 3.2 podemos apreciar en una vista de sección sagital las distantes zonas de funcionamiento diferenciado:

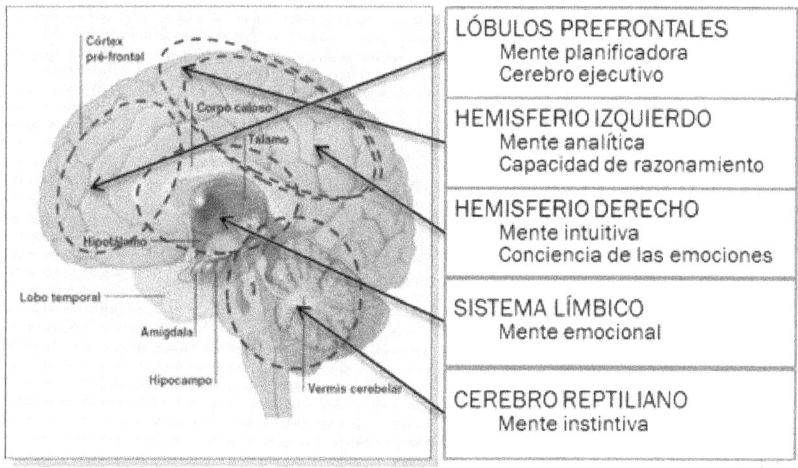

Figura 3.2 - Las cinco funciones cerebrales.

Cómo se interrelacionan las capacidades mentales

Nuestras percepciones del mundo interior y del mundo que nos rodea son los estímulos captados en primer lugar por los instintos (puesto que el cerebro reptiliano es la puerta de entrada al cerebro global). En décimas de segundo y en forma automática, el cerebro genera una respuesta obedeciendo a la herencia genética de los instintos que velan por nuestra supervivencia en la Tierra. Esta respuesta neuronal llega de forma inmediata al sistema límbico y provoca en él una activación de las agregaciones neuronales especializadas en generar emociones (amígdala, hipocampo, hipófisis, etc.). Las emociones —no confundirlas con sentimientos— son los cambios fisiológicos que se producen en el cuerpo para prepararlo para estar a la altura de la reacción que el instinto le demanda. Por ejemplo: si la presencia de un animal peligroso ha provocado el instinto de supervivencia de huir o defenderse luchando, el sistema límbico da las órdenes de que se aceleren los latidos del corazón para bombear sangre con mayor intensidad; de que se dilaten las venas y suba la tensión arterial para garantizar un buen riego sanguíneo a todo el cuerpo; que se disparen las hormonas adrenalina y cortisol para dar máximo rendimiento a los músculos para luchar y máxima velocidad a nuestra huida; etc. De hecho, contra la creencia más extendida, está demostrado que primero es la respuesta inconsciente del instinto y milésimas de segundo después se produce la conciencia de la emoción. Como ya anticipó el padre de la Psicología americana Willian James en 1984: no es cierto que huyamos de un oso porqué tengamos miedo. El orden de los factores es justamente el contrario: al ver el oso, el instinto nos manda correr y experimentamos la emoción del miedo porque corremos. De manera análoga, sentimos pena porque lloramos; sentimos atracción por una persona porque estimula nuestro instinto sexual; sentimos frío porque nuestro cuerpo tiembla; y así con todas las emociones posibles.

Pero el recuerdo inmediato y automático de una vivencia anterior puede hacernos frenar el despliegue emocional. Veamos las relaciones en la Figura 3.3. Si cuando estoy corriendo por miedo a un oso que ha irrumpido en mi camino, recuerdo aquellos ositos simpáticos que vi de niño en el circo montando en bicicleta y repartiendo caramelos, es posible que deje de correr porque intuyo que este oso concreto no es tan peligroso como mi instinto de supervivencia me ha señalado.

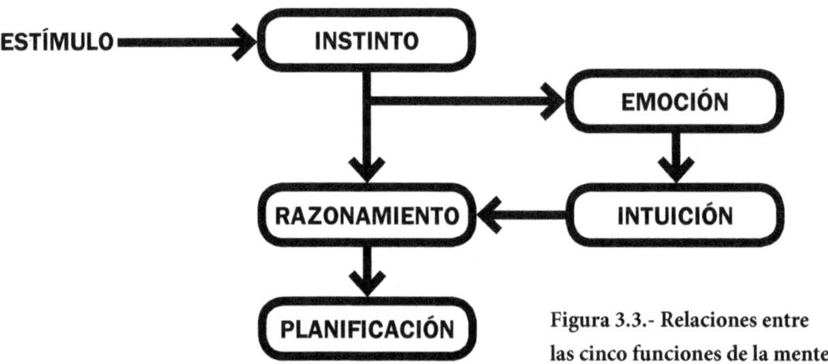

Figura 3.3.- Relaciones entre las cinco funciones de la mente

Detrás de intuición, entrará en funcionamiento la mente racional: "¿Qué hace un oso en las inmediaciones de mi casa? ¿Se habrá escapado de un zoológico? ¿De un circo cercano, quizás? ¿Es posible que no sea un oso verdadero, que sea un disfraz de Carnaval o una broma que me gasta mi vecino siempre dispuesto a bromear?".

En función de las conclusiones a las que llegue la mente racional, se frenará definitivamente la huida o, por el contrario, se acelerará aún más la carrera.
La última capacidad mental a poner en funcionamiento, si hay tiempo y oportunidad para ello, será planificar la manera de salir ileso de la incidencia. Cómo llegar hasta un sitio seguro, cómo lograr que el oso cambie de presa o cualquier otro plan para asegurar la salvación.

Recursos psicológicos comunes

Los cinco modos de funcionamiento o dimensiones de la mente (instintos, emociones, intuiciones, razonamientos y capacidad de planificación) comparten tres recursos psicológicos comunes: las percepciones, la atención y la memoria.
Sin unas buenas percepciones y una buena capacidad de observación, la interpretación de la realidad puede ser parcial o, peor aún, errónea. Pero las buenas capacidades perceptivas deben ser acompañadas por una atención continua y concentrada durante el tiempo que haga falta, a fin de evitar que se nos puedan escapar informaciones fundamentales. Y los distintos tipos de memoria (memoria de largo plazo, memoria de corto plazo u operativa, memoria geográfica, memorias emocionales, etc.) son necesarias para aprovechar convenientemente los conocimientos aprendidos y las vivencias experimentadas.
Cada competencia directiva requiere la intervención inevitable de estos tres recursos y una o más de las cinco dimensiones posibles de la mente. En la Figura 3.4 se intentan expresar de manera gráfica estas interrelaciones:

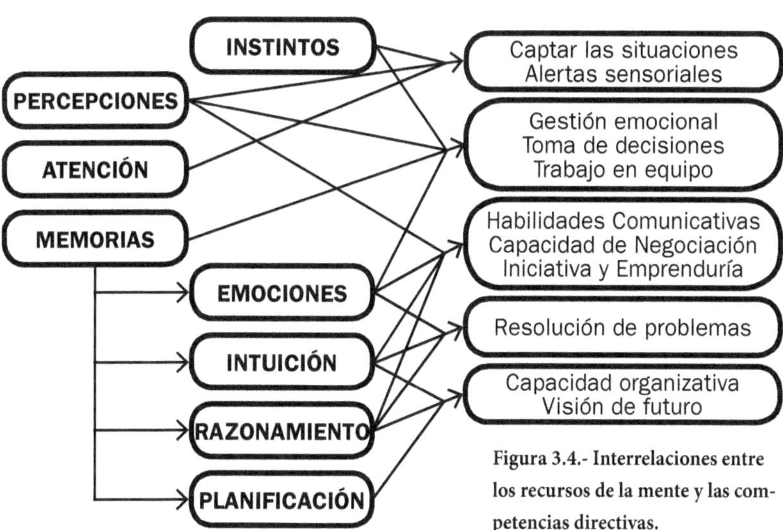

Figura 3.4.- Interrelaciones entre los recursos de la mente y las competencias directivas.

Inteligencia eficaz

Una persona verdaderamente inteligente es la que sabe usar en cada instante de su vida la dimensión más apropiada de su cerebro. Frente a un peligro físico inminente, debemos utilizar el instinto y, posteriormente y si hay tiempo y oportunidad, analizar y razonar y, si es posible, planificar la manera de que no vuelva a pasar. Frente a una fuerte intuición, debemos asumirla sin dudas y poner la mente racional a averiguar los fundamentos reales en los que se apoyaba o los argumentos que demuestran que era errónea.

Las dificultades para tener una inteligencia eficaz

La evolución nos ha dotado de dimensiones mentales cada vez más capaces de gestionar la complejidad de la realidad y ratificar o rectificar (según convenga) la reacción de las capas anteriores (menos evolucionadas) del cerebro. El principal inconveniente radica en la degradación del tiempo de respuesta de las sucesivas capas de la evolución. Las memorias emocionales de vivencias anteriores pueden frenar una mala reacción instintiva, pero por culpa de su mayor lentitud puede ser que su respuesta llegue demasiado tarde, cuando ya hayamos cometido daños irreparables. El razonamiento puede corregir errores de la mente intuitiva, pero necesita un tiempo mínimo muy elevado y una calma de ánimo que no siempre están disponibles. Los razonamientos también pueden ser erróneos y acarrear consecuencias que una correcta visión de futuro hubiera podido prever y evitar. Pero planificar, siendo la capacidad más moderna en la evolución, es, al mismo tiempo, la más lenta y difícil de acceder de todas.

Los instintos tienen el inconveniente de que no están adaptados a nuestro entorno actual, civilizado y lleno de nuevos peligros para la supervivencia que aún no han sido incorporados en la herencia genética. Si un conductor circulando a más de cien km/h observa que una abeja ha entrado en el cubículo de su automóvil, su instinto le hará perseguir la abeja para evitar que le aguijonee y es más que probable que se olvide fatalmente del peligro —actual y moderno— de chocar a altas velocidades contra otro vehículo, un árbol o un muro. Sin embargo hemos de recuperar la supremacía de la mayoría de instintos. No deberíamos de ningunear tanto como el sistema educativo actual nos induce a hacer, las pulsiones que han hecho posible que estemos con vida y presentes en el universo. Somos los herederos de una cadena exitosa de antepasados que, gracias a la bondad de sus instintos de supervivencia, llegaron vivos a la edad de poderse reproducir. No es inteligente ignorar los mecanismos biológicos que regulan automáticamente nuestra temperatura, nuestro equilibrio, nuestro apetito y sed, nuestra necesidad del sueño, la presión sanguínea, nuestro apetito para la reproducción, nuestro apego a los hijos (o a los padres) y tantas otras cosas básicas más.

Las emociones derivan directamente de los instintos y también tienen su parte automática. Son espontáneas y debemos controlarlas a tiempo, antes de que cometamos errores o daños irreparables cuando no están en la línea con lo que la sociedad o nosotros mismos tenemos señalado. En la vida social, el control de las emociones "políticamente incorrectas" es la clave para la convivencia. Es lo que hemos llamado "inteligencia emocional" y que a veces requiere esfuerzos titánicos de lucha interna contra nuestras pulsiones de odio, rechazo o exceso de atracción donde socialmente no toca.

CAPÍTULO 4 - LA INTELIGENCIA INSTINTIVA

La gestión de alertas innatas

Diremos que una persona posee buena inteligencia instintiva si sabe prestar la debida atención a sus alertas instintivas —que se producen de forma innata y automática— cuando son apropiadas a la resolución de la situación y, por el contrario, sabe frenar los impulsos instintivos cuando son contraproducentes o no adecuados al entorno cultural y tecnológico avanzado de la sociedad actual. El motor que mueve los instintos es la búsqueda de la salud, el equilibrio y la integridad corporal, el bienestar físico y el placer, y la huida de los disgustos, las molestias y los malestares.

Clasificación de los instintos

Para Charles Darwin los instintos responden al mandato de la Biología de luchar por la supervivencia de la especie. Como no hay ningún mamífero capaz de reproducirse el mismo día de su nacimiento, una consecuencia derivada es el instinto de supervivencia del individuo para poder llegar a la madurez sexual y dejar progenie. Los instintos se graban en los cromosomas, a base de generaciones, y determinan la conducta de los recién nacidos y lo acompañan durante el resto de su vida. Los instintos, pues, determinan de forma innata el primer y más antiguo funcionamiento de la mente y si, pretendemos adquirir competencias para dirigir personas —empezando por uno mismo—, tenemos que comprender cuáles son las pulsiones innatas que nos gobiernan a todos los humanos.

Instintos de supervivencia del individuo:

Apego a los progenitores
El recién nacido busca desesperadamente que alguien lo proteja. En los mamíferos, tiene asegurada la presencia de la madre. En otro tipo de animales, se supone que el instinto de protección de los embriones hará que esté alguno de los progenitores velando la irrupción a la vida del neonato.

Aprehensión
Los recién nacidos se agarran con fuerza a los dedos mostrados en horizontal que les ofrezca un adulto. Es una conducta instintiva derivada de nuestra pertenencia a la especie de los primates y la necesidad (ya desaparecida en el humano) de agarrarse a las ramas de los árboles. Es un instinto en clara retrocesión que se pierde a los pocos días pero que sigue siendo utilizado por los

pediatras de todo el mundo para ejecutar un primer test de comprobación de la salud neurológica del bebé.

Equilibrio
El deseo de mantener el equilibrio vertical es un instinto que el bebé ya tiene, a pesar de las dificultades que el peso desmesurado de su cabeza en relación al cuerpo le pueda representar en los primeros meses de vida. El sentido del equilibrio está ubicado en el oído interno donde está el sensor biológico que lo rige.

Locomoción
El recién nacido tiene la pulsión de desplazarse hacia lo que le atrae y motiva. A los pocos meses lo consigue gateando. Alrededor del año suele lograr andar de pie.

Territorio
Todos los animales son territoriales, instinto que ya aparece en los reptiles. La territorialidad física de disponer de un mínimo de espacio vital seguro y protegido se transforma en el mundo laboral en la necesidad humana de tener un territorio de responsabilidad que sea claramente propio y no sea pisoteado por nadie más.

Migración
A diferencia de otros animales que son intrínsecamente migratorios (ánades, tortugas, salmones, etc.), el hombre no posee un mandato migratorio al nacer. Pero cuando el entorno deja de ofrecer las garantías básicas de alimento y seguridad, le surge el instinto migratorio que le impulsa a buscar otro entorno con la esperanza de hallar las condiciones de vida deseadas.

Nutrición
El hambre es instintiva y el reconocimiento de cuáles son los alimentos nutritivos y cuáles deben ser rechazados por tóxicos o venenosos es una función instintiva que los seres humanos estamos abandonando en manos de la cultura social y gastronómica.

Temperatura
Somos animales de sangre caliente que debemos conservar nuestra temperatura alrededor de 36,5º C. Si la temperatura de nuestro cuerpo sube por fiebre o exceso de calor ambiental, la respuesta instintiva es sudar para que la evaporación del sudor provoque la bajada de temperatura del cuerpo. Si el frío del ambiente

reduce nuestra temperatura corporal, surge el instinto de temblequeos y castañeo de dientes para quemar calorías y recuperar la temperatura deseada.

Cobijo
Frente a las inclemencias del tiempo y la naturaleza, el instinto humano busca cobijarse en una cueva, un árbol o cualquier refugio natural.

Construcción de refugios
Si no existe ningún refugio natural a la vista, el instinto lleva al humano a la construcción de cuevas o chozas artificiales.

Evitar depredadores
De manera similar al resto de animales, cuando detectamos la presencia de un depredador, el instinto nos lleva a apartarnos inmediatamente de su camino. El problema radica en que los depredadores grabados en los cromosomas ya no son los que hemos de temer en el mundo civilizado y no se han actualizado los instintos con los verdaderos depredadores de la vida actual que, dicho sea de paso, son de nuestra propia especie.

Defensa de los ataques
De manera simplificada, la respuesta a los ataques se decide con el dilema: huir (si la fuerza del atacante se considera insalvable) o luchar (si se considera que hay posibilidades de vencer al atacante). Este instinto se aplica también sobre las agresiones psicológicas o morales y condiciona enormemente todas las relaciones interpersonales.

Curarse de heridas y enfermedades
La mayoría de los mamíferos tienen gran potencial instintivo para sanarse las heridas y reconocer cuáles son las hierbas de la naturaleza que les sirven para curar sus enfermedades. Lo humanos estamos abandonando estos instintos en manos del sistema sanitario que la civilización ha ido mejorando. Sin embargo, nadie debería olvidar que su instinto es la mejor garantía para apreciar si un tratamiento médico le beneficia o le está perjudicando.

Instintos de supervivencia de la especie

Instinto social
Es el impulso natural a vivir en sociedad existente en una gran mayoría de animales. Obedece a la búsqueda de tres ventajas para la ayuda a la supervivencia de la especie:

1 - Cazar y proveerse de alimentos es mucho más fácil si actuamos en grupo.

2 - Proteger contra los depredadores a todas las familias de la tribu en grupo, permite turnarse y aplicar economía de escala.

3 - Buscar la pareja ideal para reproducirse ofrece mayor oportunidades de selección si se convive con un mayor número de candidatos/candidatas.

Vocalización

Suele considerarse un subinstinto vinculado al instinto social. Es el impulso natural a comunicarse con los congéneres mediante sonidos diferenciados emitidos con la voz. En el caso humano, la gran capacidad de articulación de los sonidos confiere la posibilidad de elaborar el lenguaje y potenciar las capacidades superiores de la mente.

Instinto sexual

Es la parte visible del instinto de reproducción. Es la atracción a copular con una persona del otro sexo, acto sexual que en forma natural (no intervenida) sirve para engendrar progenie.

Protección de los embriones

Es el instinto, común a todos los animales, de proteger los embriones como futuros recién nacidos que van a perpetuar la especie. Se refleja en los humanos con el trato deferente y la protección social espontánea a las mujeres embarazadas.

Construcción de nidos

A semejanza de los pájaros, los progenitores reforman sus habitáculos o construyen refugios nuevos para cobijar y dar seguridad a su progenie.

Protección de las crías

Impulso protector de velar por la salud y bienestar de las crías, incluso poniendo en riesgo la vida propia del adulto, para garantizar la continuidad de la especie. En las madres tiene la fuerza especial del llamado instinto maternal que suele tener mayor intensidad que el paternal por razón obvia de la larga y profunda intimidad generada por la gestación y lactancia. Se ha comprobado que este instinto también se expande en relación a otras especies. Los humanos solemos mostrar ternura especial hacia gran variedad de cachorros de muchas especies, pero, asimismo, son bastantes los mamíferos que muestran especial deferencia hacia los niños humanos.

Instintos de mejora

Existen tres instintos que no pueden encuadrarse en los dos grupos anteriores y que sirven para el progreso del individuo y, en consecuencia, de la especie.

Curiosidad
Atracción hacia lo desconocido. Choca contra el instinto de supervivencia porque, frecuentemente, lo desconocido puede ser nocivo o, incluso, provocar la muerte. Pero sin el atrevimiento de la curiosidad no hay descubrimientos, y sin descubrimientos no hay progreso.

Imitación
Impulso natural a copiar los movimientos y actos de los demás. Por imitación aprendemos a hablar, a caminar, a montar en bicicleta, a multitud de habilidades que nos convierten en humanos y nos permiten socializar con nuestros congéneres.

Jugar
Un instinto que en la evolución no aparece hasta los mamíferos. Nos permite aprender a conocer nuestras fuerzas y capacidades y delimitar cantidad de variables del entorno. Todo lo que se aprende jugando se retiene con mucha mayor eficacia porque viene acompañado de la emoción lúdica que se graba con mayor intensidad.

La inteligencia instintiva

Teniendo en cuenta que la naturaleza ha delegado en la mente instintiva funciones tan fundamentales para nuestra salud, seguridad, bienestar y funcionamiento biológico básico, no se comprende cómo los instintos han sido considerados siempre como la parte menos noble de la idiosincrasia humana y han tenido durante siglos el menosprecio de la Psicología y las Ciencias del Comportamiento. Pretender que el ser humano es un ser cognitivo puramente racional es no solo un error sino que —a la luz de los actuales conocimientos de la Neurociencias— mantenerlo se convierte en un engaño y un impedimento al verdadero crecimiento de las personas.
Como el propio Abraham Maslow nos advierte en su famosa pirámide de jerarquía de las necesidades humanas —que veremos con más detalle al hablar de motivación— una persona requiere tener satisfechas sus necesidades fisiológicas de tipo instintivo para poderse sentir libre de ellas y elevar su espíritu a ambiciones más elevadas.

La inteligencia instintiva se manifiesta a través de:
— Buenos niveles perceptivos.
— Buenos dotes de observación.
— Capacidad de concentrar la atención y no dejarse distraer.
— Gestión correcta de las alertas sensoriales. Prestándoles la debida atención; sin paranoias y con la debida objetividad.
— Detección de los impulsos instintivos que subyacen debajo de las emociones y proceso filtrado de los mismos por las capas superiores del cerebro.

CAPÍTULO 5 - EL CEREBRO EMOCIONAL

Un agregado de estructuras neuronales

El sistema límbico —llamado también cerebro emocional por las funciones que realiza, o cerebro interno por la ubicación que ocupa, o cerebro paleo-mamífero por la etapa de la evolución en la que apareció— está oculto debajo del neocórtex y contacta con la parte superior de las fosas integrado nasales a través del bulbo olfativo.

Está por una serie de glándulas (estructuras o agregados neuronales complejos) que están especializadas en gestionar determinados cambios fisiológicos en el cuerpo en función de los estímulos percibidos por el cerebro instintivo. El cerebro emocional está íntimamente vinculado al cerebro instintivo y es el encargado de preparar al cuerpo para hacer frente a la reacción que se supone que éste tendrá que efectuar en respuesta al estímulo recibido por el cerebro instintivo.

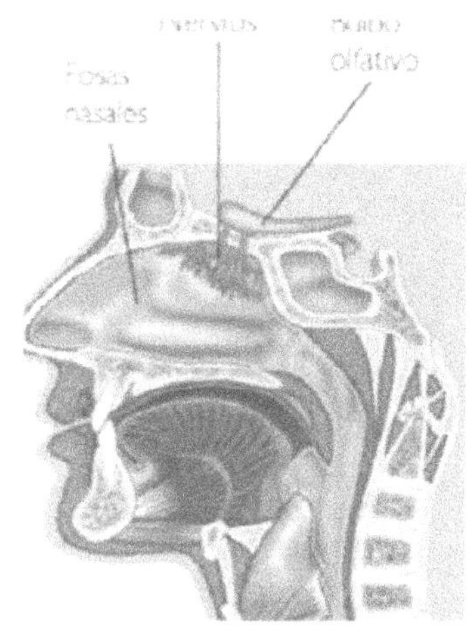

Las principales estructuras que lo forman son: **Bulbo olfativo, Tálamo, Hipotálamo, Amígdala, Región septal, Hipocampo, Córtex cingulado** e **Hipófisis.**

Bulbo olfativo: Evolutivamente es la parte más primitiva del cerebro emocional. Gestiona la memoria de los olores y provoca las emociones de atracción, asco o rechazo según el significado atribuido al olor percibido.

Tálamo: Es la estructura de mayor tamaño dentro del sistema límbico. Realiza funciones de transmisor al cerebro instintivo de los impulsos sensoriales percibidos por el neocórtex para coordinarlos con las respuestas motrices correspondientes.

Hipotálamo: Es el gran regulador de la llamada homeostasis del cuerpo, es decir, de los cambios fisiológicos que originan las sensaciones de hambre, sed, sueño, temperatura, presión arterial, entre otras constantes físicas reguladoras delos ciclos biológicos del cuerpo. Es el principal causante de la sensación de placer o dolor.

Amígdala: Responsable de memorizar los grandes impactos emocionales.

Causante del miedo y la agresividad como respuesta. Almacén de las memorias traumáticas reacias a ser borradas.

Hipocampo: Gestor de la memoria de trabajo o memoria inmediata y responsable de su traspaso filtrado a memoria de largo plazo durante la fase del sueño reparador. Responsable del sentido de la orientación (auténtico GPS biológico) y de la contextualización de las vivencias.

Región septal: Regulador de la libido sexual.

Córtex cingulado: Principal detector de alertas a la seguridad corporal. Conecta el sistema límbico con el neocórtex.

Hipófisis: (Antiguamente llamada glándula pituitaria). Regulador de los estímulos a las distintas glándulas del cuerpo para que viertan sus correspondientes hormonas al torrente circulatorio.

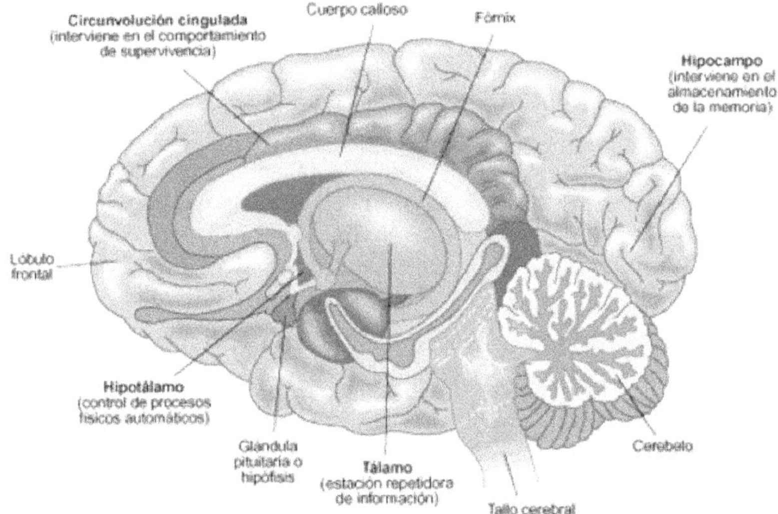

Emoción = cambio fisiológico

La etimología de la palabra significa literalmente "movimiento hacia fuera". Con la palabra emoción haremos referencia, pues, al **impulso hacia la acción**. Como definió Nico H. Frijda en 1986:

> "Las emociones son tendencias a establecer, mantener o romper las relaciones con el entorno".

En sentido estricto no hay que confundir "emoción" con "sentimiento". Emoción es el conjunto de cambios fisiológicos que experimenta el cuerpo como respuesta a los estímulos externos y/o internos percibidos con el fin de prepararse para las acciones que, en principio, deberían desencadenarse (pero que pueden ser frenadas por el cerebro racional o los lóbulos prefrontales). Sentimiento, en cambio, es el resultado de procesar esta emoción por las capas superiores del cerebro que le confieren significados más complejos, relacionados con las vivencias de la persona y su proyección de futuro. Una emoción, por ejemplo, es la atracción sexual que puede derivar o no hacia el sentimiento que llamamos amor. En otro ejemplo, la ira provocada por un ataque puede derivar o no hacia el sentimiento que llamamos odio.

Una emoción es la reacción del sistema límbico ante al cambio de estado corporal generado por las actuaciones del sistema nervioso autónomo y del sistema endocrino que han sido desencadenadas por una reacción instintiva, un recuerdo o una operación cognitiva de orden superior. Puede haber reacciones emocionales patológicas, sin causas externas que las justifiquen, pero sin unos cambios corporales que la acompañen no hay posibilidad de experimentar ninguna emoción. Como expresó perfectamente William James en 1894:

> "Para mi es imposible pensar qué tipo de emoción del miedo quedaría si no estuvieran presentes la sensación de latidos del corazón acelerados o de respiración entrecortada, ni la sensación de labios tem-blorosos o piernas debilitadas, ni de carne de gallina o de retortijones de tripas. ¿Puede alguien imaginarse el estado de ira sin sentir que el pecho estalla, la cara se ruboriza, los orificios nasales se dilatan, los dientes se aprietan, sin notar el impulso hacia la acción vigorosa? ¿Puede sentirse rabia, en cambio, con los músculos relajados, la respiración en calma y una cara plácida?"

Muchas de las variables fisiológicas que constituyen la base de las emociones son perfectamente detectables a simple vista (de ahí la gran importancia de las emociones para la comunicación inmediata), pero otras necesitan aparatos especiales para poderse detectar. Ejemplos de esta diversidad: latidos del corazón, sudoración, electro-conducción de la dermis, vasoconstricción, hipertensión, tono muscular, rubor, salivación o sequeral de la boca, alteración de la respiración, apertura de los esfínteres, dilatación de las pupilas, dilatación de las zonas erógenas, parpadeo, lágrimas, pelos de punta, piel de gallina, niveles hormonales en la sangre, niveles de neurotransmisores, expresión facial, expresión corporal, etc.

La utilidad de las emociones

Las emociones tienen gran importancia en varios ámbitos de la vida cotidiana debido a que sirven para distintas funciones.

Función adaptativa al entorno
En el capítulo anterior ya hemos hecho hincapié en esta función: prepara el cuerpo para la acción que es más probable que, en función de los estímulos más recientes, toque aplicar.

Comunicación social
Los cambios fisiológicos que se manifiestan en la cara y en la postura corporal son, para un observador suficientemente atento, una vía rápida de información sobre lo que nuestro interlocutor está sintiendo. Tanto es así que se considera que la expresión de las emociones en la cara y el cuerpo es el primer nivel de comunicación cuando se carece de lenguaje. Es un hecho conocido que si un gato nos recibe con el lomo curvado, el pelo erizado, la cola inhiesta, los colmillos salidos y bufándonos, deberemos andarnos con cuidado porque nos está avisando de que piensa atacarnos si nos acercamos demasiado. La expresión externa de las emociones es el primero y más primitivo medio de comunicación inter-especies. Es lógico, pues, que también sea un buen medio de comunicación dentro de la misma especie. Hasta el punto que un observador experto preferirá el lenguaje no verbal al verbal cuando tenga sospechas de posibles disimulos por hipocresía, por temor o por la causa que sea.
Cuando una persona posee una buena gestión de sus emociones orientada al beneficio de sus relaciones con los demás, decimos que goza de una buena **inteligencia emocional**. El control de las emociones que permite llegar a consensos con otros sujetos y poder actuar juntos es la base de la socialización, es decir, de la **inteligencia social**.

Estados de ánimo
Un estado de ánimo no es más que la fijación por un lapso de tiempo significativo de **una emoción que se resiste a desaparecer**. La duración de un estado de ánimo puede oscilar desde unos pocos segundos hasta días e incluso semanas enteras. Cuando una persona no puede liberarse de un estado de ánimo que la perjudica, tenemos una **patología emocional** que puede requerir tratamiento profesional.

Sentimientos
Una emoción procesada y asimilada por las capas altas del cerebro da forma a un sentimiento. De la emoción de una atracción sexual puede derivar un amor

de pareja. Del dolor por una pérdida puede derivar un duelo o una depresión. Del miedo por un peligro puede derivar una ansiedad. De la duda o desconcierto puede nacer el sentimiento de impotencia. Del daño por una agresión puede derivarse un odio.

Fijación de vivencias
Las emociones son la base de una buena memorización y un refuerzo potente para el aprendizaje. Nos ayudan a aprender y a retener lo que hemos aprendido. Las vivencias acompañadas de emociones fuertes (positivas o negativas) son la que se graban con intensidad en la amígdala y se recuperan con mayor facilidad y velocidad. En el lado negativo, tenemos la patología de los Trastornos de Estrés Post-Traumático (TEPT) causados por la fijación de un gran trauma emocional que se resiste a ser superado.

Base de la experiencia y de la intuición
Las vivencias más destacadas emocionalmente (no siempre recordadas de forma consciente) son las que constituyen la base de la experiencia y de la intuición. Una emoción automática e inmediata de aceptación o rechazo nos permite tomar juicios rápidos cuando nos falta tiempo o datos para realizar un juicio basado en el análisis racional. Es lo que llamamos inteligencia intuitiva.

Alertas de peligros no concienciados
A veces una emoción insistente nos advierte de un peligro que hemos detectado de forma inconsciente. Es muy conveniente hacer caso de estas alertas emocionales y averiguar qué las ha originado.

Espoleta de la creatividad
Dejarse llevar por las emociones dominantes cuando estamos frente a un problema a resolver, puede ser una manera de incentivar la imaginación para hallar alternativas creativas basadas en la intuición.

Las emociones primarias

Muchos autores piensan que todas las emociones —de manera similar a lo que ocurre con los colores— se pueden explicar cómo combinaciones de unas pocas emociones primarias o básicas.

Pero no existe un acuerdo unánime de los investigadores sobre cuáles son las emociones base de todas las demás emociones. El principal problema radica en que —a diferencia de los colores, que es un fenómeno físico— una emoción tiene una dimensión psíquica que viene muy vinculada al lenguaje y los matices semánticos de cada palabra, es decir, al entorno cultural. Por ello en este texto —basándose en la reflexión y la experiencia profesional— se ha elegido el conjunto de emociones primarias más comúnmente aceptadas por la mayoría de autores, pero se han definido cada una de ellas con algunos sinónimos, conscientes de que cada sinónimo posee matices que diferencian y particularizan la subjetividad de la emoción.

1 — **Sorpresa**, duda. De donde derivarán los sentimientos de desconcierto, incertidumbre, impotencia, dilema, problema, alerta, ansiedad, estupefación o incapacidad de acción, entre otros.

2 — **Certeza**, seguridad. De donde derivarán los sentimientos de capacidad de acción, motivación, entusiasmo, dedicación y convicción, entre otros.

3 — **Repulsión**, rechazo, aversión. De donde derivarán los sentimientos de repugnancia, odio, desprecio, menosprecio, desdén o antipatía, entre otros.

4 — **Atracción**, apego. De donde derivarán los sentimientos de amor, filiación, sumisión, confianza, adoración, amabilidad, simpatía, gentileza, solidaridad o caridad, entre otros.

5 — **Miedo**, temor, pavor. De donde derivarán los sentimientos de pánico, terror, espanto, sobresalto, ansiedad, desconfianza, fobia, nerviosismo, escalofrío, inquietud, escrúpulos, preocupación, aprensión, sospecha o paranoia, entre otros.

6 — **Confianza**, tranquilidad. De donde derivarán los sentimientos de paz, calma, serenidad, autoestima, disponibilidad, ofrecimiento y motivación, entre otros.

7 — **Ira**, rabia, cólera. De donde derivarán los sentimientos de agresividad, enojo, mal genio, humillación, fastidio, molestia, furia, resentimiento, hostilidad, animadversión, impaciencia, indignación, irritabilidad, violencia y odio patológico, entre otros.

8 — **Entrega**, aceptación. De donde derivarán los sentimientos de amor, afecto, compañerismo, cooperación, sumisión, protección mutua y amistad, entre otros.

9 — **Tristeza**, pena, dolor. De donde derivarán los sentimientos de aflicción, autocompasión, melancolía, desaliento, desesperanza, duelo, soledad, depresión y nostalgia entre otros.

10 – **Alegría**, gozo, placer. De donde derivarán los sentimientos de disfrute, euforia, felicidad, alivio, capricho, extravagancia, deleite, dicha, diversión, estremecimiento, éxtasis, gratificación, orgullo, placer mental, satisfacción y preferencia entre otros.

Es útil advertir que cinco de estas emociones son consideradas de signo positivo (nos atraen y nos dan placer) y cinco de signo negativo (procuramos evitarlas y nos dan disgusto). Podemos, de hecho, considerar cinco parejas de emociones contrapuestas sobre cinco ejes emocionales primarios. Ver Tabla 5.1.

Eje	Negativas	Positivas
Primer contacto	Sorpresa / duda	Confianza / tranquilidad
Deseo	Repulsión / rechazo / aversión	Atracción / apego
¿Me siento en peligro?	Miedo / temor	Valentía / seguridad
¿Me ayuda?	Ira / rábia / cólera	Entrega / paciencia
Resultado	Tristeza / pena / dolor	Alegría / gozo / placer

Tabla 5.1. – Emociones básicas o primarias

Pero las que estamos llamando emociones "negativas" tienen en realidad una función benéfica para la supervivencia. El miedo, por poner un ejemplo, nos alerta de un peligro contra nuestra integridad y nos prepara para combatir de la mejor manera posible el peligro externo que nos ataca. La ira nos proporciona energía vital para luchar con más probabilidades de salir victorioso. Una enorme cantidad de combinaciones posibles entre dos o más emociones primarias simultáneas da origen a emociones secundarias. Y si pensamos en la tremenda capacidad de elaboración sobre las emociones que poseen el neocórtex y los lóbulos frontales para generarnos diferentes sentimientos, comprenderemos porque ni la Psicología, ni la Literatura, lograrán jamás ni tan siquiera llegar a catalogar por completo toda la riqueza y variedad del universo de los sentimientos humanos.

CAPÍTULO 6 - INTELIGENCIA EMOCIONAL

Del cociente intelectual (CI) al cociente emocional (CE)

Durante muchos años, demasiados, la Psicología oficial estuvo identificando la palabra inteligencia con el resultado psicométrico de los mal llamados "test de inteligencia" que fueron creados a partir de los test pioneros iniciados en 1904 por el francés Alfred Binet. Binet recibió el encargo del Ministerio francés de Instrucción Pública de discriminar los buenos estudiantes de los estudiantes con problemas de aprendizaje con la intención de optimizar los presupuestos dedicados a la educación de los adolescentes franceses y creó un test para medir lo que él llamó la "edad mental". Algunos niños tenían una edad mental por encima de la cronológica y otros por debajo. La división entre la edad mental y la edad cronológica daba origen al "cociente intelectual" (CI).

Cuando el ejército estadounidense entró a formar parte de la Primera Guerra Mundial, se crearon unos "test de inteligencia" (basados en los de Binet) para asignar los reclutas a las distintas unidades armadas en función de sus capacidades. Sus buenos resultados hicieron que la sociedad civil los adoptara para la selección de personal y ya fue un no parar de evolución y mejora de sucesivas versiones de los test mal llamados "de inteligencia".

Mucho se ha hablado y escrito sobre lo que realmente miden los "test de inteligencia" que desde hace cien años se han aplicado (y se siguen aplicando) para obtener el llamado "cociente intelectual" (CI), pero los psicólogos de mayor prestigio actual han estado de acuerdo en afirmar que el CI se puede usar para medir la **inteligencia llamada racional, analítica o académica**, pero nunca para medir la inteligencia global.

El israelita Reuven BarOn en 1985 y los estadounidenses Peter Salovey y John D. Mayer en 1990, sentaron las bases teóricas de la llamada inteligencia emocional e hicieron ver la tremenda importancia de la misma en las interrelaciones humanas y, en consecuencia, en la adaptabilidad del individuo no sólo a su entorno laboral, sino también a la familia y a la sociedad a la que pertenece. A partir de ellos, muchos han sido los autores que, además de los mencionados, han definido un cociente emocional, CE, y han creado test para medir la inteligencia emocional. Ningún psicólogo que se precie puede, hoy en día, dejar de valorar que la inteligencia, además de una dimensión racional o analítica, tiene una dimensión emocional.

Pero ¿acaba aquí el planteamiento de lo que es la inteligencia humana? ¿Es sólo la conjunción, complementación, confrontación o coexistencia de la inteligencia analítica y la emocional? Pues lo cierto es que no. Lo cierto es que deberíamos situar tanto la inteligencia analítica como la emocional en el contexto del funcionamiento global del cerebro humano. La Psicología debería definir un coeficiente de inteligencia que tuviera en cuenta la necesaria armonía y coordinación de las cinco dimensiones o maneras de funcionar que tiene la mente que hemos expuesto en el capítulo 3.

La Inteligencia Emocional según Salovey & Mayer

John D. Mayer y Peter Salovey definieron en 1990 la inteligencia emocional como:

> "Una forma de inteligencia social que incluye la capacidad de regular los sentimientos y emociones propios y de los demás, distinguir entre ellos, y utilizar esta información como guía de los propios pensamientos y acciones".

Mayer y Salovey detallan que es la capacidad de **percibir, expresar, comprender y gobernar** las emociones. En sus textos, destacan explícitamente las siguientes funciones:

Inteligencia emocional según Mayer y Salovey:

— No permitir que las emociones queden secuestradas por una depresión o euforia disfuncional, por la ira o la ansiedad.
— Ser capaz de demorar la satisfacción en lugar de dejarse dominar por los impulsos.
— Tener empatía para advertir las emociones de los demás y tratarlas con habilidad.
— Tener capacidad de comprensión y regulación de las emociones.

La Inteligencia Emocional según Goleman

Daniel Goleman publica su libro bestseller en 1995 y a los conceptos de Salovey y Mayer les da un giro que los orienta claramente hacia las interrelaciones personales en el ámbito laboral.

> "...la esencia de la inteligencia emocional son el buen conocimiento y la gestión de todos tus altibajos emocionales que, a su vez, estimulan la empatía y permiten unos flujos de comunicación auténticos y positivos con los demás".

Goleman estructura la inteligencia emocional en los siguientes componentes:
— **Autoconciencia**: conocimiento de las emociones propias. Corresponde al percibir de Salovey & Mayer.
— Empatía: Reconocimiento de las emociones ajenas. Corresponde al comprender de Salovey & Mayer.
— **Control emocional**: Autocontrol de las emociones. Corresponde al controlar de Salovey & Mayer.
— **Habilidades sociales**: Saber relacionarse correctamente con las emociones ajenas, saber resolver conflictos, saber confiar y colaborar con los demás. Corresponde al expresar de Salovey & Mayer.
— **Motivación**: **Confianza** en uno mismo y capacidad para automotivarse y tener perseverancia, a pesar de las frustraciones. Función muy importante para la consecución del éxito de nuestras actividades que no tiene una correspondencia directa con los planteamientos primeros de Salovey & Mayer.

La IE y el éxito profesional

En el mundo profesional actual es prácticamente imposible que una sola persona pueda dominar todos los conocimientos y especializaciones necesarias para la realización completa de los trabajos. La colaboración entre personas y el trabajo en equipo se han vuelto imprescindibles en la mayoría de situaciones laborales. La capacidad de interrelaciones personales pasa, en consecuencia, a tener más importancia que la capacidad analítica y racional.

The Consortium for Research on Emotional Intelligence in Organizations (Ver Figura 6.1.) ha hallado en sus investigaciones sobre miles de empleados con cargos de cierta responsabilidad, que el éxito laboral es atribuible a las capacidades intelectuales del individuo solo en un 23% de los casos, mientras que en 77% de los casos es claramente atribuible a la inteligencia emocional.

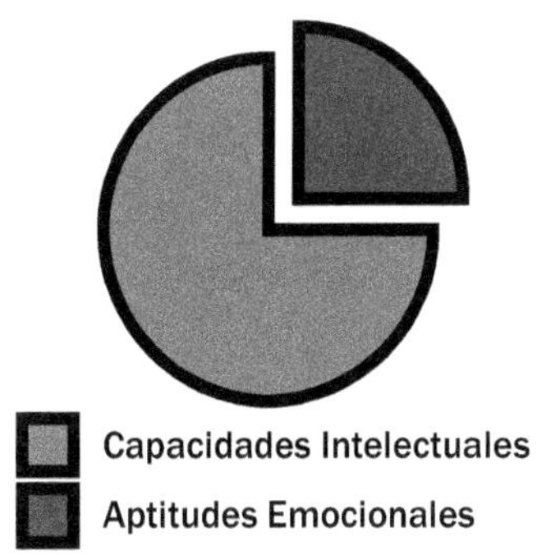

Figura 6.1.- Factores en el cociente de éxito

La IE involucra al cerebro entero

No podemos hacer la identificación entre cerebro emocional e inteligencia emocional. Sería un exceso de simplificación. En el cerebro emocional se generan las emociones y se despliega la actividad básica de las mismas, pero al término "inteligencia emocional" se le han asociado unas connotaciones de autocontrol y de dominio de las expresiones emocionales, de sus derivadas sentimentales y de los estados de ánimo que sólo es posible conseguirlas mediante la participación en el empeño de las capas cerebrales de nivel filogenético superior. Ver Figura 6.2. La menta analítica y la mente planificadora de futuro deberán cooperar sin ningún tipo de duda para conseguir un buen CE.

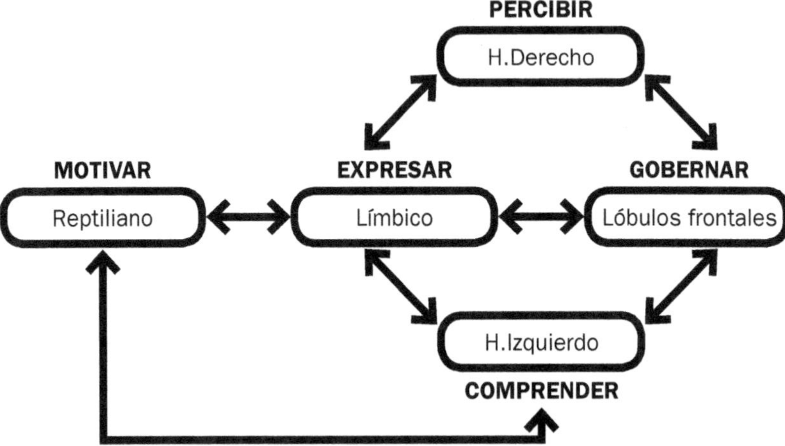

Figura 6.2. – En la IE intervienen todas las dimensiones del cerebro.

Todas las emociones obedecen a un estímulo instintivo (muy a menudo no consciente) que activa la respuesta correspondiente del sistema límbico sobre el cuerpo. Los cambios fisiológicos son percibidos por el hemisferio derecho e identificados en relación con las vivencias anteriores. El hemisferio izquierdo razona sobre los motivos y consecuencias de la emoción e intenta comprender qué la ha motivado (aquí es donde suele producirse el autoengaño del tipo "me enfado porqué quiero" en vez de "no puedo detener mi enfado" o "huyo porqué tengo miedo" en lugar de "tengo miedo porqué huyo"). Finalmente, los lóbulos frontales (cerebro ejecutivo) es la única parte realmente efectiva para controlar la emoción y decidir si la extingue o, por el contrario, la prolonga.

En neurología se ha comprobado que personas que han perdido parte de los lóbulos frontales, por accidente o extirpación de tumores, aunque pueden conservar intacta su inteligencia racional, suelen perder dramáticamente su inteligencia emocional. Como —según ha demostrado Antonio Damasio— la toma de decisiones se cierra siempre cuando se produce la emoción de aceptación de una de las alternativas y rechazo de las restantes, las personas con lesiones en el cerebro ejecutivo suelen tener disminuida o totalmente desaparecida su capacidad de asumir decisiones.

El control de las emociones

Es muy importante tener presente que las emociones no fueron creadas por la naturaleza para ser controladas. Bien al contrario, fueron diseñadas para que "ellas" controlaran automáticamente nuestras respuestas en situaciones críticas. Posteriormente, la evolución les añadió sucesivos mecanismos de supervisión que permitieran reducirlas o inhibirlas (cerebro racional y cerebro ejecutivo), pero estos mecanismos tienen velocidades de respuesta mucho más lentas.

Las reacciones del sistema nervioso periférico que acompañan siempre a las emociones son debidas al sistema nervioso autónomo (sistemas simpático y parasimpático) y son muy importantes para el confort o el disgusto corporal de la persona. La excitación del simpático, por ejemplo, provoca el vertido de adrenalina al torrente sanguíneo a fin de elevar el tono muscular y preparar el cuerpo para una movilización fuerte y acelerada de energía destinada a atacar o a salir corriendo.

De hecho, para la mayoría de individuos, a la hora de determinar qué actitudes van a tomar y qué acciones van a emprender frente una determinada situación, son más importantes sus emociones que sus razonamientos. Según han demostrado un buen número de trabajos científicos, a menudo los humanos nos movemos impulsados por nuestras emociones y justificamos a posteriori nuestras acciones con razonamientos lógicos y nos creemos —e intentamos que los demás también lo crean— que nuestro comportamiento ha obedecido a un plan racional premeditado.

Carecemos en absoluto de control previo sobre las emociones. El único control que realmente podemos efectuar es frenar o acelerar las emociones que ya se han iniciado en nuestras capas cerebrales bajas. Aunque queramos rechazar que se produzcan en nuestro sistema límbico determinadas emociones, no está bajo nuestro control. Puedo decir, por ejemplo, "no me voy a enfadar". Significa que no me gusta enfadarme y que quiero evitar esta molesta emoción. Pero no puedo impedir que la emoción de enfado se inicie en mi sistema límbico e inicie los cambios fisiológicos asociados (adrenalina incluida).

La única variable que podemos regular es el tiempo que nos dominará la emoción. El único control que poseemos es reprimir lo más rápidamente posible esta emoción con el cerebro ejecutivo. Pero durante un tiempo (unos miliseguntos en el mejor de los casos) el enfado se habrá apoderado de mi ánimo sin que pueda impedirlo y un buen observador de mis músculos faciales y corporales podría advertir la micro-expresión que así lo delata.

Las relaciones interpersonales

Las relaciones entre dos personas vienen siempre condicionadas a las emociones que mutuamente se provocan. Emociones que, en principio, no tienen por qué ser del mismo signo en ambas.

Grados de comprensión y aceptación de las emociones ajenas

Podemos clasificar la interrelación de un individuo con otra persona en función de dos elementos: el grado de comprensión de las emociones de su interlocutor y el grado de aceptación de las mismas. Ver Tabla 6.1.

Simpatía
La capacidad de percibir y compartir directamente la manera cómo experimenta las emociones la otra persona. La simpatía implica afinidad, inclinación mutua y amabilidad.

Empatía
La habilidad cognitiva para comprender el universo emocional del interlocutor. No implica que sienta idénticas emociones ni que se solidarice obligatoriamente con ellas. La simpatía implica una empatía previa; pero la empatía no implica simpatía con el interlocutor. En el lenguaje común, muchas veces se usa la palabra empatía como sinónimo de simpatía. Es un error conceptual. La empatía no implica solidaridad con el otro; la comprensión no implica obligatoriamente ni aceptación ni compartición.

Antipatía
Capacidad de comprender las emociones del interlocutor pero experimentar aversión, repugnancia y desacuerdo con ellas y demostrarlo sin disimulos.

Tolerancia
A pesar de no comprender las emociones de la otra persona, adoptar una postura de aceptación y flexibilidad.

Egopatía

Incapacidad de percibir e identificarse directamente con la manera cómo experimenta las emociones otra persona. Propio de personas narcisistas centradas en su ego.

Psicopatía

Incomprensión y rechazo sistemático a las emociones de los demás. Inteligencia social nula.

	Emociones ajenas	Positivas
	Comprensión	Incomprensión
Aceptación	SIMPATÍA	TOLERANCIA
Neutralidad	EMPATÍA	EGOPATÍA
Rechazo	ANTIPATÍA	PSICOPATÍA

Tabla 6.1. – Tipos de interrelaciones humanas

Conductas contrapuestas

Desde otro punto de vista se pueden clasificar las personas en parejas contrapuestas según el sentido del tipo de relación que generan con los demás (ver Tabla 6.2):

	PERSONAS POSITIVAS		PERSONAS TÓXICAS
El que tiene un sueño	Concibe la vida como una misión que cumplir. Suele ser un líder visionario.	**El que sólo quiere el poder**	Concibe la vida como ocasiones de poder, riqueza, privilegios y honor. Suele ser un líder autoritario y egoísta.
El creativo	Busca innovaciones beneficiosas que ayuden a mejorar la calidad de la vida cotidiana. Las relaciones interpersonales dependerán de su carácter.	**El que siempre pone obstáculos**	Por motivos de envidia o rabia no deja de poner obstáculos. Antipático y negativo.
El social	Valora las instituciones y vela por ayudarlas y mejorarlas. Colaborativo y altruista.	**El antisocial**	Se queja siempre de los demás, pero se aprovecha de ellos en beneficio propio siempre que puede.Ególatra.

El constructivo	Cuando encuentra dificultades, busca la manera de superarlas. Colaborativo y optimista.	**El destructivo**	Busca pegas a las soluciones de los demás. Solo las usa como un medio para su propio beneficio. Egoísta, antipático y mala persona.
El que tiene mentalidad abierta	Reconoce las cualidades de los demás con independencia de su pertenencia a etnias, grupos sociales, partidos políticos o creencias religiosas. Colaborativo y altruista.	**El partidista**	Solo valora a los que son de su misma cuerda. Sectario y fanático.
El altruista	Se preocupan del bienestar de las personas que le rodean.	**El egoísta**	Saca partido de quienes le rodean en beneficio propio y no le importa si les perjudica.
El ecuánime	Controla su rabia y sus deseos de venganza cuando le perjudican. Tiene buena inteligencia emocional y suele crear buen ambiente a su alrededor.	**El vengativo**	Se arroja en brazos de su orgullo y su ira para buscar venganza inmediata. Con mala inteligencia emocional. Crea mal ambiente a su alrededor. Suele ser Narcisista.
El intuitivo	Atiende a sus intuiciones para tomar decisiones. Tiene el riesgo de ser poco reflexivo.	**El racional**	Solo se fía de la lógica y los razonami-entos. Tiene el riesgo de caer en "la parálisis por el análisis".

Tabla 6.2. – Conductas contrapuestas según tipo de persona

Relaciones tóxicas y personas de trato difícil

Se dice que una relación es tóxica cuando nos impide desplegar a fondo nuestra propia manera de ser e impide o dificulta nuestro crecimiento personal. Por supuesto, la inteligencia emocional nos ayuda a transformar o apartarnos de este tipo de relaciones.

La realidad social es que existe gran cantidad de personas de difícil trato con las que, por distintas circunstancias, nos podemos ver obligadas a tratar: Personas ambiciosas, o envidiosas, o violentas, o crueles, adversarios malvados sin ética alguna, personas capaces de todo tipo de engaños y trampas. Para completar el inventario y obtener interesantes recomendaciones sobre cómo enfrentarse a ellas, es una buena ayuda el libro "Gente tóxica" del psicólogo Bernardo Stamateas.

Desequilibrios emocionales

Cuando no logramos controlar los estados de ánimo y los sentimientos que nos provocan las interrelaciones sociales podemos caer en un desequilibrio emocional que, en caso de persistir, puede degenerar en una patología que requiera tratamiento profesional.

Ataques a la integridad moral

De la misma manera que los ataques a la integridad física provocan respuestas automáticas del instinto de supervivencia, los estímulos externos que son percibidos por la persona como ataques a su integridad moral, espiritual o mental, generan respuestas emocionales que —si no se resuelven con éxito¬— pueden quedar estancados de manera patológica en la mente y ser la causa de un desequilibrio emocional.

Ante una agresión moral, espiritual o mental, de manera análoga a lo que ocurre con las agresiones físicas, caben tres posturas alternativas (ver Figura 6.5):

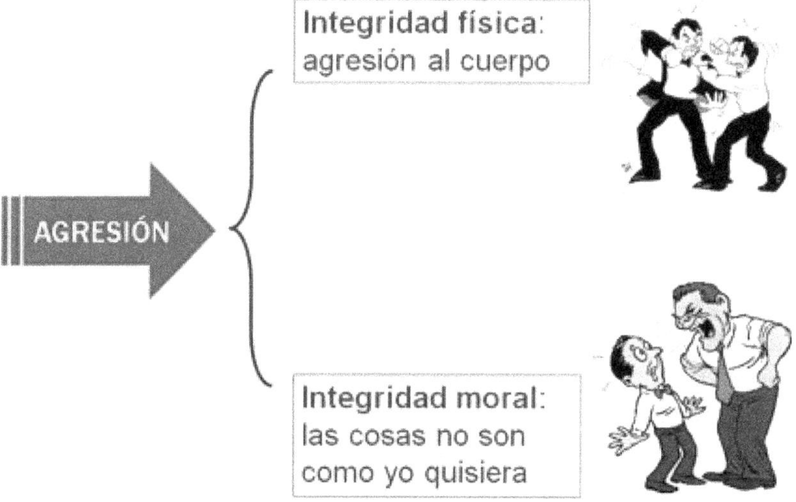

Figura 6.4. –Dos clases de agresiones

1 — Sentir rabia y luchar contra la causa de la agresión.
2 — Sentir miedo y huir de ella.
3 — Rendirse a la superioridad (manifiesta o supuesta) del agresor.

La lucha puede eliminar la causa de la agresión si tiene éxito, o puede fracasar (ver Figuras 6.5 y 6.6). En el primer caso tenemos la satisfacción del triunfo. En el segundo, el dolor de haber fracasado. Si nos quedamos patológicamente anclados en la derrota sufriremos una depresión de tipo reactivo. Sin embargo, al derrotado en la lucha le cabe la satisfacción de haber sido coherente, de haber dado de sí todo lo que estaba en su mano para evitar la derrota. Una convicción que —a la corta o la larga— le aliviará el dolor moral de la derrota, le impulsará a mirar hacia delante y le permitirá recuperar el equilibrio emocional.

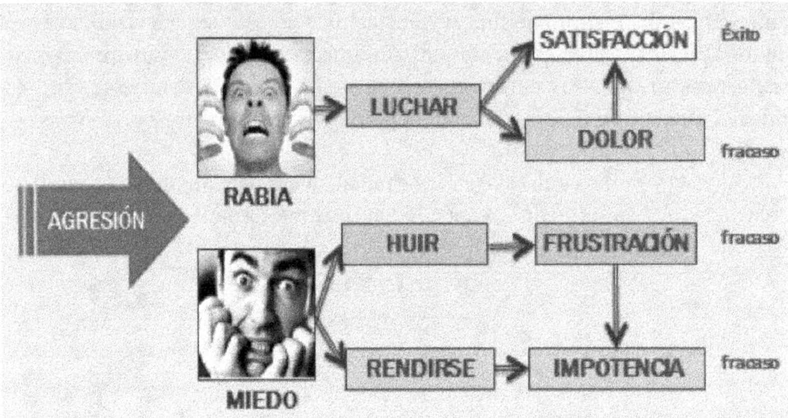

Figura 6.5.- Alternativas frente a una agresión

Si huimos de afrontar la lucha contra la agresión, nos sentiremos frustrados por el fracaso y nos pueden obsesionar preguntas persistentes y patológicas del tipo "¿Qué habría pasado si me hubiera atrevido a luchar? ¿Por qué me está faltando coraje para enfrentarme a ello como es debido?". Estamos ante el desequilibrio emocional que llamamos ansiedad.

Si nos rendimos sin tan siquiera afrontar la posibilidad de luchar porque consideramos fuera de nuestro alcance la resistencia contra la fuerza de la agresión, el sentimiento dominante frente al hecho de haberse rendido sin haber luchado en contra será la impotencia. Es muy posible que nos afecten de manera persistente y patológica las preguntas del tipo "¿No podría haber hallado yo la manera de superar esta agresión? ¿Por qué me faltó coraje y me rendí sin oponer resistencia alguna?". El desequilibrio emocional que esta postura acarrea es lo que llamamos estrés.

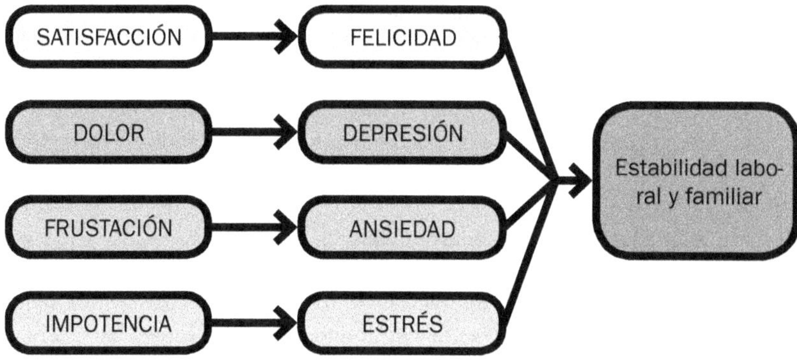

Figura 6.6. – Resultados derivados

Si las emociones de rabia, tristeza o miedo se vuelven crónicas, las consecuencias no son nada halagüeñas (Figura 6.7). La rabia crónica provoca agresividad permanente y conductas violentas; frecuentemente contra quién menos culpa tiene. La tristeza crónica hunde a la persona en un estado de depresión que puede ser difícil de superar. El miedo crónico provoca ansiedad o estrés permanente por cualquier cosa (apenas sin motivos reales) y puede degenerar en fobias o ataques de pánico.

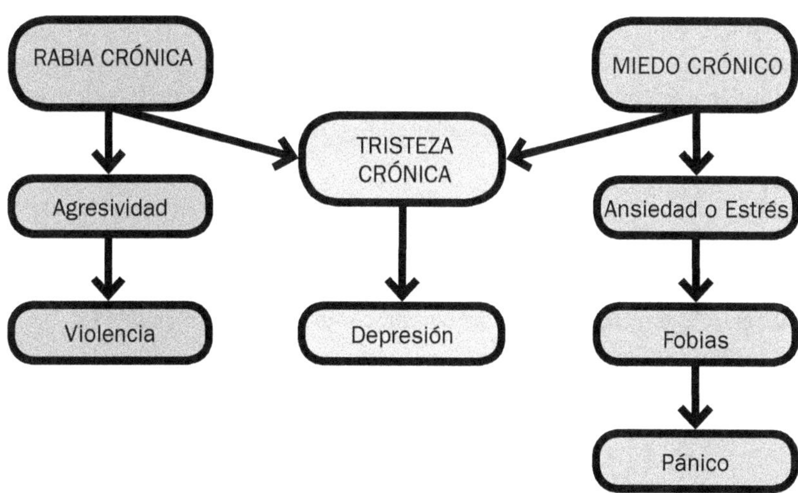

Figura 6.7.- Causas de la depresión

Ante estos hechos cabe la siguiente reflexión:

"Si no tienes lo que quieres, sufres. Si tienes lo que no quieres, sufres. Incluso si tienes lo que exactamente quieres, también sufres pensando que quizás no lo puedas conservar para siempre. Conclusión: la causa última de tu sufrimiento está en tu mente y no dejarás de sufrir si no cambias esto".

Superación de las patologías emocionales

Es conveniente afrontar la superación de los desequilibrios emocionales de una manera progresivamente escalonada. Empecemos por intentar solucionarlo sin ayuda externa. Mediante el descanso y la distensión, la reflexión y la meditación, el apoyo de lecturas de auto ayuda. Si no logramos la paz, podemos recurrir a las personas que nos quieren, familiares, amigos, compañeros o pareja sentimental. Expliquémosles sin cortapisas nuestros miedos y rabias, nuestras frustraciones e impotencias. Nuestros errores y debilidades. Aceptemos su ayuda y su afecto. Está más que demostrado que el amor y el soporte de quienes te rodean es, en muchos casos, la mejor de las medicinas.

Si tampoco con este camino logramos superar el problema, ha llegado el momento de recurrir a los profesionales. Pero también aquí cabe la posibilidad de escalonar el tipo de ayuda. Desde un primer nivel basado en talleres de inteligencia emocional, control del estrés, meditación o coaching personal, a un segundo nivel basado en terapia en manos de un psicólogo. Solo si todas estas alternativas fallan, deberíamos aconsejar el tratamiento psiquiátrico (con enorme probabilidad de caer en tratamientos con psicofármacos —de comprobada utilidad pero con evidentes riesgos de efectos secundarios.)

Recomendaciones para mejorar la inteligencia emocional

Aprende a detectar y reconocer las emociones propias y ajenas

Aprende a identificar las señales externas de las emociones
En los demás, observa sus expresiones faciales y corporales, atento a la corta duración que pueden tener por ocultación inmediata de tu interlocutor. En ti mismo, detecta tus sensaciones internas y aprende a interpretarlas.

Identifica la causa de las emociones
Procura identificar, tanto de las emociones propias como de las ajenas, qué las origina: necesidades insatisfechas, deseos innobles, ambiciones excesivas, rabia justificada, miedo subyacente, etc.

Antes de juzgar a los demás, júzgate a ti mismo

Analiza primero las motivaciones propias
Antes de juzgar las acciones y las motivaciones de los demás, empieza por juzgar las tuyas. Y si te toca rectificarlas, muestra la grandeza y el equilibrio emocional de tu personalidad.

No hagas responsables a los demás de tu infelicidad
Tu felicidad o infelicidad solo dependen del efecto interno que te puedan causar tus emociones. Los daños que te hagan los demás te hundirán en la infelicidad solo si tú no aplicas tu inteligencia emocional a relativizarlos.

Muéstrate tal como eres

No ocultes tus emociones normales
Expresa de manera controlada tus emociones justificadas, y averigua a quién le importan. No caigas en el prejuicio de pensar que mostrar tus emociones te hace más débil. Te hace más humano, simplemente.

Si no te gustas, cambia
Si no te gusta ver qué emociones tienes, procura cambiar tu personalidad. Haz que te guste sentir lo que sientes.

Muestra sin reparos tu empatía
Demuestra a tu interlocutor tu comprensión de sus emociones. Aunque luego tengas que mostrarle tu desacuerdo total o parcial con ellas.

Reconoce tus errores
Reconoce tus errores y acepta la responsabilidad derivada de ellos. Los errores (reconocidos) son la oportunidad de una enseñanza. La experiencia se forja a base de errores y fracasos digeridos. La gente confía mejor en sus líderes si saben aceptar que a veces se equivocan. Por el contrario: no se puede confiar en un líder incapaz de reconocer sus fallos.

En las discusiones, controla

Defiende tu punto de vista con convicción
Defiéndelo sin complejos, con sinceridad y honestidad, aunque corras el riesgo de parecer ridículo o inoportuno. Nadie mejor que tú defenderá tus intereses. Si crees tener la razón, no tienes que renunciar a defenderla por miedo a molestar o a que se burlen de ti.

Abre tu mente a otros puntos de vista
Sé versátil y enriquece tu punto de vista con las aportaciones de tus antagonistas. Todas las discusiones admiten tres puntos de vista: el tuyo, el de tu interlocutor y el de terceras personas y es bastante probable que no coincidan. Nadie tiene la garantía de la objetividad (o de la verdad). Tú tampoco. Recuerda siempre que puedes estar equivocado. No confundas la convicción que emerge de tus sentimientos íntimos con la razón y la verdad (que pueden ser distintos, aunque no te lo parezca). No caigas en dogmatismos, piensa que la mente emocional es poco reflexiva y tiende a asumir las opiniones propias como verdades absolutas. No rechaces con actitud visceral las opiniones ajenas y, siempre que sea necesario, recurre a un arbitraje de calidad.

No mientas
No mientas, a menos que esté en juego tu seguridad personal o la de personas que tengas que proteger. Mentir aporta un riesgo de perjudicar tus relaciones interpersonales que sólo está justificado para evitas riesgos mayores.

Deja de discutir cuando veas exceso de pasión en tu interlocutor
No se puede razonar con las personas que están en medio de una vorágine pasional. Espera a que tu interlocutor vuelva a la calma porque es muy difícil cambiar la conducta de una persona cuando está excitada. Procura esperar a que le baje la excitación, si es que puedes esperar. Pospón la discusión hasta que haya rebajado su exceso emocional. Si se trata de un empleado tuyo, envíalo a su casa con amabilidad y explícale que ya seguiréis hablando al día siguiente, cuando haya rebajado su pasión. Ten presente, en cualquier caso, que las personas muy emocionales, dejan de lado la lógica de los argumentos que no se ajustan a su convicción. Déjale claro que respetas sus convicciones pero intenta llevarla al terreno de los argumentos analíticos.

En medio de la furia, mantente sereno
Consérvate sereno cuando tus interlocutores están furiosos. No te dejes arrastrar por la furia. Puedes demostrar que estás molesto, pero con templanza, sin

palabras, gestos o acciones de las que después tengas que arrepentirte. Espera a calmarte antes de hablar. Piensa que la relación con las personas es siempre más importante que ganar una discusión. Las relaciones cordiales con las personas que te rodean deben tener más prioridad para ti que sus opiniones sobre temas en los que discrepáis. "No estoy de acuerdo con lo que dices, pero defenderé con mi vida tu derecho a expresarlo" (Voltaire).

De la discusión puede nacer la luz

No es un tópico falso decir que "Del roce nace la amistad". Está más que demostrado que un conflicto bien llevado puede servir para fortalecer una relación y ayudar (a ambas partes) a aprender de las diferencias y crear nuevos vínculos positivos. La tolerancia y el respeto a las diferencias, las discusiones con asertividad, son armas excelentes para ganar amigos. Como mínimo, te garantizan ganarte el respeto.

No caigas en juegos de poder

Se trata de convencer, no de vencer.

Si convences, ganas un aliado. Si te impones por la fuerza de tu poder, ganas un enemigo. No aceptes, tampoco, que te impongan opiniones ajenas mediante juegos de poder. Tus pensamientos y tus emociones son libres y sólo tú mandas sobre ellos. Si no tienes más remedio, declárate vencido pero no convencido. No hagas nunca nada que vaya contra tus principios y tu voluntad.

No practiques ni te sometas jamás a chantajes emocionales

Si te chantajean emocionalmente, asume con templanza y serenidad el daño inevitable que te van a causar, pero no entres jamás en el juego del chantajista porque es un juego que nunca acabaría y, a la larga, te humillaría y perjudicaría aún más. Y, por supuesto, escápate de cualquier tentación de ser tú quien aplique el chantaje. No degrades tu autoestima.

Trata a los demás como quisieras que te trataran a tí

Respeta y trata bien a todas las personas

Trata a todo el mundo con cordialidad auténtica. No imites a los políticos mediocres que fingen una cordialidad que no sienten. Tú no vas a la captura de votos, vas a la captura de compañerismos y lealtades personales. Tratar bien a cualquier persona es un buen negocio y te dará sus frutos. Deberías tratar a cualquier persona como si fuera un pariente rico de quien esperas obtener una herencia sustancial (cosa que, a nivel metafórico, es cierto).

No hagas ni digas nada que pueda herir o perjudicar a otra persona
Las personas suelen olvidar las palabras exactas de lo que les dices, pero nunca olvidan cómo les hizo sentir lo que les dijiste e intentarán devolverte, tarde o temprano, lo mismo que han recibido de ti. No hagas nunca críticas destructivas. Aplica el análisis amigable, la ayuda constructiva. Antes de actuar en contra de alguien analiza tus emociones: ¿Pretendes tan solo desahogarte? ¿Quieres hacerle daño? ¿No te bastaría con hacerle ver que está equivocado y hacerle cambiar su conducta hacia ti?

Trata a tus clientes como si fueran amigos
Trata a tus clientes como si fueran amigos cercanos, pero sin caer en el exceso de confianza. Procura superar sus expectativas: ofréceles la mejor experiencia de servicio de sus vidas. Mantén siempre una actitud profesional, aunque estés agotado y te estés durmiendo de pie, aunque tus problemas personales te estén matando. Ten presente que la satisfacción del cliente depende del buen producto y del buen servicio, por supuesto, pero también del trato personal recibido. Un buen trato personal puede tapar un pequeño fallo en el producto o en los servicios; un mal trato tira por el suelo el mejor de los productos o servicios.

Sé paciente y tolerante
Todos tenemos aspectos de personalidad que pueden desagradar a los demás. Sé paciente con los aspectos de personalidad ajena que te desagraden. Recuerda que la tolerancia genera tolerancia y la intransigencia, intransigencia. Respeta los sentimientos y los deseos de los demás aunque te parezcan erróneos. Respetar no significa aceptar, significa comprender las razones ajenas.

No aceptes falsas justificaciones
Acepta generosamente las disculpas cuando sean sinceras. Actúa como quisieras que actuasen contigo cuando tengas que disculparte. Pero no aceptes falsas justificaciones. Es preferible la ausencia de excusas a falsas explicaciones.

Controla con tus capas cerebrales superiores

Evita los secuestros emocionales
Y, dado el caso, asume las consecuencias de no haberlos sabido dominar.

Antes de irritarte, pregunta
Si las palabras o la conducta de alguien te ofenden o te irritan, antes de dejarte

llevar por la ira, coge el hábito de pedir aclaraciones. Pregunta con la intención sincera de escuchar. Puede que se trate de un malentendido. Analiza bien las respuestas y procura entenderlas en toda su extensión. Antes de soltar tus emociones, coge el hábito de observar primero y hacer más preguntas. Pregunta antes de disparar, no después. Y si tenías razón en irritarte, tienes derecho a manifestarlo. Pero no te olvides de ser asertivo (ver Capítulo 8).

Digiere tus emociones
Tómate el tiempo necesario para asimilar y digerir tus emociones negativas. Ten presente que el duelo por una pérdida importante puede requerir días, semanas o incluso meses.

Piensa en positivo
Busca siempre el lado positivo, incluso en las situaciones más complicadas y dolorosas. Trata de convertir los problemas en oportunidades. Te ayudará a superar los momentos difíciles. Pensando positivamente, podrás mejorar tu entorno y, por lo tanto, tu vida.

En una emergencia, controla tus impulsos
En una situación de vida o muerte, tu instinto de supervivencia reacciona automáticamente y desencadena reacciones emocionales impulsivas que te empujan hacia ciertas acciones. Analiza, tan pronto como puedas, si puedes ratificar tus reacciones instintivas o tienes que corregirlas. No dejes que las emociones se apoderen de tu conducta sin la supervisión de la mente racional. Procura serenarte a la máxima velocidad posible. Piensa que si no lo consigues, tu conducta puede ser imprudente e inoportuna y causarte perjuicios irreparables.

En las emergencias, debes superar el miedo y actuar
Recuerda que dependes de ti mismo. No esperes a que el azar o un milagro te saque de la situación de peligro. Y si eres el líder de un grupo, no debes olvidar que ellos confían en tu criterio.

CAPÍTULO 7 - HABILIDADES COMUNICATIVAS

¿Qué es la comunicación?

Llamamos comunicación al intercambio bidireccional de información, ideas, sentimientos y conocimientos, con la intención de generar nuevas actuaciones o provocar cambios en las actuales, tanto en nuestros interlocutores como en nosotros mismos.

Subrayemos la bidireccionalidad. Si no se ha producido intercambio, ha habido un envío de información pero no ha habido comunicación. Cuando un poder establecido está emitiendo un mensaje que no admite réplica alguna y le llama "comunicado", está cometiendo un abuso de lenguaje. Debería llamarlo "información", "normativa", "pregón", "dictado" o —¿quizás?—"imposición".

Los posibles objetivos de la comunicación son:

- — Conocer la opinión de nuestros interlocutores,
- — Hacer que los demás conozcan nuestra opinión,
- — Conocer nuestra situación personal o empresarial,
- — Conocer la realidad del contexto que nos rodea,
- — Tomar decisiones con mayor conocimiento de las causas y las circunstancias,
- — Influir sobre todo lo que estamos conociendo,
- — Corregir actuaciones erróneas,
- — Persuadir a los demás para que actúen según nuestros intereses.

Los elementos de la comunicación

La comunicación implica que existe un emisor que genera un mensaje y un receptor que lo recibe y genera una respuesta. Para que se produzca este intercambio puede necesitarse un canal de comunicación (ver Figura 7.1). En el caso de la comunicación "cara a cara", el canal puede consistir en el simple aire —si ambos interlocutores hablan el mismo lenguaje— o requerir un intérprete en vaso contrario. En ese último caso, la calidad de las traducciones del intérprete y su agilidad para adaptarse a las dos culturas en contacto marcaran la fiabilidad de la comunicación.

En el caso de una comunicación a distancia, será imprescindible la utilización de un canal tecnológico de telecomunicación (teléfono, internet, correo, televisión…). En estos casos, el canal utilizado comporta que el mensaje tiene que ser codificado en señales digitales para poder ser transmitido y descodificado en la recepción. La calidad del canal de transmisión utilizado puede tener distintos grados de fiabilidad y cabe la posibilidad de que introduzca "ruido" y distorsione el mensaje o lo haga incomprensible.

Para que podamos hablar de comunicación, es preciso que el receptor conteste con un mensaje de respuesta (retroalimentación). El sentido de la respuesta puede ser muy variado: "recibido"; "comprendido y aceptado"; "recibido y comprendido pero no aceptado"; "recibido pero no comprendido"; "errores en la transmisión", etc.

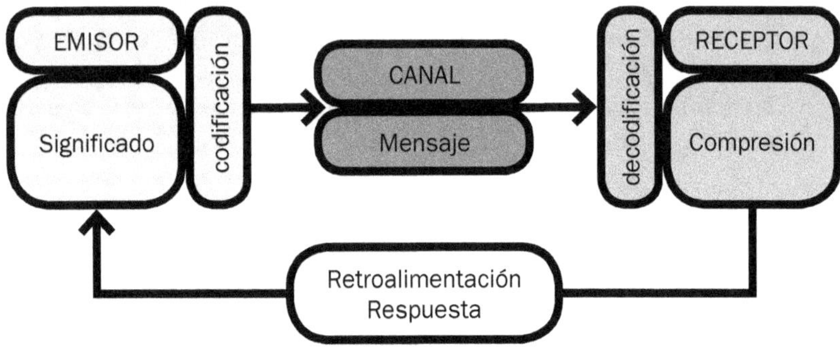

Figura 7.1. – Los elementos de la comunicación

El sistema de intercambio usado puede tener la riqueza de mezclar cosas tan diversas como palabras habladas, palabras escritas, música y sonidos de acompañamiento, imágenes y lenguaje no verbal.

La comunicación no verbal

El psicólogo Albert Mehrabian, llevó a cabo experimentos sobre la comunicación de actitudes y sentimientos (gusto o disgusto sobre situaciones preestablecidas) y encontró que, en este tipo de situaciones, la comunicación verbal es altamente ambigua: solo el 7 % de la información se atribuye a las palabras, mientras que el 38 % se atribuye a las características que acompañan a la voz (entonación, proyección, resonancia, tono, silencios, carraspeos, tartamudeos, etcétera) y el 55 % al lenguaje corporal (gestos, contacto físico, distancias, posturas, movimiento de los ojos y miradas, muecas y expresiones faciales, sonrisas, respiración, suspiros, gestión de los tiempos, etcétera).

Es fácil extrapolar a todo tipo de situaciones y afirmar (sin poder garantizar porcentajes exactos) que la parte más importante del diálogo entre dos personas se realiza por comunicación no verbal consciente o inconsciente.

Como afirmó Edward Sapir, uno de los lingüistas más importantes de los años 1930:

> "Captamos el lenguaje no verbal con una extrema alerta y de acuerdo con un código secreto y elaborado que no está escrito en ninguna parte, no es conocido por nadie y, sin embargo, es comprendido por todo el mundo".

Afortunadamente, la parte de la frase que dice "no está escrito en ninguna parte y no es conocido por nadie" ha dejado de ser cierta por los magníficos trabajos de investigación que se han realizado posteriores a Sapir para comprender las reglas universales y las sujetas a condicionantes culturales del lenguaje no verbal.

Algunos gestos universales

De los muchos gestos que han sido catalogados en los estudios monográficos de lenguaje corporal se han escogido unos pocos muy prototípicos para dar un poco más de concreción al tema. Ver Tabla 7.1. Para un conocimiento más profundo del tema, se recomienda acudir a la bibliografía específica de referencia que se relaciona.

Gesto corporal	Significado más frecuente
Levantar una ceja	Incredulidad
Frotarse la nariz	Desconcierto, dudas.
Cruzar los brazos sobre el pecho	Aislarse, protegerse, actitud negativa.
Levantar los hombros	Indiferencia o desconocimiento.
Guiñar un ojo	Intimidad, complicidad.
Golpetear la mesa con los dedos	Impaciencia, nerviosismo.
Darse un golpe en la frente	Olvido de algo importante.

Tabla 7.1. – Ejemplos de lenguaje no verbal.

Discrepancias entre comunicación verbal y no verbal

Se ha demostrado que cuando hay discrepancia entre el mensaje verbal y el mensaje que emite el lenguaje no verbal, las personas dan mayormente preferencia al lenguaje no verbal. En la imagen de la Figura 7.2, la opinión más generalizada es que urge devolverle el dinero al personaje de la derecha (de actitud corporal amenazante), a pesar del sentido contrario de sus palabras. Recordemos que el lenguaje facial y corporal comporta una transparencia au-

Figura 7.2.
El lenguaje no
verbal

tomática e involuntaria de las emociones que no se puede disimular durante unos milisegundos antes de lograr la represión voluntaria. Un buen observador captará esta fuga de información no verbal y procederá en consecuencia.

Interpretación cultural de la distancia física

La interpretación de la distancia física —disciplina que recibe el nombre de proxémica— depende de los valores culturales: Una distancia perfectamente aceptable en el sur de Europa, puede ser considerada demasiado íntima en Estados Unidos, donde colocarse demasiado cerca puede ser interpretado como acoso o interés sexual. En los países latinos, por el contrario, colocarse demasiado lejos puede ser tomado como desinterés o rechazo. Tocar a la otra persona en el brazo o en el hombro constituye todo un lenguaje corporal de uso común en los países latinos que puede ser mal interpretado y molesto para las costumbres anglosajonas.

Los soportes de la comunicación

Tanto a la hora de emitir como de recibir, no conviene ignorar ninguno de los soportes que están a nuestro alcance; desde los más antiguos hasta los proporcionados por las tecnologías más novedosas y emergentes. Imágenes y recursos audiovisuales en cualquier soporte; expresión oral directa o amplificada; discursos grabados y transmitidos por radio, televisión o internet; lenguaje no verbal para ratificar el lenguaje oral; expresión escrita en el soporte que en cada caso proceda (artículos en prensa, webs o blogs; emails; pantallas de presentaciones; pancartas y camisetas; mensajes publicitarios; etc.); chats; fórums y redes sociales.

Pero nunca debe olvidarse que los dos medios de comunicación preferentes para asimilar la retroalimentación son: saber observar y saber escuchar.

Ventajas e inconvenientes del email

— Es muy conveniente ser consciente de las ventajas e inconvenientes de uno de los medios de comunicación más utilizados actualmente (ver Tabla 7.2).

Ventajas	Inconvenientes
– Es rápido. – Es asíncrono. No necesitamos encontrar a nuestro interlocutor en su despacho. Podemos mandarlo/leerlo a cualquier hora. – Permite varias lecturas hasta estar seguros de haberlo comprendido bien. – Invita a contestar. – Podemos reflexionar y pulir la respuesta con calma. – Podemos hacer envíos a grandes listas de destinatarios. – Quedan pruebas escritas de las comunicaciones efectuadas y su cronología.	– Si nos equivocamos, quedan pruebas escritas del error. – Nuestros mensajes puede ser reenviados sin nuestro permiso. – Hay exceso de spam. – El abuso de mensajes innecesarios nos hace sordos (o ciegos) a mensajes que deberíamos leer. – Es fácil caer en una espiral inflacionaria. – Puede perjudicar seriamente la conciliación entre vida laboral y vida privada.

Tabla 7.2. – Ventajas e inconvenientes del correo electrónico.

La eficacia de los distintos soportes

La retención que los receptores hacen de una información depende en gran manera de cuáles hayan sido los sentidos perceptivos que hayan empleado en la recepción del mensaje. Ante las relativas discrepancias en las cifras obtenidas por los experimentos realizados por distintos sociólogos, las cifras que damos en la Tabla 7.2 son tan solo indicativas, aproximadas y redondeadas. Como ya nos anticipó Confucio, 500 años antes de Cristo:

"Escucho y me olvido, veo y creo, hago y comprendo".

Tipo de recepción del mensaje	% de retención
Leído por el sujeto	10%
Oído por el sujeto	20%
Visualizado en imágenes por el sujeto	30%
Visualizado en imágenes mientras es leído por el emisor	50%
Anterior compartido y comentado en fórum o chat	70%
Anterior que, además, se ha materializado en una práctica real	90%
Anterior practicado en equipo	95%

Tabla 7.2. – Retención del mensaje según los sentidos de percepción

Liderazgo y comunicación

Para ser un líder carismático es imprescindible gozar de buenas habilidades comunicativas. La comunicación es la herramienta más efectiva del líder. Difícilmente una persona podrá ser un buen líder si no es capaz de ponerse frente a un público desconocido y explicar su visión de forma tan persuasiva que les convenza y les motive a la acción.
El poder de sus palabras dependerá —además de sus facilidades oratorios—, de la personalidad que transmite, de la fuerza de su propia convicción y del ejemplo que con su conducta transmita.

Objetivos de la comunicación del líder

Los objetivos a alcanzar en las comunicaciones de un líder pueden ser varios:
— Afirmar la visión y la misión de la organización,
— Informar de sucesos y hechos,
— Reforzar la capacidad organizativa,
— Promover un producto o servicio,
— Poner en marcha iniciativas de cambios,
— Fomentar la confianza entre sus colaboradores,
— Crear un ambiente propicio para la motivación,
— Motivar a la acción, convencer y persuadir,
— Corregir errores o malos hábitos,
— Inspirar la creatividad y el espíritu innovador.

Ámbitos de comunicación de un líder empresarial

Un líder tiene que desplegar sus habilidades comunicativas en muy diversos ámbitos.

Comunicaciones interpersonales
Presentaciones y conferencias sobre productos, servicios, tecnologías y/o políticas de la empresa; transmisión de conocimientos en sesiones de formación del personal; sesiones individuales de corrección, motivación, coaching o coordinación con un miembro del equipo; sesiones grupales de seguimiento, coordinación y dirección del equipo; informes al Comité de Dirección o al inmediato superior; negociaciones con proveedores; presentaciones y negociaciones con clientes; etc.

Comunicaciones a través de los medios
Entrevistas, declaraciones, reportajes o artículos en los medios internos de la empresa y en los medios de masas siempre que sea posible.
Gestión de emergencias y crisis
La parte más complicada y difícil de la comunicación. La urgencia de tomar decisiones y saberlas comunicar de manera tranquilizante y persuasiva a la vez constituye la prueba de fuego de las habilidades comunicativas de un líder.

La credibilidad del líder

Un líder gana credibilidad:

— Diciendo siempre la verdad.
— No ocultando las malas noticias.
— No prometiendo cosas que no puede cumplir (los políticos raramente aprenden esta lección).
— Haciendo lo que prometió.
— Reconociendo y enmendando sus errores. (Si comete un error, pierde credibilidad; pero puede recuperarla si lo reconoce, se disculpa y realiza las enmiendas que sean necesarias).

Tipos de comunicadores
Entre las muchas maneras distintas de etiquetar los estilos de comunicación de los líderes, destacaremos las más frecuentes:

El experto

Basa sus propuestas en el conocimiento experto que posee del tema que nos ocupa. Utiliza en profusión datos bien documentados y hechos. Argumenta con la lógica y el razonamiento. Se apoya en su experiencia contrastada y en su capacidad de detectar las oportunidades actuales del mercado. Ejemplos: Angela Merkel, Christine Lagarde, el general Colin L. Powell.

El visionario

Es un líder cuya fe vehemente en su causa y su capacidad de cambiar el mundo confieren mayor peso a sus palabras y cuya misión es persuadir para cambiar radicalmente los enfoques estratégicos de su mercado. Ejemplos: Steve Jobs, Dalai Lama, Nelson Mandela.

El entrenador

En parte visionario, en parte experto. Se recurre a él por sus conocimientos especializados en una materia concreta. Es capaz de ajustar su enfoque varias veces al día para responder a las necesidades tanto del equipo como de miembros concretos de dicho equipo. Ejemplos: Pep Guardiola, Sigmund Freud, Albert Einstein.

El transformador

Es un visionario con grandes dotes de pragmatismo. Su misión es persuadir, cambiar la mentalidad de la gente. El arquetipo sería un buen vendedor que conoce bien su producto, sabe responder a las preguntas de los compradores y, asimismo, es paciente y persistente. Ejemplos: Bill Gates, Xavier Trias.

El servil

No expresa su opinión, sobre todo cuando puede ser contraria a la de sus superiores. Es "la voz de su amo". Busca la aprobación y el amor de los demás, tratando de complacer, de disculparse, de congraciarse. Tiene baja autoestima, incluso se siente responsable de los errores ajenos y se muestra en actitud suplicante. (Ejemplos: El personaje de Paco en "Los santos inocentes" interpretado por Alfredo Landa; la mayoría de portavoces de los partidos políticos; los periodistas al servicio del poder establecido).

El acusador

Su discurso principal consiste en atacar a sus rivales o enemigos. Siempre encuentra los errores de los demás, es dictatorial y no le importa rebajar a sus colaboradores. Tiene actitud de mando y necesita "súbditos" o a quienes dominar. La posición corporal que les caracteriza es señalando con el dedo o amenazando con el puño. Ejemplos: Hugo Chaves; Fidel Castro, Kim Jong-un.

El lógico y racional

Correcto, lógico y racional en exceso. Es calmado, más bien frío, poco demostrativo de sus emociones, más similar a una computadora que a una persona. Se guía por la norma: "Di las palabras correctas, no demuestres sentimientos, no reacciones". Ejemplos: Mariano Rajoy, Hillary Clinton.

El funcional

Es un comunicador valiente, con coraje, que no teme ir al enfrentamiento pero siempre respeta la autoestima de su interlocutor. Demuestra franqueza y respeto al hablar y al escuchar. Ejemplos: Barak Obama, el Papa Francisco, Jordi Évole.

Métodos de persuasión

De entre los muchos métodos creados para persuadir a la audiencia, destacaremos dos de los más usados:

Modelo de persuasión AIDA

Significado del anagrama AIDA:

---

1 - A = Atención. El primer paso consiste en atraer la atención del consumidor y potencial cliente.

---

2 - I = Interés. Lograr que nuestro discurso le interese.

---

3 - D = Deseo. Provocarle el deseo de poseer los productos y/o servicios que le ofrecemos.

---

4 - A = Acción. Hacer que el receptor del mensaje haga la acción sugerida que le convertirá en cliente.

Ideado para promocionar un nuevo producto o servicio. Viene a ser la adaptación simple y con unas siglas nemotécnicas del discurso retórico que ya definió Aristóteles en el siglo IV antes de C. Puede ser usado en cualquier área de la comunicación y ha sido ampliamente utilizado en discursos políticos. En el área de promoción y marketing, el modelo AIDA trata de persuadir al público consumidor para que se convierta en cliente de los productos o servicios anunciados. Las letras de AIDA marcan la nemotecnia de las etapas a efectuar:

Modelo de las 4 íes de Teresa de Calcuta

Ideado para conseguir financiación de un proyecto nuevo. En sus sesiones de captación de fondos económicos y voluntariado para sus actuaciones benéficas en la India, la madre Teresa de Calcuta empleaba este modelo, ideado por ella para conseguir involucrar más personas en sus proyectos y obtener las aportaciones económicas y las colaboraciones de trabajo voluntario que necesitaba. El modelo le funcionaba a las mil maravillas y le proporcionaba los sustanciosos éxitos que le permitieron expandir su obra.

Las cuatro íes de Teresa de Calcuta:
> 1 — Informar al personal que hay cuestiones de su incumbencia, expli cando claramente que acciones se pueden realizar.
> 2 — Involucrar a la audiencia solicitando su participación en el proyecto.
> 3 — Incentivar su imaginación para que vean cómo se podría mejorar el proyecto si se dispusieran más recursos y más voluntariado.
> 4 — Invitar a participar en el proyecto, concretando el tipo de aportación y las metas que con ella se podrán alcanzar.

Planificación de las comunicaciones

El éxito o fracaso de una comunicación depende en gran manera de si se han planificado correctamente o no todos los puntos que intervienen en el proceso.
> 1 — **Determinar a qué público deseamos dirigirnos y centrar el mensaje en ellos**. Conviene tener un conocimiento tan preciso como sea posible de sus necesidades y apetencias. Una buena estrategia para averiguar qué es lo que el público desea, consiste en preguntar con antelación a alguien que formará parte del mismo. Ante un público hostil, es preferible dejar un discurso conflictivo para otro día o encontrar un punto en común para rebajar tensión e intentar poner a favor una parte de la audiencia. Un conferenciante debe verse a sí mismo como un cantante al que sus seguidores pagan por actuar; no le pagan con dinero, pero sí con tiempo.
> 2 — **Evaluar el ambiente de la audiencia**. Averiguar si el público se va a sentir cómodo opinando y haciendo sugerencias. En otras palabras, si vamos a tener una audiencia pasiva o activa. En las organizaciones represivas, los empleados tienen miedo de expresar sus opiniones, incluso a sus compañeros de trabajo. En las más abiertas, no dudan en hacer sugerencias hasta a sus propios jefes. Para averiguar qué tipo

de cultura florece en la organización se puede realizar previamente un estudio triangular consistente en entrecruzar entrevistas, grupos de trabajo y encuestas.

3 — **Seleccionar el canal de comunicación adecuado**. Evaluar los distintos medios de comunicación tanto oral, como visual, audiovisual o, incluso, material impreso. El vídeo permite amplificar la audiencia y el impacto del mensaje mediante historias y elementos visuales que subrayen los puntos principales. Una reunión con todos los empleados permite presentar mensajes en directo a todo el personal. Las reuniones en equipo o de persona a persona son las más idóneas cuando se trata de bajar a niveles más particulares.

4 — **Planear la estrategia de comunicación más adecuada en función del objetivo**. Los posibles objetivos a conseguir son: desarrollar o reforzar el vínculo de confianza con la audiencia; afirmar la visión, misión y valores de la organización; dar a conocer las estrategias comerciales; facilitar el flujo bidireccional de información a todos los niveles y desde todos ellos (jefe a empleado, empleado a jefe y entre compañeros); crear una dinámica de efectividad y obtener resultados.

5 — **Ceñirse al tiempo previsto**. Con el fin de no incomodar al público y perder su atención, es importante comenzar y terminar la presentación puntualmente dentro del tiempo establecido. La mayoría de los oradores suelen ser puntuales en el inicio, pero su asignatura pendiente es terminar a tiempo. Si, por ejemplo, nos advierten que nos asignan 15 o 20 minutos, debemos planificar seriamente hablar 18 minutos como máximo.

6 — **Promover a la acción**. La gente quiere que les cuenten historias que les motiven a actuar, no que les digan lo que tendrían que hacer. Si estamos llamando a la acción, no debemos caer en la actitud de dar órdenes. La madre Teresa de Calcuta nunca hablaba de lo que ella estaba haciendo por los desamparados, sino que invitaba a quienes la escuchaban a compartir el trabajo que hacía falta realizar para poder atender a los necesitados y les hablaba de los beneficios tremendos que ello produciría.

7 — **Anticiparnos a las posibles objeciones**. Y procurar incluir la manera de superarlas en el dossier de la presentación. Si no las podemos superar, debemos identificarlas, reconocer su existencia y expresar nuestra preocupación al respecto, pero recordando a la audiencia las experiencias favorables anteriores que nos acreditan y transmitirles un mensaje de responsabilidad y confianza expresando nuestro compromiso rotundo en la búsqueda de futuras soluciones.

8 — **Procurar llamar la atención de los medios de comunicación**. Es la manera de conseguir que se amplifique el alcance de nuestro mensaje. Podemos utilizar una serie de tácticas: ofrecer algo diferente que provoque emoción; generar comentarios por lo creativo o impactante que es nuestro evento; hacer figurar nuestro eslogan en artículos de material promocional (camisetas, gorras, etc.); ofrecer productos y servicios muy novedosos, etc.

9 — **Repetir el mensaje con la frecuencia adecuada**. Con poca frecuencia, se pierde el impacto que se busca; con excesiva, se provoca el rechazo.

10 — **Obtener retroalimentación (feedback) sobre el efecto del mensaje**. A través de canales que permitan recibir opiniones, preguntas, quejas, sugerencias e ideas adicionales. La retroalimentación se producirá de forma espontánea si se ha creado el ambiente propicio para ello. El líder deberá salir de su despacho y pasear por la empresa con el fin de obtenerla directamente de sus empleados. Es buena práctica organizar una rueda de preguntas y respuestas vía chat o recurrir a las redes sociales.

Verificación de los encargos

No es inteligente dar órdenes o indicaciones a diestro y siniestro sin comprobar cuál es la reacción de los interlocutores. Es conveniente verificar que las han comprendido y que las han aceptado. O, en caso de que tengan dudas o pegas, las puedan exponer sin tapujos para hallar la manera de superarlas. Piense que las instrucciones mal comprendidas o recibidas a disgusto provocarán omisiones o actuaciones erróneas que podrían ser nefastas. No atienda únicamente a las palabras de aceptación formal, observe si el lenguaje no verbal que las acompaña ratifica o no la supuesta comprensión y aceptación del encargo hecho.

Problemas en la comunicación

Los problemas contra la correcta comunicación entre dos partes pueden deberse a una pérdida de carga o a una posible distorsión del mensaje.

Pérdida de carga de los mensajes

Todos los mensajes experimentan una progresiva pérdida de carga que, en algunos casos, puede llegar a malograr por completo su significado original (ver Figura 7.3).

La primera pérdida de carga se produce entre **lo que se quiere expresar y lo** que —con habilidades comunicativas siempre limitadas— se logra expresar. La segunda pérdida de carga puede ocurrir en el receptor: **lo que el interlocutor ha escuchado no siempre coincide con lo que se le ha querido decir.** Pueden ser varias las causas de la distorsión: problemas de percepción, diferente interpretación de algunos vocablos o frases hechas, falta de atención en algunos matices de las frases, mala interpretación interesada, etc.

La tercera pérdida de carga se produce en la comprensión que el receptor hace del mensaje. Le puede añadir matices propios, supuestas motivaciones del emisor que no correspondan a la realidad, confusión entre lo que él piensa del tema y lo que ha expresado el emisor, interpretaciones plagadas de emociones que no estaban en absoluto presentes en el mensaje original.

La cuarta pérdida de carga se produce cuando el receptor guarda en su memoria el mensaje que ha recibido. Aquí puede interferir cualquiera de los llamados siete pecados capitales de la memoria por el psicólogo Daniel L. Schacter, como puede ser el borrado parcial de cosas importantes o el cambio de unos detalles por otros.

La quinta pérdida de carga puede producirse al cabo de un tiempo cuando el receptor recupera el mensaje desde su archivo en la memoria. Como la memoria humana es siempre una reconstrucción, puede caer nuevamente en uno de los pecados capitales enumerados por Schacter y proporcionar una nueva distorsión o pérdida del contenido previamente guardado.

Aunque en la Figura 7.3 se ha dibujado una pérdida gradual de la carga, en la realidad pueden producirse pérdidas auténticamente dramáticas en cualquiera de las etapas.

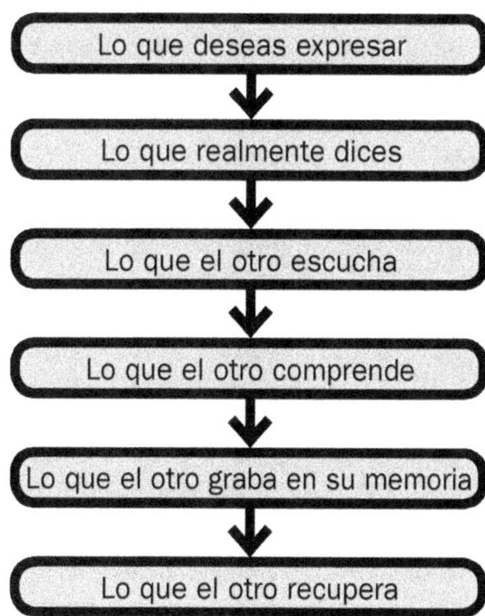

Figura 7.3.
Pérdida de carga de
la comunicación

Distorsiones en la comunicación

La comunicación puede sufrir una distorsión grave que provoque distanciamiento o enfado en el receptor por una serie de causas que hay que saber prevenir y evitar.

Percepciones diferentes de los hechos
Se puede prever pero es bastante difícil de evitar. La percepción de un hecho depende, en primer lugar, de los sentidos y de la capacidad de observación de cada persona, pero también depende la cultura, el carácter, las creencias previas y las coordenadas actuales de cada persona.

Errores u omisiones en la traducción simultánea
Si el canal de transmisión de los mensajes es un intérprete, los fallos de traducción que pueda cometer por falta de dominio del léxico especializado pueden distorsionar involuntariamente el mensaje.

Diferencias de lenguajes
Aunque ambos interlocutores hablen el mismo idioma pueden tener muy distintas acepciones en algunas palabras conflictivas. Por ejemplo: "coger" es una palabra sinónimo normal de "agarrar" o "tomar" en España; la palabra "puñeta" que según la Real Academia Española significa "encaje o vuelillo de algunos puños", en México significa una cosa muy distinta.

Ruidos ambientales, interferencias y distractores
Afectan a la atención y perjudican la concentración. Pueden hacer que se pierdan partes importantes de los mensajes y dar significados muy distorsionados a lo que la otra parte percibe.

Desconfianza
Si existe el prejuicio (o la experiencia comprobada) de que tu interlocutor suele mentir y carece de ética, la comunicación vendrá totalmente filtrada y lastrada por esta desconfianza.

Emotividad excesiva
Si la emotividad del interlocutor está muy alterada (da igual si es por euforia, rabia, tristeza o cualquier otra emoción) la probabilidad de que escuche con precisión y objetividad las palabras emitidas es muy baja. Conviene posponer la comunicación para cuando se haya estabilizado emocionalmente. Los arrebatos emocionales son una barrera y una fuente de conflictos en la comunicación porque afectan la forma en que el receptor percibe al emisor,

pueden originan interpretaciones precipitadas y sesgadas de los mensajes, pueden provocan suposiciones totalmente erróneas sobre la personalidad y las intenciones del emisor.

Hablar frente a un público

Preparación de presentaciones audiovisuales

Aunque cada persona pueda tener su método particular de trabajarse las presentaciones, adaptado a su idiosincrasia, expondremos una secuencia lógica de pasos a realizar que puede servir de guía orientativa.

1 - **Determinar claramente el objetivo a alcanzar**, ya sea convencer a unos inversores, vender a unos posibles compradores, motivar a un equipo de trabajo, o cualquier otra finalidad.

2 - **Redactar un guión previo de los temas a tratar**, con especial atención al orden en que serán expuestos.

3 - **Fijar la duración de la presentación**. Para presentación a inversores o Comité de Dirección, calcular un máximo de 5 minutos. Para una presentación comercial de productos y servicios a clientes: 30 min máximo. Presentación a técnicos en la materia: la limitación que ponga el cliente (desde 1 hora a 3 horas máximo). Para presentaciones de coordinación interna: desde 30 a 60 minutos (a partir de una hora de reunión, la eficacia decae en picado).

4 - **Recopilar material útil de varias fuentes**. Apoyar la documentación disponible con fuentes externas que aporten mayor credibilidad: recortes de prensa, portales especializados, bases de datos del sector, blogueros, valoraciones de expertos, estadísticas de fuentes neutrales, etc.

5 - **Ordenar el material recogido** de forma que se ajuste al guión previamente preparado.

6 - **Hacer un primer bosquejo de presentación audiovisual**. Con tres partes esenciales: comienzo, desarrollo y fin. Basado en los hechos y orientado a los resultados buscados.

7 - **Estructurar los argumentos** haciendo que la presentación de los hechos y los datos los respalden.

8 - **Estructurar el contenido de forma creativa**. Debe ser una presentación amena, que sorprenda al público, que reclame su atención y su interés.

9 - **Aplicar modelos persuasivos**. Buscando convencer al auditorio; argumentando la idea, ejemplificándola y retomándola desde diferentes ángulos para que se comprenda y se retenga.

10 - Textos breves y densos de contenido. Aplicar la capacidad de sín-

tesis para condensar los conceptos fundamentales y prescindir de los detalles secundarios. Un buen eslogan y unas buenas imágenes ilustrativas son más efectivos que un discurso sesudo y denso.

11 - **Ensayar un primer borrador**. Algunas personas prefieren escribir palabra por palabra lo que van a decir, otras prefieren confeccionar un guión de notas, opción que consume menos tiempo y proporciona mayor libertad. Conviene ensayar con alguna persona de confianza y, a ser posible, de criterio fundamentado en el tema. Hay que hacer caso a las recomendaciones de Winston Churchill, un gran orador: «Para hablar una hora bastan cinco minutos de preparación, pero para hablar cinco minutos hace falta una hora de preparación». Steve Jobs, cuyas presentaciones parecían espontáneas e improvisadas, ensayaba durante días y días los menores detalles de esta supuesta espontaneidad.

12 - **Configurar una conclusión sólida**. Finalizar con una frase breve — a ser posible con un slogan impactante — que haga de recapitulación de lo expuesto y de llamada a la acción.

13 - **Depurar la presentación**. Si es posible, es muy útil dejar pasar un día o dos y luego releerla para ver cómo suena, practicando en voz alta. Simultáneamente, encomendar a algún colega una revisión crítica, y tras oír sus comentarios, atender aquellos que crea que lo merezcan.

Ejecución de las presentaciones orales

Antes de empezar
— Preparar la sala y los complementos necesarios de la puesta en escena para crear el ambiente deseado.
— Comprobar el correcto funcionamiento de todos los equipos tecnológicos que se van a usar.
— Cuidar la presencia física y la indumentaria adecuada.
— Comprobar los dossiers impresos, muestras, folletos publicitarios o cualquier otro elemento que estén previstos para acompañar y complementar la presentación audiovisual.
— Tener una actitud previa positiva hacia la audiencia (incluso en el caso que sepamos de antemano que es hostil a nuestros planteamientos).

Durante el acto
— Empezar dando las gracias a los asistentes, a la organización y — si es el caso — a los patrocinadores.
— Procurar captar la atención de los asistentes mediante gestos, sonrisas,

tono de voz, frases impactantes, etc.
— Adecuar la sonoridad y timbre de la voz a las condiciones acústicas de la sala y combinar adecuadamente la intensidad de la voz con los medios audiovisuales utilizados.
— Utilizar un vocabulario claro y adecuado al público. Evitar términos demasiado especializados o aclarar su significado si no hay más remedio que usarlos.
— Acompañar la oratoria con gesticulación y lenguaje no verbal adecuados. Ni excesivos (crea desconcierto), ni hieráticos (crea incomodidad).
— Ajustarse al tiempo establecido.

Al finalizar
— Finalizar dando las gracias por la atención prestada y ofreciéndose para ampliación de información y futuros contactos.

Hablar sin miedo

Son muchas las personas que tienen miedo a hablar en público. Hay seis tipos de miedos distintos provocados por el hecho de tener que hacer una presentación a personas desconocidas.

Miedos a hablar en público:

— A olvidarse de todo y quedar en blanco en mitad de la presentación.
— A perder el control de los nervios y equivocarse o tartamudear.
— A no lograr el objetivo de convencer al público.
— A recibir críticas negativas.
— A un fracaso rotundo y la humillación que representa.
— A repetir anteriores experiencias negativas.

Recordemos la cadena emocional que provoca la ansiedad: el instinto de supervivencia capta un riesgo en la integridad moral (hacer el ridículo, no estar a la altura esperada) y la reacción es huir, escaparse de la responsabilidad. Esto provoca la emoción del miedo y acarrea ansiedad. Sólo se superará la ansiedad si se deja de huir y se afronta la causa del miedo. Aunque detectar la causa no significa eliminarla, nos permite conocerla para poder aplicar un tratamiento de superación.
Según Ivy Naistadt, consultora de habilidades comunicativas para directivos de grandes empresas multinacionales, existen cuatro tipos de situaciones típicas del miedo a hablar, generadas por muy distintas causas y que, en consecuencia, deben ser afrontadas desde perspectivas muy distintas y personalizadas (ver Figura 7.4).

El evitador

Se crispa y coge miedo cada vez que le encargan que haga una presentación. Buscará mil pretextos y justificaciones para no tener que hacerla. Intentará convencer a la empresa que es mejor asignar otro orador y, si no lo logra, inventará algún impedimento de carácter indiscutible para escaparse. Obedece a traumas de contundentes fracasos anteriores que, a veces, se remontan a la más tierna infancia.

El anticipador

Acepta sin problemas el encargo de la presentación pero se crispa ante el miedo de no saber prepararla convenientemente. Puede que sea debido a una auténtica falta de conocimientos sobre el tema, pero lo más frecuente es que se deba a una baja autoestima y falta de confianza en su capacidad de interrelación con un público desconocido.

El adrelinazador

Acepta con satisfacción el encargo y prepara la presentación con seguridad y sin miedos. Su inseguridad le aflora entre las bambalinas, justo en el momento que el público está llenando la sala. Tiene miedo de no acordarse de lo que tiene que decir, de no caer bien, de equivocarse, de hacer el ridículo, en definitiva. Las causas pueden ser diversas, desde burlas sufridas en anteriores experiencias a inestabilidades emocionales que le están minando la seguridad personal por causas muy alejadas de la situación laboral.

El improvisador

Acepta con alegría el encargo, lo prepara con poco esfuerzo y poca dedicación y sale a la palestra con el mismo desparpajo de todo el proceso anterior. En mitad de la presentación coge conciencia de las lagunas que tiene por culpa de la improvisación con que ha actuado hasta la fecha y coge el miedo repentino de que va a fracasar, de que le van a notar su falta de profundidad. Y el miedo le quita el desparpajo y lo paraliza y lo empuja (si no reacciona a tiempo) al fracaso que hasta este momento solo estaba en su imaginación.

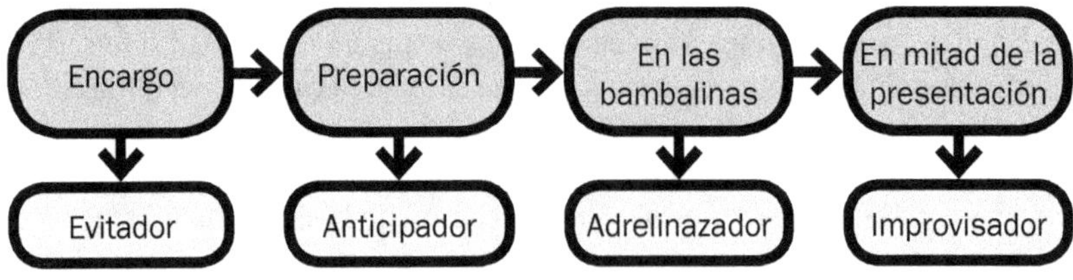

Figura 7.4. – Clases de miedos a hablar en público

Mitos y falsedades sobre el miedo a hablar en público

También es conveniente destruir una serie de mitos y falsedades que coadyuvan a incrementar el miedo a hablar en público.
- Es un error identificar miedo con cobardía. El que no tiene miedo de nada no es un valiente, es un irresponsable o un inconsciente. Valiente es aquel que, a pesar de sus miedos, hace lo que tiene que hacer.
- No es cierto que la ansiedad sea un signo de debilidad. Es un signo de responsabilidad. Los más reconocidos actores de teatro cuentan que experimentan esta emoción cada noche de su vida antes de salir a escena, aunque estén repitiendo la misma obra durante meses. Para ellos cada actuación es distinta porque el público ha cambiado y les representa una nueva ocasión de salir airosos o fracasar.
- No es cierto que nadie tenga tanta ansiedad como tú. Siempre podrás encontrar a alguien que todavía se lo pasa peor.
- No creas que nunca podrás superar tus miedos a hablar. Solo es cuestión de diagnosticar las causas y aplicar el tratamiento adecuado para superarlas.
- No es cierto que solo sirva para hablar en público algunas personas con predisposición innata. Es una habilidad que se puede aprender y cualquiera puede adquirirla y perfeccionarla.
- Es una equivocación pensar que una presentación y un orador deben ser siempre perfectos. Deben ser eficaces y convencer a su público, que dista mucho de exigir tanta perfección.
- Pensar que si te sale algo mal representará un fracaso total, es otro error de apreciación. Si te equivocas, te ríes, pides disculpas, corriges el error y sigues adelante como si nada hubiera pasado. Nadie te echará en cara un lapsus corregido de esta manera. En cambio, si te paralizas y acongojas, entonces sí que van a notar tu fallo. Pero más que en tu fallo concreto, se van a fijar en tu poco empuje para afrontarlo.
- Es otra falsedad pensar que todo lo que se diga en una presentación debe ser importante. Cabe perfectamente una distracción para relajar el ambiente, una broma, un chascarrillo, una pequeña improvisación que distienda y humanice al orador frente a su audiencia.
- Tampoco es cierto que para embelesar al público es imprescindible ser extravertido. Hablar en público es, en definitiva, una actuación teatral y permite que aparezca como extravertido y alegre el más introvertido y serio de los oradores (previo ensayo, lógicamente).
- No se trata de no ponerse nervioso. Se trata de limitar el nerviosismo a niveles de activación positiva. El estrés moderado (eustrés) es un dinamizador positivo de nuestra atención, nuestra concentración y nuetras

energías. Se trata de hasta qué punto somos capaces de controlar el nerviosismo en beneficio de que la presentación sea un éxito.

Recomendaciones para comunicar con éxito

- **Piense con la cabeza antes de que hable con la boca.** Debe argumentar todas sus propuestas en base a conocimientos y experiencias (propias o de sus colaboradores).
- **Razone antes lo que quiere decir** y **por qué** lo quiere decir. No hable más de lo estrictamente necesario. Como dice un proverbio árabe: «Somos dueños de nuestro silencio y esclavos de nuestras palabras».
- **Comunique directo, con claridad y sin ambigüedades.** Diga exactamente lo que piensa. Con honestidad, sin rodeos ni tapujos. Utilizando un lenguaje comprensible, adaptando la forma a su audiencia y a la situación pero sin perjudicar el fondo. Si no tiene más remedio que utilizar siglas o términos muy especializados, aclare su significado la primera vez que los use.
- **El lenguaje no verbal también habla.** Cuide sus gestos y sus movimientos. Utilícelos para refrendar sus palabras.
- **La forma es tan importante como el contenido.** Utilice los medios y tecnologías más convenientes.
- **Analice su estado emocional** y cómo puede afectar al planteamiento de su mensaje. Evite caer en apasionamientos personales que distorsionen su objetividad.
- **Procure resumir el mensaje principal en un eslogan final de máximo 30 segundos.**
- **Procure crear un ambiente de confianza y seguridad.** Deje claro que se buscan objetivos nobles y que las discrepancias, si las hubiera, serán motivo de diálogo constructivo.
- **Aprenda a escuchar.** Ábrase a dudas y objeciones. No pierda nunca de vista que comunicar implica intercambio en las dos direcciones. Sepa dialogar mostrando disposición a modificar todo lo que convenga como consecuencia de las observaciones recogidas.
- **Piense que pueden haber distintas percepciones de algunos hechos.** Explique su mensaje de forma que venga precedido de los hechos comprobados (indique las fuentes) y deje claro qué aporta de subjetivo y que respeta las visiones distintas.
- **Entienda las posibles reacciones emocionales de su audiencia** (aunque no las comparta) y prepare la manera de responder a ellas.
- **Persuada a la audiencia.** No confunda ser persuasivo con imponerse a

toda costa o a base de tozuda reiteración. Tenga en cuenta las necesidades de quienes le **escuchan** y proponga relaciones win-win.

— **Involucre y motive**. Dele a cada oyente el protagonismo que le corresponde. Haga que cada cual asuma la importancia de su rol en el proyecto conjunto.

— **Sea consistente y coherente**. No cambie los principios y reglas del juego cuál veleta con el viento. Si tuviera que cambiar alguna regla o principio básico, deberá explicar muy claramente las razones que lo justifican.

— **Respalde sus palabras practicando con el ejemplo**, siempre que le sea posible. La razón más convincente y persuasiva es ver que el orador hace lo mismo que predica y pide a los demás.

— **Cultive al máximo su credibilidad**. Es su patrimonio profesional más importante.

— **Compruebe la "retroalimentación"** de los receptores para cerciorarse de que el mensaje ha sido entendido y aceptado.

— **Piense en términos del efecto a largo plazo** de su mensaje.

Aprender a escuchar

Saber escuchar es uno de los elementos más importantes del arte de comunicar. Tan o más importante que saber hablar. Hay líderes que son muy eficaces porque hablan muy poco pero escuchan mucho y actúan aún más.

Las ventajas más importantes de saber escuchar son:

— Proyectar una imagen de empatía, inteligencia emocional y respeto a los demás que aumenta la confianza del interlocutor y abre las puertas del diálogo, cosa que facilita la negociación y la gestión de conflictos.

— En situaciones tensas, demostrar al adversario que se le está escuchando y que nos importa lo que diga, reduce la tensión.

— Obtener más información sobre la situación. No hay que olvidar que a mayor información, mayor poder.

— Comprender mejor la posición del interlocutor, cosa que estimula el espíritu de cooperación e inclina al interlocutor a compartirlo para hallar una propuesta que satisfaga ambas partes (win-win).

¿Por qué a veces no prestamos atención?

La atención es la focalización de la conciencia. Es un atributo lineal y frágil: resulta imposible al cerebro humano mantener dos hilos de atención simultáneamente. Solo se consigue rotando continuamente entre ambos hilos, esfuerzo antinatural que agota rápidamente al cerebro. Los motivos por los que solemos romper la concentración de la atención en una conversación pueden ser de diversas:

- **No nos interesa el tema**. Pensamos que estamos perdiendo el tiempo.
- **Estamos preocupados por otro asunto** que consideramos más urgente y se nos escapa el pensamiento hacia él.
- Pensamos que nuestro punto de vista sobre el tema es mejor y no **me va a convencer**, ¿para qué escucharle? (egopatía).
- **Estamos impacientes por aportar nuestras ideas**. Estamos más pendientes de lo que vamos a decir que de escuchar opiniones ajenas (egocentrismo).

Por qué interrumpimos a quién habla

Como Edgar Schein afirma:

"Interrumpir a los demás es uno de los comportamientos más comunes y destructivos. La mayoría de la gente suele tener poca conciencia de cuán frecuente y groseramente interrumpe a los demás, convencida de que tiene algo más importante a decir que aquello que iba a decir el que estaba hablando...".

En esencia: falta de cultura de diálogo. Es decir, falta de cultura democrática. O más brevemente: falta de cultura.

Diferencias entre escuchar bien y escuchar mal

Vale la pena comparar la diferencia resultante en la consecución de los objetivos deseados según si sabemos escuchar o no a nuestros interlocutores.

OBJETIVO	EL QUE ESCUCHA MAL	EL QUE ESCUCHA BIEN
Encontrar áreas comunes de interés	Se desentiende ante temas que considera aburridos.	Busca posible interés común: Se pregunta: ¿Qué utilidad puede tener esto para mí?
Evaluar los contenidos	Se desentiende si la forma es deficiente.	Evalúa los contenidos y deja pasar los errores de expresión.
Control emocional	Tiende a discutir a las primeras de cambio.	No juzga hasta no haber comprendido perfectamente.

Comprender las posturas	Escucha solo los datos.	Escucha lo esencial.
Escuchar de forma activa	Pierde la atención con facilidad.	Escucha a tope y pregunta para saber más.
Evitar distracciones	Crea motivos de distracción.	Lucha contra las distracciones. Sabe concentrarse.
Ejercitar la mente	Se desentiende de los temas difíciles, sólo atiende a los ligeros y divertidos	Toma los temas complicados como un reto intelectual.
Mantener la mente abierta	Reacciona ante las palabras de carga emotiva	Interpreta la subjetividad de las palabras de carga emotiva y no se queda atrapado en ellas.
Aprovechar la diferencia entre la velocidad del pensamiento y la expresión oral	Ante las personas que hablan despacio, se dedica a pensar en sus propios temas.	Se anticipa, resume mentalmente, sopesa pruebas, escucha "entre líneas" si el tono de voz.

Tabla 7.4. –Diferencias entre escuchar bien y mal.

Recomendaciones para aprender a escuchar

— ¡No hable tanto! **No puede escuchar si no para de hablar.**
— Haga sentirse cómodo a su interlocutor. **Ayúdelo a sentirse libre para mostrar su punto de vista.**
— Demuéstrele que está interesado en escucharle. Elimine las distracciones. **No haga otra cosa mientras le hablan.** No se ponga a jugar con pedazos de papel, el bolígrafo o cualquier otro objeto.
— Pregunte más detalles sobre lo que le cuenta. **Será la prueba concluyente de que usted lo está escuchando.**
— Sea paciente. **Dedíquele el tiempo necesario. No lo interrumpa.**
— No tenga miedo a que le tomen por tonto o pesado. **Pida aclaraciones de los mensajes tantas veces como sea necesario.**
— Sea empático. **Trate de ponerse en su lugar y comprender su punto de vista.**
— Abra su mente. **Escuche para comprender, no para replicar.**
— Mantenga el buen talante. **No tome las frases por sus peores significados.** Relativícelas.
— Aguarde antes de replicar. **No se oponga hasta que no haya oído íntegramente los argumentos de su interlocutor.**

— Sea prudente con sus argumentos y críticas. Conteste de forma asertiva. Si contesta de forma agresiva, **lo pondrá a la defensiva y podrá entrar en una espiral de incomunicación**.

CAPÍTULO 8 - ASERTIVIDAD

Importancia de la asertividad

La asertividad es una habilidad comunicativa que exige una actitud previa equilibrada (ni activa, ni pasiva). Es una habilidad imprescindible para ser un buen negociador (como veremos en el Capítulo 11), para el trabajo en equipo (Capítulo 10) y para afrontar con éxito una discusión en la defensa de los intereses propios que están siendo ignorados o pisoteados por la otra parte.

Actitudes diferentes en la defensa de los intereses

Cuando alguien está perjudicándonos en nuestros derechos o intereses, caben tres actitudes diferentes:

Personas con actitud pasiva
Personas que no presentan confrontación alguna. Buscan pasar desapercibidos y no molestar a sus interlocutores. Muestran sumisión y falta total de agresividad. Sus discursos de cara al posible auditorio, suelen aburrir por la falta de empuje. Totalmente ineficaces frente a la posible reivindicación de derechos o protestas contra abusos. Están convencidos de que protestar no vale la pena porque no va a cambiar nada.

Personas con actitud agresiva
Personas que viven en confrontación permanente. Buscan llamar la atención y molestar al adversario. Sus discursos están llenos de agresividad y amenazas. Pretenden vencer e imponer su voluntad sin oposición alguna. Para defender sus supuestos derechos y liberarse de abusos, plantean guerra sin cuartel a quienes considera los culpables de su situación. Entre el auditorio provocan división radical entre el entusiasmo de sus adeptos y el rechazo visceral de sus contrarios.

Personas con actitud asertiva
Personas que recurren a la confrontación dialéctica (evitando cualquier clase de violencia) para defender sus derechos y liberarse de los abusos. Evitan tanto las actitudes de sumisión como la agresividad. Llaman la atención del adversario relatando los hechos de manera objetiva y despojada de calificativos y emociones. Seguidamente les exponen los daños y prejuicios que estos hechos les están ocasionando y les proponen las acciones o los cambios de conducta que pondrían remedio a la situación. Finalizan detallando los beneficios

comunes que la nueva situación más justa comportará a ambas partes. No pretenden vencer, sino convencer. Buscan relaciones equilibradas (win-win) y evitar las actitudes agresivas en el adversario.

¿Qué es la asertividad?

Una actitud que huye de la pasividad y de la agresividad. Un estilo de comunicación que busca la eficacia a través de la empatía. Un método honesto, directo y respetuoso que busca hacer valer los derechos puestos en cuestión por la otra parte sin herir sensibilidades. Un sistema para defenderse de los comunicadores agresivos. Un sistema que permite defender el punto de vista propio con ecuanimidad y confianza en uno mismo, aunque se tenga que contradecir lo que afirman otras personas o lo que está establecido como correcto por las leyes o las costumbres.

Las cuatro etapas del discurso asertivo

1. Referir los hechos
Con tranquilidad. Con objetividad. Sin juicios de intenciones. Evitando adjetivos calificativos de cualquier índole. Con firmeza y convicción, pero sin un ápice de agresividad. Por ejemplo: No se trata de decir "te has convertido en un vago" sino "vengo observando que te levantas, desde hace ya varias semanas, a la hora de comer".

2. Exponer los sentimientos
Informar de los perjuicios físicos, económicos o morales que la situación nos genera y los sentimientos que derivan de esta situación. Con templanza, sin dramatismos ni aspavientos. Sin descalificaciones a nadie. No le pedimos a nuestro interlocutor que nos entienda o nos comprenda. Por eso mismo no podrá descalificarnos ni tendrá sentido que ponga críticas a nuestros sentimientos. Por supuesto que nos encantaría una reacción empática por su parte, pero no se la pedimos.

3. Propuesta de cambios
Enunciar el cambio de actitud y de conducta del interlocutor que pondrían remedio a la situación injusta. Con la misma templanza y serenidad de todo el proceso. Sin calificativos ni aspavientos emocionales. Con enunciados fríos y racionales.

4. Relato de las consecuencias

Exponer las ventajas que ambas partes ganarán con la nueva situación. Visualizar la relación exitosa (win-win) que derivarán de haber realizado los cambios de conducta propuestos.

Ejemplos de conductas asertivas

La cena con retraso

Situación

Has quedado en un restaurante con un amigo para cenar juntos y llega una hora más tarde de lo que habíais quedado. No te llamado ni te ha mandado ningún mensaje telefónico para avisar de su retraso. Estás molesto e irritado por la tardanza y la falta de comunicación.

Conducta pasiva

Le saludas como si tal cosa. "Entra, la cena está en la mesa".

Conducta agresiva

No más llegar le dices, a modo de saludo: "Eres un desconsiderado. Me has puesto muy nervioso. Es la última vez que quedo contigo para cenar juntos".

Conducta asertiva

Le saludas con naturalidad y le dices: "He estado esperando durante una hora sin saber lo que te pasaba (hechos). Me he puesto muy nervioso e intranquilo porqué me imaginaba que te había ocurrido una desgracia, ya me estaba planteando si tenía que llamar a los hospitales o a la guardia urbana (sentimientos). Si otra vez te retrasas avísame (conducta concreta) para que no me tengas sufriendo y en tensión (consecuencias positivas) o te encontrarás que no me he quedado a esperarte (consecuencias negativas)".

El compañero abusón

Situación

Un compañero de trabajo te pide constantemente que le ayudes a terminar su trabajo debido a sucesivos problemas personales que cada vez te parecen más falsos e increíbles. Cada vez que, en justa reciprocidad, tú le pides un favor, se excusa por alguno de sus continuos pretextos y te promete que en una próxima ocasión (que hasta hoy está lejos de llegar) te compensará.

Conducta pasiva

Aceptas ayudarle y le dices: "Estoy muy ocupado. Pero no voy a dejarte tirado y te lo haré. Espero que te acuerdes algún día de devolverme lo que hago por ti".

Conducta agresiva

Rechazas ayudarle y le dices: "Olvídalo. No tengo ni tiempo ni ganas de hacértelo. Me tratas como si fuera tu esclavo. Eres un desconsiderado y un abusón. Tus excusas ya no hay quien se las crea y cada vez que te pido que me devuelvas el favor, te escabulles como una anguila".

Conducta asertiva

Le avisas que ya no puede contar contigo y le dices: "Muy frecuentemente me has pedido que te eche una mano en tu trabajo porque no te daba tiempo a acabarlo por distintas emergencias personales o porque te desbordaba y no sabías cómo resolverlo. Y cada vez que yo te he pedido ayuda, te han surgido inconvenientes que te han impedido podérmela dar (hechos). Estoy cansado de hacer mi trabajo y el tuyo y no poder contar con tu reciprocidad (sentimientos), así que, a partir de hoy, intenta hacerlo tú solo (conductas) y seguro que así te costará menos la próxima vez (consecuencias positivas)".

La copa sucia

A veces las etapas de la asertividad de pueden limitar a una simple comunicación no verbal. Un simple gesto o una determinada expresión facial o corporal pueden aportar por la vía rápida la información necesaria.

Situación

Estás cenando en un restaurante y te das cuenta de que tu copa tiene marcas de pintura de labios de otra persona.

Conducta pasiva

No decir nada y usar la copa sucia por el lado limpio, aunque a disgusto.

Conducta agresiva

Armar un gran escándalo en el local y decir al camarero que como el servicio es asqueroso nunca volverás a ir a ese establecimiento.

Conducta asertiva

Llamas al camarero y, mirándole a la cara y sonriendo le enseñas la copa y le haces un gesto de sorpresa. (Hechos: los estás enseñando levantando la copa. Sentimiento: es evidente que te disgusta y no hace falta mencionarlo. Propuesta: entenderá de sobras que le pides que te cambie la copa. Consecuencias: la sonrisa indica que ambos estaréis bien; tú tendrás tu copa limpia y él se ahorrará una reclamación).

Distintas variantes de la asertividad

En función del contexto y de la relación existente con la otra persona, caben distintas maneras de aplicar la asertividad.

Asertividad disuasoria

Cuando la relación de poderes está decantada de nuestro lado, en la etapa 3, en lugar de destacar los beneficios que se derivarían de aceptar la propuesta de conducta, podemos escoger la opción de advertirle de las consecuencias negativas que se derivarían de no aceptarla. Puede ser una amenaza tan contundente como se quiera pero que se enunciará con tono sereno y sin calificativos de ningún tipo.

Por ejemplo: El profesor advierte a su alumno (etapa 1) que viene observando que sus notas han bajado dramáticamente en el último trimestre. Le expresa su disgusto por el hecho (etapa 2) y le recomienda que estudie a fondo en el actual trimestre y acuda a las clases de refuerzo (etapa 3). Si no le hace caso y persiste en el ritmo de estudios que está llevando no le quedará más remedio que suspenderlo y cancelar la beca que venía disfrutando (etapa 4).

Técnica del disco rayado

Consiste en la repetición todas las veces que haga falta de una frase (educada y cortés) que exprese claramente lo que deseamos. Insistir en nuestros deseos sin caer en trampas verbales o artimañas del interlocutor y sin dejarnos desviar de nuestro objetivo.

Por ejemplo: Frente al vendedor persistente de un novedoso electrodoméstico, nos limitaremos a decir: «gracias, pero no me interesa». Si el vendedor dice que nos proporcionará unas enormes ventajas, responderemos: «gracias, pero no me interesa». Cuando el vendedor insista en aportar nuevos argumentos para convencernos, responderemos nuevamente «gracias, pero no me interesa». Generalmente basta con repetir la frase tres o cuatro veces. Siempre con educación y una sonrisa amable en la boca.

Técnica de asertividad positiva

Muy útil para la confrontación dialéctica con adversarios cuya talla humana y profesional admiras. Consiste en expresar claramente que profesas un auténtico afecto y aprecio por el interlocutor, pero que difieres de sus posiciones. Admiras los valores que honran a tu adversario y lo reconoces generosamente sin reservas (de manera verbal y no-verbal), pero dejando claro que, en el tema en discordia, crees que está equivocado y que tu opción es mejor que la suya.

Elevando la talla y calidad humana de tu adversario, elevas la tuya. Si te dedicas a atacar a una persona que tiene muchos admiradores, pensarán que te mueve la envidia o el odio y no te darán crédito. Si la tratas con respeto y afecto, verán que tu postura de oposición a ella se debe a razones intelectuales y te escucharán.

Por ejemplo: En la campaña a elecciones de Presidente de Estados Unidos de 2008, Hillary Clinton era la favorita en la mayoría de encuestas. Tanto Barack Obama como ella dieron ejemplo al mundo entero de asertividad positiva en sus debates de enfrentamiento político en la televisión. Cuando, finalmente, Barack Obama consiguió la presidencia, la designó a ella como Secretaria de Estado, demostrando que las palabras elogiosas pronunciadas durante la campaña no eran una simple hipocresía social.

Técnica de la asertividad autocrítica
Muy útil para apaciguar en la medida de lo posible el enfado de un interlocutor al cual hemos perjudicado anteriormente debido a una negligencia o error nuestro. Consiste en expresar tu aceptación de la crítica recibida, reconocer el error o fallo cometido, disculparse y mostrar la voluntad de repararlo en todo lo que esté en nuestra mano. Se trata de reducir la agresividad de nuestro adversario y fortalecer nuestra autoestima, aceptando nuestra responsabilidad y dejando claro que nuestra seriedad y nuestras cualidades positivas van a subsanar los daños y que se puede confiar plenamente en nuestras capacidades y nuestro compromiso para tareas futuras.

Si te niegas a hacer autocrítica, pierdes de entrada la credibilidad y aumentas la agresividad de las reclamaciones. Al aceptar tu responsabilidad, automáticamente la parte contraria rebaja su tensión y entra en la fase de escuchar cuáles son tus propuestas de reparación de daños y relaciones futuras.

Técnica de la asertividad interrogativa
Cuando alguien critica alguna obra o tarea hecha por ti, puede ser una buena táctica recurrir a formularle preguntas concretas (sin carga emocional alguna) sobre la opinión que le merecen aspectos determinados u otras realizaciones tuyas para aclarar si estás frente a una crítica objetiva y constructiva o, por el contrario, ante una crítica puramente manipulativa contra tu persona. En el primer caso, la propuesta a hacerle será la de profundizar en el mutuo

conocimiento y buscar intercambios que enriquezcan ambas partes. En el segundo caso, harás la propuesta de que mire con mayor objetividad lo que está criticando para dejar de lado antagonismos y poder plantear una relación de colaboración mutua.

Por ejemplo: (C) criticando a (A).

(C): — Esta presentación no vale nada y al cliente no le va a gustar.

(A): — ¿Qué es exactamente lo que no te gusta de ella?

(C): — Le faltan imágenes y le sobran frases demasiado largas y difíciles de leer.

(A): — ¿Tú podrías echarme una mano para arreglar eso?

(C): — Ahora no tengo tiempo, pero si le das una pulida, vuelvo en un par de horas y te digo como la veo.

(A): — Te lo agradezco. Me pongo a ello y en un par de horas espero que te la mires de nuevo y me digas si he logrado mejorarla.

Técnica del banco de niebla

Algunos autores la denominan "técnica de claudicación simulada", una denominación bastante más indicativa de cómo funciona. Es muy útil cuando el interlocutor nos quiere avasallar e imponer de manera dominante (puede que incluso algo agresiva) su particular visión u opinión y queremos evitar entrar en una discusión que prevemos que podría ir subiendo de tono si le damos pie a debatir. No queremos llevarle la contraria de manera frontal porque consideramos que eso empeoraría las cosas.

Por ejemplo: Gloria (G) quiere convencer a Rut (R) de que tiene que adelgazar a toda costa. Rut no está por la labor pero conoce a su amiga y sabe que si le lleva la contraria se pondrá insistente y dominante.

(G): — ¡Estás demasiado gorda!

(R): — Sí, es verdad, puede que tengas razón.

(G): — Deberías ponerte a régimen.

(R): — Sí, tal vez comiendo algo menos adelgazaría un poco. Pero la verdad es que me encuentro bien.

(G): — Yo que tú, haría deporte intenso.

(R): — Sí, a lo mejor me decido por alguno.

(G): — Te aconsejo que te decidas ya porque francamente estás gorda.

(R): — No lo descarto, pero la verdad es que no me veo tan mal como tú me ves.

Las reglas para montar el banco de niebla son relativamente simples:
— No entrar en debate contra aquellas críticas que podamos aceptar. Por ejemplo, ante la crítica de la mujer al marido de "Nunca estás en casa, y eso hace que esté demasiado tiempo sola", el marido puede responder: "Tienes razón, paso mucho tiempo fuera de casa, pero por el momento la situación laboral me lo exige".
— Reconocer cualquier verdad contenida en sus declaraciones, pero sin aceptar las conductas que propone. Ejemplo: Rut acepta a Gloria que quizás debería adelgazar, pero le indica que ella se encuentra bien.
— Aceptar la posibilidad de que las cosas pueden ser como la otra parte dice —utilizando expresiones como: "es posible que…", "quizás tengas razón en que"… "puede ser que…"—, pero añadiendo detrás una frase adversativa que exprese que nuestra opinión no ha cambiado —"pero lo siento, no puedo hacer eso", "pero no, gracias", "pero yo creo que no es así", etc.

Técnica de la asertividad empática

Consiste en introducir en la etapa 2 (expresión de los sentimientos) un reconocimiento empático a los sentimientos de la otra parte, antes de pasar a la etapa 3 de reivindicación de nuestros derechos y propuestas de cambio de conducta. Si la otra persona se siente escuchada y comprendida rebajará su tensión y es más probable que esté dispuesta a aceptar nuestros argumentos.

Por ejemplo: Diálogo conyugal entre esposa (E) y marido (M).
(E): — ¿Puedes bajar la basura?
(M): — Bájala tú, que yo estoy reventado. He tenido un día horrible en la oficina.
(E): — No sabes cómo te comprendo. Sé el esfuerzo que estás haciendo por cuidar de tu familia y te lo agradezco. Pero me da mucho miedo que el frío me haga constipar y tú sabes que estoy amamantando a nuestra hijita y no debería arriesgarme por ella.
(M): — De acuerdo, cariño. Ya me ocupo.

Técnica de la asertividad confrontativa

Se aplica cuando nuestro interlocutor está en contradicción consigo mismo y está haciendo lo contrario de lo que predica o nos está pidiendo que hagamos tareas que no concuerdan con el acuerdo previo que habíamos concertado con él (verbalmente o por escrito).
En la etapa 1 (hechos) mencionaremos la postura o los acuerdos previos que tenía (con nosotros o consigo mismo, según el caso) y los confrontaremos

con lo que ahora está pidiendo (o exigiendo). En la etapa 2 (sentimientos) manifestaremos —sin tono alguno de acusación ni de condena en la voz— nuestra sorpresa por la discrepancia. En la etapa 3 (propuestas) le indicaremos la conveniencia de ser congruente y cumplir con los pronunciamientos previos (o los acuerdos escritos del contrato, si lo hubiera).

En estos caso puede ser una buena estrategia añadir una etapa 0 en la que, a base de preguntas para aclarar lo que nos está pidiendo, hacemos que nuestro interlocutor ponga de manifiesto que su petición es incongruente.

Por ejemplo: El presidente de la conferencia de obispos católicos (O) le está pidiendo al presidente de gobierno (G) que suprima la ley de aborto (de cariz progresista) que existe en el país.

(G): — ¿Estará su ilustrísima de acuerdo conmigo que el poder de su iglesia es de tipo espiritual?

(O): — Por supuesto que sí. Pero nuestro deber es velar por la paz de todas las almas.

(G): — Y hacen ustedes muy bien. Pero mi obligación como presidente de gobierno es atender a los deseos legítimamente expresados por las cámaras legislativas democráticas. Mis obligaciones no son de orden espiritual. Cada ciudadano es libre de asumir el poder espiritual de su iglesia o de ignorarlo según su conciencia.

(O): — Pero el aborto es un asesinato y su gobierno no debería aceptarlo.

(G): — En nuestra legislación, ni en ninguna del mundo que yo sepa, un feto no está registrado como persona y, en consecuencia, no podemos hablar de asesinato de una persona que no existe. Ustedes piensan que a partir del instante de la concepción el feto ya tiene alma pero nuestro gobierno legisla sobre personas civiles, no sobre almas o espíritus, terreno en el que nuestro gobierno respeta lo que ustedes y las distintas iglesias predican y no se inmiscuye. Como pienso que ustedes deberían respetar el reparto de poderes que el Concordato con la Santa Sede estableció ya hace años. No obligamos a nadie a abortar, solo concedemos la libertad de elección de las mujeres sobre su propio cuerpo en determinados supuestos recogidos en la ley que el parlamento aprobó.

Recomendaciones para ser una persona asertiva

— La primera condición es saber escuchar. Enterarse bien de la postura de la otra parte y los argumentos en los que los fundamenta.

— La segunda condición, la capacidad autocrítica. ¿Hemos fallado? ¿Hemos provocado con razón la agresividad o la crítica negativa

que se nos ha echado encima?
— La tercera es el control emocional. No reaccionar impulsivamente al agravio, maltrato, desprecio o crítica negativa que nos hacen. Frenar completamente la agresividad que nos pueda provocar (porque en tendemos que si entramos en la escalada de responder al ataque con otro ataque, caemos inexorablemente en la lucha de poderes).
— A partir de este punto es vital la autoconfianza y las habilidades comunicativas tanto verbales como no verbales. Saber expresar nuestros pensamientos y emociones de manera directa pero respetuosa. Saber decir no a las peticiones de los demás sin herir sensibilidades. Saber explicar con calma y serenidad que conductas estamos proponiendo para evitar que se nos dañen nuestros derechos y ambas partes salgamos ganado.
— Finalmente, tener visión optimista sobre las posibilidades de las interrelaciones humanas y asumir en todo momento la responsabilidad por la propia conducta.

CAPÍTULO 9 - MOTIVACIÓN DE LAS PERSONAS

La principal labor del líder con los recursos humanos

La labor principal de un líder con los recursos humanos a su cargo es transformar en una realidad productiva los conocimientos que estos poseen (su experiencia profesional, su formación, sus valores, sus capacidades técnicas y gestoras,…). Es decir, transformar el capital intelectual en productos o servicios deseados y apreciados por los clientes.
Como dice Javier Fernández Aguado:

> "Las Compañías son esencialmente la suma de las personas que las dirigen y que en ellas trabajan. De hecho, la labor específica de los directivos es precisamente convertir el conocimiento —la formación, la experiencia, los valores…— en una realidad productiva: transformar, en fin, el capital intelectual en algo provechoso para los clientes".

En la fórmula expresada por Dave Ulrich en 1998 se introduce la necesidad del compromiso:

$$\text{Capital intelectual} = \text{Competencias} \times \text{Compromiso}$$

Y el compromiso se consigue y se mantiene con la motivación del personal. Emulando a Ulrich, podríamos formular que:

$$\text{Compromiso} = \text{Motivación individual} \times \text{Motivación del líder}$$

¿Qué es la motivación?

Según el diccionario de la Real Academia de España, motivar es:

> "Disponer del ánimo de alguien para que proceda de un determinado modo".

En frase de Dave Ulrich, para un líder la capacidad de motivar es:

> "La capacidad de captar la atención y la energía emocional de tu equipo".

Y según Fernández Aguado:

> "Que tu gente quiera hacer lo que tiene que hacer". En otras palabras: "Lograr que tu equipo tenga la voluntad de hacer el esfuerzo necesario para alcanzar las metas de la organización".

Una frase metafórica de autor anónimo afirma que:

> "Motivar a los empleados es convertirlos en locomotoras capaces de arrastrar vagones, en vez de vagones que necesitan ser arrastrados".

Y es una metáfora muy acertada, puesto que la etimología de motivar es la palabra latina motivus que significa movimiento.

Valor estratégico de la motivación

La motivación del personal afecta directamente a la cuenta de resultados. A medio y largo plazo, no es igual el desempeño de un empleado que se desvive por la empresa que el del empleado que se limita a vegetar en la empresa. El personal motivado procura que su rendimiento y su comportamiento laboral sean beneficiosos para la empresa y está dispuesto a mejorar sus buenos hábitos y a corregir los inadecuados. El personal desmotivado no se preocupa de si sus hábitos laborales son apropiados o no, con lo cual podría estar dañando la imagen de la compañía y, en consecuencia, repercutiendo en una pérdida de beneficios de la misma. Ver Figura 9.1

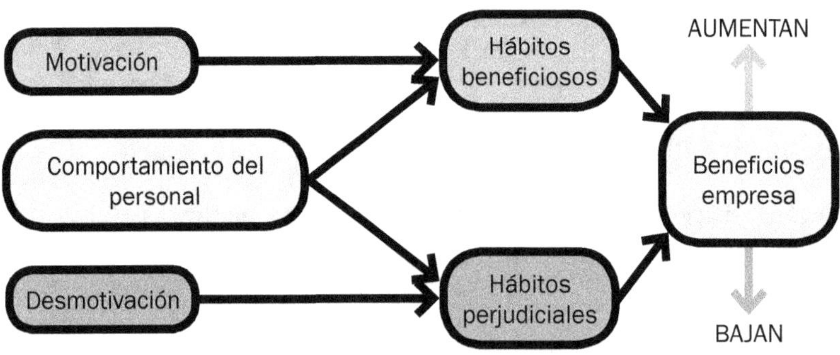

Figura 9.1 – Relación entre hábitos y beneficios

Pero si se quiere que una empresa sea eficiente, la motivación del personal no puede ser una acción puntual o esporádica; tiene que ser un proceso permanente y sistemático perfectamente integrado en el estilo de liderazgo de la compañía.

Buenos y malos hábitos

En la Tabla 9.1 se muestran columnas contrapuestas de los buenos y malos hábitos más frecuentes en las empresas:

Buenos hábitos	Malos hábitos
Soluciones sólidas para los problemas.	Chapuzas improvisadas.
El atrevimiento controlado.	Exceso de cautela paralizante.
La creatividad y la innovación.	Conformismo e inmovilismo.
La acción decisiva.	La parálisis por el análisis.
El trabajo inteligente.	La laboriosidad ineficaz.
La simplificación.	La complicación improductiva.
La eficacia.	Las bisagras que rechinan.
El trabajo de calidad.	El trabajo rápido hecho con prisas.
La lealtad de los buenos profesionales motivados por su trabajo.	La eterna rotación de empleados desmotivados.
La colaboración en equipo.	El trabajo de unos contra otros

Tabla 9.1 – Buenos y malos hábitos de trabajo en la empresa

El proceso de la motivación

Conseguir una motivación estable y duradera del personal es un proceso que requiere consistencia entre las metas de la organización y las metas del equipo humano. La manera ideal de conseguirlo es que las aspiraciones del personal sean el pilar del crecimiento de la empresa.

Los tres factores básicos de la motivación

La motivación de un empleado depende de tres pilares básicos.

1 - Las necesidades individuales y las metas personales de los empleados.

2 - El sistema de incentivos que tenga establecido la empresa y la eventual idoneidad del mismo para que el empleado encuen-

tre la satisfacción a sus necesidades.

3 - Las decisiones adoptadas por el líder que pueden aproximar o alejar al empleado de su implicación en los objetivos de la empresa.

Figura 9.2. – Los pilares de la motivación

El líder debe comprender los factores que pueden encauzan la conducta de su equipo humano; interpretar las necesidades individuales y hacerlas coincidir en la medida de lo posible con las de la organización.

La motivación es individual

No podemos motivar a todos los individuos con el mismo tipo de recompensas. Hay que adaptarse a las necesidades y aficiones particulares de cada miembro del equipo porque cada persona valora las recompensas e incentivos de forma distinta.

Se puede pagar a una persona por su tiempo, su presencia o los actos rutinarios que realiza para cumplir su trabajo. Sin embargo, no se puede comprar con dinero su entusiasmo, su iniciativa o su lealtad, pues estas cosas solo se ganan con incentivos de tipo moral.

Para conocer de verdad a alguien y saber de sus motivaciones, no basta con averiguar su CV y qué conocimientos tiene, hay que averiguar qué desea y a qué aspira en su fuero más interno. Para averiguar la mejor manera de motivar a cada uno de los miembros del equipo, una buena metodología puede ser la siguiente:

1 - Hacer un expediente de cada empleado en el que se anticipa una lista de las necesidades y recompensas que, de entrada, se prevén como relevantes para cada uno de ellos.

2 - Conversar informalmente con cada empleado y desarrollar una segunda lista basada en lo motivaciones personales que estos diálogos dejen traslucir.

3 - Comparar las dos listas y confeccionar una la lista definitiva de acuerdo a la intuición en la que se determinen los incentivos personalizados a aplicar y la temporalización de los mismos.

Motivar con recompensas

Las personas hacemos con verdadera implicación aquellas cosas que nos deparan una recompensa que juzgamos adecuada. Pero hay muchas clases de recompensas. Las podemos clasificar en dos grandes grupos de naturaleza muy distinta: recompensas materiales (con incentivos económicos) y recompensas morales (con incentivos psicológicos).

Los sistemas de recompensas no tienen más fronteras que la imaginación.

Posibles recompensas materiales:
— Aumento de sueldo o pluses por mayores responsabilidades.
— Bonos por consecución de objetivos o paga de beneficios.
— Ayudas por traslado de casa, pagos totales o parciales a alquileres de vivienda, vivienda de la compañía.
— Ayudas a vestuario y peluquería, a comidas.
— Economato de empresa.
— Coche de empresa y/o gastos de desplazamiento.
— Formación in-company y/o contribución a formación externa.
— Opción a acciones, o seguros de vida, o planes de pensiones.
— Vacaciones en centro vacacional.
— Lotes navideños.
— Etc.

Posibles recompensas morales:
— Participación en grupos de mejora de la empresa.
— Trato personalizado y privilegios en el entorno laboral.
— Formación y entrenamiento, ayuda y motivación al crecimiento personal.
— Distinciones honoríficas y trofeos, reconocimiento público de los logros.
— Actividades culturales, deportivas y sociales.
— Etc.

La motivación por pertenencia a la marca

Todos los empleados deben conocer la cultura y misión de la empresa y enfocar su trabajo de acuerdo con ellas. Se trata de conseguir que el empleado se sienta orgulloso de pertenecer a la organización y quiera serle un poco más útil cada día.

Símbolos y anagramas
Para ello, la estrategia usada consiste en establecer símbolos de pertenencia a la empresa adecuados a cada nivel dentro de la organización (manual de identidad, logotipos, catálogo de servicios, uniformes, gorras, insignias, etc.). Por ejemplo, la empresa Volvo sintetiza en el anagrama PRIDE (= orgullo) la cultura de la marca: Pasion, Respect, Integrity, Drive and Energy. La Disney World emplea con sus empleados el anagrama RAVE (= entusiamar), desglosado en las siguientes consignas: Respect (= Respetar a todas las personas), Appreciate = (Apreciar la labor que haces, aunque a veces no sea perfecta) y Value Everyone (= Valorar a todos los componentes del equipo con independencia de su cargo, porque todos son imprescindibles).
Los empleados deben ser los paladines que buscan que los clientes se familiaricen con la imagen, misión y cultura de la marca. Para ello, la buena práctica consiste en tener un diálogo permanentemente abierto con los clientes vía las redes sociales y visitar regularmente los clientes más importantes para conocer sus necesidades y opiniones para ajustar la oferta de productos y servicios.

Los empleados son la verdadera marca
Como dice Lee Cockerell, ex Vicepresidente de Disney World, los empleados constituyen la auténtica marca. No basta con que la empresa disponga de muy buenos productos y servicios; para conseguir la excelencia hay que atraer a la plantilla de la empresa buen personal, formarlo adecuadamente, motivarlo para su misión y ayudarlo a crecer.

Política preventiva con los recursos humanos
Contratar y ascender a las personas adecuadas es el equivalente a practicar medicina preventiva en vez de correctiva. Pero la medicina correctiva también radica en apartar las personas desmotivadas y —sobre todo— las desmotivadoras. Un error típico de muchas empresas, bastante habitual en nuestro entorno socioeconómico, es contratar con demasiadas prisas y apartar con demasiada pausa, demasiado tarde, a los que no valen y desmotivan al resto del personal.

Jefes que desmotivan

Pero también debería ser medicina preventiva apartar a los jefes restadores (disminishers) que desmotivan a sus empleados. En particular, los jefes autoritarios que creen que sus presiones sirven para motivar, que están convencidos de que con amenazas y coerciones lograrán que sus empleados rindan más.

· El exceso de presión sobre el personal, consigue un incremento de productividad a corto plazo, pero produce un efecto rebote negativo. No se logra incrementar el compromiso interior, por el contrario, desmotiva enormemente al personal. Provoca resentimiento y "rebelión pasiva", huelga de brazos caídos, cinismo, pasotismo, escapismo y absentismo.

Principales teorías sobre la motivación

Son muchos los sociólogos y psicólogos sociales que han investigado la motivación y han formulado sus teorías.

El ciclo básico de la motivación

Desde la Psicología conductista se ha destacado que a los personas nos motiva la persecución de una necesidad insatisfecha. La insatisfacción nos crea una tensión interna que nos impulsa a la consecución de nuestras metas deseadas cuando algo o alguien nos hacen creer que están a nuestro alcance. Cuando, a pesar de aplicar grandes esfuerzos durante largos períodos de tiempo, no se logran los objetivos, la motivación decrece y puede desaparecer. Pero la motivación también desaparece cuando las metas han sido alcanzadas. Tras un tiempo de tranquilidad y placer de haberlas alcanzado, la persona necesitará nuevas metas a alcanzar (nuevas insatisfacciones que le provoquen la necesidad de moverse hacia nuevos objetivos). Ver Figura 9.3.

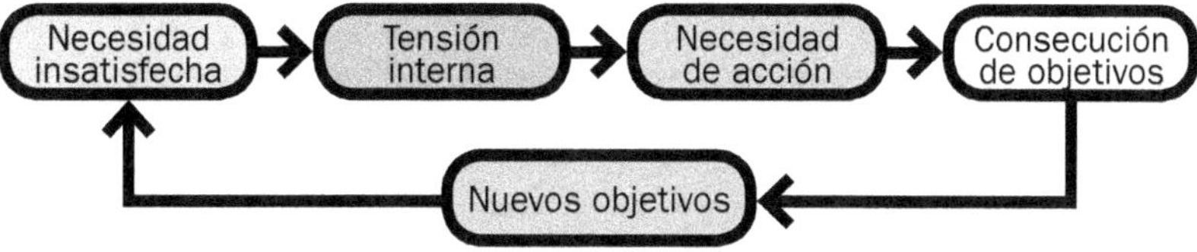

Figura 9.3 – Ciclo básico de la motivación según modelo conductista

La jerarquía de necesidades de Maslow

En 1943 Abraham Maslow, uno de los creadores de la Psicología positiva, estructuró en su famosa pirámide de cinco niveles la jerarquía de las necesidades humanas. Según Maslow, un individuo debe tener un mínimo de satisfacción en cada nivel de la pirámide —empezando desde la base— para poder atender a las necesidades del orden inmediatamente superior (Figura 9.4.).
A la luz de las Neurociencias, podemos distinguir en la pirámide de Maslow una fuerte correlación con la teoría evolutiva del cerebro humano que se ha expuesto en el Capítulo 3:
    1 - Cerebro reptiliano (instintos): Necesidades fisiológicas.
    2 - Sistema límbico (emociones): Seguridad. Tranquilidad anímica.
    3 - Hemisferio derecho (intuición): Afiliación a un grupo social. Equilibrio emocional.
    4 - Hemisferio izquierdo (razonamientos): Reconocimiento de la valía propia.
    5 - Lóbulos prefrontales (visión de futuro): Crecimiento y autorrealización.

Figura 9.4.- La pirámide de Maslow

En la Tabla 9.2 se detallan los aspectos relacionados con el ámbito laboral que pueden subvenir a satisfacer las necesidades de cada nivel.

NIVEL DE NECESIDADES	ASPECTOS DEL AMBIENTE LABORAL
5.- AUTOREALIZACION. Necesidades de sentirse realizado, de crear cosas útiles y usar sus capacidades en forma creativa.	Reto laboral, demandas creativas de trabajo, oportunidades de progreso, logro laboral.
4.- RECONOCIMIENTO. Necesidad de obtener aprecio de los demás, respeto, prestigio, reconocimiento, autoestima.	Puesto de nivel más alto, reconocimiento de los superiores, responsabilidad, importancia del trabajo.
3.- SOCIAL (Afiliación) Necesidad de amor, afecto, pertenencia, relación con otras personas.	Compatibilidad con el grupo, amistades en el trabajo. Jefe de trato amable.
2.- SEGURIDAD. Necesidad de sentirse seguro.	Seguridad en el trabajo, trabajo seguro y con beneficios adicionales.
1.- FISIOLOGICAS. Casi todas las necesidades básicas del ser humano.	Salario básico, condiciones laborales normales.

Tabla 9.2. – Elementos laborales en los niveles de Maslow

La jerarquía de necesidades según Clayton Alderfer

El profesor Clayton Alderfer de la Universidad de Yale simplificó en 1969 la pirámide de Maslow y la estableció en tan solo tres niveles (Figura 9.5.). Su modelo se llama ERC por las iniciales de los tres niveles: Existencia, Relaciones y Crecimiento. Las correspondencias con las jerarquías de Maslow son claras:
— **Existencia** = fisiológicas y seguridad.
— **Relacionales** = necesidades sociales.
— **Crecimiento** = reconocimiento y autorrealización

Figura 9.5. - Las necesidades según Alderer

El cambio adicional de enfoque que Alderer aporta sobre la visión de Maslow es que, en su opinión, la substitución de motivaciones se produce en orden descendente: Cuando no se consiguen los niveles superiores, el empleado se remite a los inmediatamente inferiores.

Teoría de las necesidades de David McCelland

La teoría de las necesidades formulada en 1961 por David McClelland, psicólogo americano del comportamiento, afirma que las motivaciones de una persona se deben a la búsqueda de satisfacción de tres necesidades dominantes: de logro, de poder y de afiliación (Figura 9.6).

Figura 9.6. - Las necesidades según McClelland

La necesidad de realización
Es el impulso de sobresalir, de alcanzar logros, de luchar para obtener el éxito. Cuando se tiene en alto grado, la persona desea realizar tareas difíciles y desafiantes. Algunas características de las personas que tienen esta necesidad en grado alto son:
— Desean tener éxito y necesitan recibir retroalimentación positiva a menudo.
— Evitan las situaciones poco arriesgadas porque creen que el éxito fácilmente alcanzado no es un logro genuino. Y por otro lado, también evitan los proyectos de riesgo demasiado elevado porque dependen demasiado del azar y demasiado poco de su propio esfuerzo.
— Prefieren trabajar solos o con otros compañeros del mismo nivel de motivación.
— Las personas con baja necesidad de realización prefieren situaciones de estabilidad, seguridad y predictibilidad. Las que tienen alta necesidad

de realización prefieren trabajos interesantes, satisfactorios, estimulan
tes y complejos. Les agrada ser reconocidos, la autonomía en su trabajo
y la retroalimentación laudatoria. McClelland cree que estas últimas
personas son los mejores líderes, aunque pueden caer en el error de creer
que todos los miembros de su equipo comparten el mismo nivel de necesidad de logro.

La necesidad de afiliación

Es el deseo de contar con relaciones interpersonales cercanas y amigables.
Los humanos somos seres sociales y necesitamos saber que pertenecemos a
uno o más grupos. Algunas características de la persona con nivel alto en esta
necesidad son:
— Desea gustar y ser aceptada por los demás, y da importancia a la inte-
    racción personal.
— Tiende a conformarse con las normas de su grupo de trabajo.
— Se esfuerza por crear y preservar relaciones con un alto nivel de con-
    fianza y comprensión mutua.
— Prefiere la cooperación sobre la competición.
— Se desempeña bien en situaciones de interacción y servicio a los
    clientes.

McClelland creía que una necesidad demasiado fuerte de afiliación disminuía
la capacidad de los gerentes para ser objetivos y eficaces a la hora de tomar
decisiones adecuadas con el personal.

La necesidad de poder

Es el deseo de hacer que otros adapten sus conductas a las indicaciones propias.
Es una necesidad típica de las personas que buscan disponer de responsabilidad
y autoridad sobre los demás. Podemos distinguir dos tipos de poder: el personal y el institucional. Quien tiene una alta necesidad de poder personal desea
dirigir e influenciar a otras personas. Quien tiene una alta necesidad de poder
institucional, en cambio, disfruta organizando y coordinando los esfuerzos de
otros para alcanzar las metas de la organización. Los individuos con una alta
necesidad de poder institucional suelen ser líderes más eficaces para la empresa
que aquellos con una alta necesidad de poder personal.

Relación entre las tres necesidades

Las tres necesidades están presentes, en distintos grados, en cada individuo. Son
conformadas y adquiridas a través de la formación cultural del individuo y de su
experiencia de vida. Se puede utilizar el entrenamiento para modificar el perfil
de las tres necesidades; sin embargo, siempre podremos destacar una de las tres

como la dominante, dependiendo de cada personalidad.

A diferencia de Maslow, McClelland no especificó etapas de transición entre las tres necesidades.

La teoría de los dos tipos de factores de Herzberg

Frederick Herzberg matizó las teorías de Maslow añadiendo un concepto de gran importancia. Para Herzberg, en el entorno laboral los factores se pueden clasificar en dos tipos: los que constituyen una simple base de higiene y mantenimiento y los que pueden aportar motivación y satisfacción (ver Tablas 9.3 y 9.4). Los primeros corresponden a las capas bajas de la pirámide de Maslow y tienen que estar satisfechos a unos niveles básicos y no proporcionan ninguna motivación positiva al conseguirlos, pero, por el contrario, no tenerlos provoca

Factores	Características	Ejemplos
Higiene y mantenimiento	Producen comodidad y evitan la insatisfacción en el trabajo	Salario, condiciones de trabajo, políticas de la empresa, buen supervisor, beneficios de la compañía.
Satisfactores y motivadores	Ayudan a los empleados a usar su talento y desarrollarse en sus trabajos	Reconocimiento, autonomía, responsabilidad, crecimiento personal.

Tabla 9.3. – Los dos tipos de factores de Herzberg

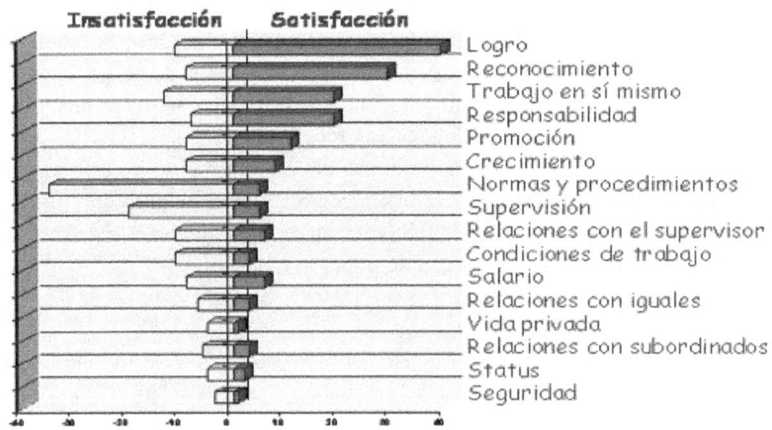

Tabla 9.4.- Ejemplos de factores de Herzberg

falta de seguridad y desmotivación. Los segundos (capas altas de Maslow) son los únicos factores que pueden proporcionar autentica motivación.

Las mejoras del puesto de trabajo

Existen técnicas para mejorar las condiciones de los puestos de trabajo (Ver Tabla 9.5). Se basan en rediseñar el trabajo a efectuar par que no sea tan pesado y/o rutinario; en practicar rotaciones del personal para evitar el aburrimiento y propiciar el mayor conocimiento de los empleados sobre el conjunto de la empresa; en aportar mayor riqueza a las funciones del puesto de trabajo; en aportar flexibilidad horaria para conciliar horarios con la vida familiar o académica.

Técnica	Propósito	Acción
Rediseño del trabajo	Evitar exceso de trabajo rutinario.	Alternar contenidos. Rediseño de los puestos.
Rotación en puestos	Evitar aburrimiento. Aumentar el conocimiento.	En el primer año rotar los empleados para que todos cojan visión más amplia de la empresa.
Enriquecer el trabajo	Evitar absentismo y pérdida de productividad.	Participar en funciones del líder: planificación, distribución del trabajo y descansos, entrevistas de selección, etc.
Tiempo flexible	Aumentar la capacidad de autogestión y reducir la supervisión directa	Llegar temprano y salir temprano, tiempo libre para atender asuntos personales o formación, tiempo de asuntos personales.

Tabla 9.5. – Técnicas para mejora de los puestos de trabajo

Recomendaciones para motivar al personal

— **Mejorar las condiciones globales de los puestos de trabajo**. Horarios, espacios, áreas de descanso, guarderías, comedores, transportes, aparcamientos, aire acondicionado, etc.
— **Hacer que los empleados sepan qué se espera de ellos.**
  · Entregarles una buena definición del puesto de trabajo y asegurarse de que cada persona conoce su territorio laboral y sus responsabilidades.

· Definir claramente los criterios con los que se evaluará su desempeño.
· Si hay que corregir o enmendar a alguien, siempre en privado y con exquisito tacto.

— **Eliminar las barreras que producen insatisfacción**
· Estructurar los equipos de trabajo de forma equilibrada.
· Adecuar las instalaciones e infraestructuras (oficinas, talleres, laboratorios, etc.).
· Proporcionar los recursos necesarios para la consecución de los objetivos.
· Asegurar el clima general de confianza, respeto y preocupación por las personas.
· Practicar y transmitir una ética y un modelo de buenos hábitos que genere confianza.
· Transparencia y fluidez en la comunicación interna.

— **Ayudar a los empleados a desarrollar su "sentido de logro".**
· Asignar los puestos de trabajo de forma que sus responsabilidades tengan una buena relación con las habilidades del empleado.
· Que todos los puestos de trabajo ofrezcan oportunidades de superación y futura promoción.
· Fomentar las propuestas de participación creativa de los empleados (Grupos de Mejora, Buzón de Ideas y similares). Dejar claro que todas las ideas serán evaluadas y que cualquiera puede aportar creatividad e innovación al trabajo colectivo.

— **Convertirse en promotores del desarrollo personal de sus empleados.**
· La motivación de los empleados debe ser una de las tareas principales de su líder.
· El líder debe velar para incrementar las capacidades de sus empleados y diseñar un programa de formación orientado al crecimiento profesional de cada uno de ellos.
· Debe formarse al personal que tenga relación directa con los clientes en técnicas de ventas, relaciones sociales y habilidades comunicativas.
· Debe evaluarse las posibilidades de ubicar los empleados en nuevas funciones de mayor responsabilidad. Buscar las capacidades de liderazgo y promoción en todos los niveles.
· Resaltar la autonomía y el significado de cada puesto, la identificación con los resultados.
· Transmitir al colectivo la necesidad de anticiparse a las necesidades y buscar la excelencia.
· En sesiones periódicas del Consejo de Administración y el Comité de empresa, acometer acciones concretas de motivación de acuerdo

al estado de clima laboral en que se encuentre la organización.

— **Establecer las retribuciones salariales adecuadas a cada puesto de trabajo.**
— **Establecer un sistema** bien medido, equitativo, proporcional y comprobado de **incentivos materiales e incentivos morales.**
  · Establecer los incentivos sólo como premios a resultados obtenidos y con parámetros previamente acordados y debidamente controlados.
  · Si la empresa dispone de Comité de Empresa, pactarlos con él.
— **Proporcionar retroalimentación y refuerzo positivo.**
  · Reconocimiento público de los logros. Destacar en cada unidad de trabajo a los empleados más calificados y de mejor rendimiento.

CAPÍTULO 10 - TRABAJO EN EQUIPO

Los campeonatos los ganan los equipos

Un partido se puede ganar gracias a la genialidad de un jugador individual, pero para ganar el campeonato de una liga hace falta la acción coordinada de todo un equipo. Como dijo Michael Jordan:

> «…el talento individual gana partidos, pero el trabajo en equipo se lleva los campeonatos."

Diferencia entre grupo y equipo

Cuando un conjunto de seres humanos se ven en la necesidad de trabajar juntos, se enfrentan a una encrucijada con tres posibles caminos que pueden simbolizarse en la Figura 10.1.

$$1+1=2$$
$$1+1>2$$
$$1+1<2$$

Figura 10.1.

$1 + 1 = 2$ El grupo carece de una visión y de un compromiso común. Cada persona va a su aire, cumpliendo con sus obligaciones laborales pero sin involucrarse (ni perjudicar) en las labores de los demás miembros del grupo. No existen solapamientos de funciones ni problemas "territoriales" en la asignación de responsabilidades. La capacidad del grupo equivale a la sumatoria de las capacidades individuales.

$1 + 1 < 2$ El grupo carece de una visión y de un compromiso común. Cada persona intenta cumplir con sus obligaciones laborales aunque para ello tenga que interferir o perjudicar al desempeño laboral de otros miembros del grupo. Existen solapamiento de funciones que crean problemas "territoriales" y causan peleas internas por converger dos o más criterios distintos sobre cómo hay que hacer las tareas. Es un grupo conflictivo por falta de coordinación y liderazgo adecuado. La capacidad global del grupo es inferior a la suma de las capacidades de sus individuos.

$1 + 1 > 2$ Existe una visión y un compromiso común en todos los componentes del conjunto. No hay solapamiento de funciones y cada persona sabe dónde empieza y dónde acaban sus responsabilidades. Todos comparten el objetivo común de conseguir las metas propuestas y están motivados para ayudarse mutuamente, de manera que cuando alguien flaquea en su cometido (por la causa que sea, ajena a su voluntad de hacerlo bien) siempre hay algún compañero que se encarga de cubrir la eventual carencia. Hay una coordinación y una comunicación interna fluida dentro del conjunto y una actitud de compañerismo cordial. El resultado de la sinergia del trabajo en equipo supera en mucho la suma de las capacidades individuales. Todos juntos son más listos y eficaces que la suma de todos ellos y la capacidad resultante es superior a la suma de capacidades de sus individuos. Es la única de las tres alternativas en la que podemos afirmar que existe un "equipo".

En la Tabla 10.1 se contrastan las diferencias entre un grupo y un equipo.

Los beneficios del trabajo en equipo

Los beneficios principales del trabajo en equipo son:

Grupo	Equipo
Conjunto de personas que las consideramos juntas porque están reunidas en un mismo lugar; o trabajan en la misma empresa; o comparten una característica común; o tienen opiniones, creencias o intereses iguales.	Conjunto de personas con conocimientos y habilidades complementarias, comprometidos con un mismo propósito, los mismos objetivos de rendimiento y enfoques comunes de los que se consideran responsables en conjunto.

Tabla 10.1. – Diferencias entre grupo y equipo

Todos para uno

Todos ayudan a cualquier otro miembro del equipo siempre que haga falta. Ayudar al compañero cuando está saturado, cansado, bajo de ánimo o confuso, es ayudar al equipo. Llegar donde el compañero no llega es ayudar a que triunfe el equipo. Ayudar al equipo es ayudarse a uno mismo. Ayudarse todos en la meta común es aumentar el rendimiento del colectivo, su productividad, su imagen dentro y fuera de la empresa. Es lo que resume la famosa consigna que Alejandro Dumas ideó para Los tres mosqueteros: "Uno para todos y todos para uno".

La suma de motivaciones

Cuando uno flaquea en sus ánimos, los compañeros le animan y vuelven a motivarlo. Todos velan para que no decaiga la motivación de ningún miembro del equipo, especialmente en los momentos difíciles. Cuando un individuo flaquea en su fuerza de ánimo, sabe que puede acudir a confiar en la fuerza de ánimo de sus compañeros.

La suma de conocimientos

Lo que cada persona conoce está a disposición de todo el equipo. Cada persona aporta su know-how particular y sus habilidades al conjunto, sin reservas, y recoge los conocimientos que le aportan el resto de componentes del equipo. Se consigue un efecto multiplicador en el crecimiento profesional de todos los miembros del equipo.

La selección del personal adecuado

Debido a las diferencias individuales, no todas las personas son aptas para inserirse en un equipo. Destacaremos los cuatro pilares básicos que determinan que una persona sea apta para trabajar en armonía y coordinación con sus compañeros (ver Figura 10.2).

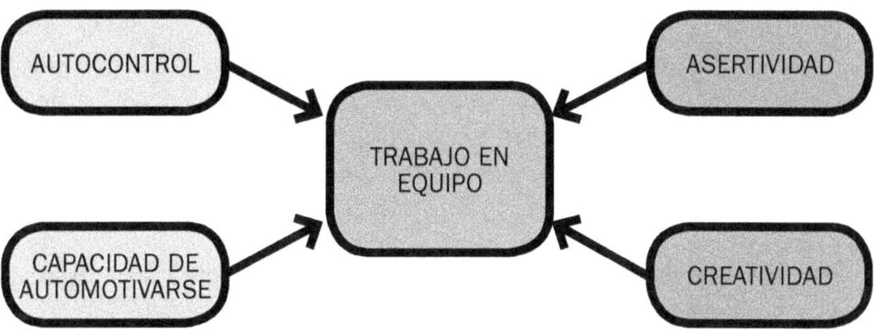

Figura 10.2. – Las cuatro aptitudes para trabajar en equipo

Las aptitudes necesarias para el trabajo en equipo

El autocontrol
Es uno de los factores esenciales de la inteligencia emocional. Básico para tener buenas interrelaciones con los miembros del equipo y evitar conflictos por motivos personales.

La asertividad
Actitud que proporciona la capacidad de comunicación serena y equilibrada y aleja las posibilidades de confrontación por diferencias de opinión o por cualquier otra causa de discrepancias.

Capacidad para automotivarse
Una virtud que permite complementar la motivación generada por el líder o coach del equipo. Frente a los eventuales fracasos, problemas y dificultades del día a día, la persona debe saber encontrar la manera de recuperar por sí misma la motivación hacia las metas comunes del equipo. Esta virtud redunda en la resiliencia colectiva del equipo, de forma que las adversidades no lograrán hacer mella en su rendimiento.

Creatividad

Es la capacidad de hallar maneras alternativas, mejores y más eficaces, de afrontar las tareas. Aumenta la capacidad del equipo en la resolución de problemas y da alas a la innovación necesaria para ganar en competitividad a los equipos rivales.

Cómo escoger los mejores candidatos

En la selección del candidato más idóneo, la empresa deberá tomar en consideración los diferentes pesos con qué valora cada tipo de competencias de los solicitantes. No valorará tan solo lo que sabe, sino también qué sabe hacer, si está motivado para hacer lo que hay que hacer y si sabrá ser como queremos que sea.

El saber
— **Competencias técnicas**. Los conocimientos y aptitudes necesarios para ejercer la profesión que requiere el puesto de trabajo.

El saber hacer
— **Competencias tecnológicas**. La capacidad de aplicar los conocimientos del oficio para desempeñar el puesto de trabajo. El dominio práctico de las herramientas y las nuevas tecnologías que requieren el puesto.
— **Competencias gestoras**. Disciplina, gestión del tiempo y capacidad de organización. La eventual experiencia de gestor en un puesto de trabajo anterior.

El querer hacer
— **La motivación personal para el puesto**. El deseo del candidato de integrarse en el equipo para hacer lo que se espera de él. Este era el factor que Steve Jobs anteponía a todos los demás cuando contrataba una persona para Apple.

El saber ser
— **Cualidades personales**. Inteligencias múltiples, con especial énfasis en la inteligencia emocional. Las actitudes y valores, que deben estar de acuerdo con el interés de la empresa. La capacidad de inte-grase en el trabajo en equipo.
— **Competencias en liderazgo**. Capacidad de coordinar un equipo y sa berlo motivar. Eventual experiencia en cargos anteriores.

La selección debe hacerse sin prisas, buscando la persona ideal para captar la más excelente de las solicitantes, teniendo en cuenta que hay que prescindir de una persona con bajo cociente de inteligencia emocional (aunque sea excelente en todo lo demás) porque sería un elemento que causaría conflictos en las relaciones personales dentro del equipo.

Es conveniente contratar siempre a un candidato que tenga algo que enseñar a los demás porque ayudará a incrementar el capital intelectual de la empresa. Cuánto mejores sean las personas que contratemos, más podremos delegar en ellas y desarrollar una estructura organizativa más plana.

La diversidad de culturas y procedencias enriquece al conjunto. Un equipo bien integrado tiene un respeto absoluto a la integración de personas de cualquier cultura, religión, etnia, orientación sexual, aspecto físico, edad o discapacidad física.

Todos los puestos de trabajo son importantes y merecen una atención en la selección del mejor candidato. Si un directivo considera que no le merece la pena participar en la selección de un determinado puesto de trabajo, debería plantearse si tiene sentido mantener la definición de dicha vacante en el organigrama. ¿Aporta valor a la empresa? ¿Qué pasaría si se suprimiera este puesto? ¿Puedes ser absorbido este puesto en otro que asuma mayores responsabilidades? ¿Quizás debería convertirse en un puesto de dedicación parcial? ¿O externalizarlo? ¿O substituirlo por una máquina de autoservicio?

Los CVs orientan, pero no son determinantes

El Curriculum Vitae es tan sólo una carta de presentación, rara vez constituyen un informe objetivo sobre el talento verdadero de la persona. Hay que tener presente que hay personas que valen mucho y se venden mal y personas que valen poco y se venden muy bien. Vale la pena poner pruebas objetivas de las aptitudes supuestas. Exigir referencias y comprobarlas. Aplicar las técnicas de las entrevistas en profundidad.

Que el candidato esté desempleado no debe ser un obstáculo, si tiene talento. Debe darse una oportunidad a los jóvenes a pesar de su poca experiencia. Merece la pena apostar por la capacidad creativa y la innovación. Una buena táctica en las entrevistas puede consistir en plantearle situaciones hipotéticas para ver su capacidad de improvisación.

Dicen las estadísticas de los analistas de selección de personal que un 40% de los CVs contienen exageraciones y/o mentiras. Si se capta una mentira en un CV, debe rechazarse al candidato inmediatamente porque, en caso de contratarlo, se correría el riesgo de que mintiera cuando menos le convenga a la empresa.

Rechazar los adictos al trabajo

También es conveniente rechazar los adictos al trabajo. No hay que confundir el amor al trabajo y a la profesión, que busca la máxima entrega y eficacia, con una adicción enfermiza al trabajo por el trabajo, que busca la máxima ocupación de tiempo y perjudica la eficacia.

Una persona equilibrada tiene vida personal y familiar y la compagina lo mejor que puede con su trabajo. Los adictos al trabajo (work addicts) son personas emocionalmente desequilibradas que huyen de sus vidas personales y, tarde o temprano, caerán en posturas obsesivas y perjudiciales al buen rendimiento del equipo porque suelen alargar y complicar los problemas para tener la excusa que necesitan para no tener que irse a su casa.

A la empresa no debe interesarle obtener cantidad de trabajo de sus empleados si no viene acompañada de la correspondiente calidad.

Resolución de conflictos personales

El líder del equipo debe estar preparado para resolver los conflictos personales que puedan surgir entre los miembros del equipo. Para ello deberá estar en posesión de una buena Inteligencia emocional (ver Capítulo 6). Le ayudará para discernir entre las diferentes causas de los conflictos personales.

Conflictos por exceso de ambición

La ambición por promocionarse y ascender en el organigrama de la empresa es positiva puesto que es una buena causa de motivación de la persona, pero el líder del equipo debe evitar que el exceso de ambición se convierta en luchas personales dentro del equipo o —peor aún— en la práctica deshonesta de que alguien oculte información estratégica a los demás.

Conflictos por supuesta falta de equidad

Un miembro del equipo puede sentirse mal retribuido o poco recompensado en comparación con otros componentes del equipo. Si tiene razón, hay que reparar la situación sin dilaciones ni falsos pretextos. Si no tiene razón, hay que exponerle claramente las razones objetivas que justifican las diferencias.

Conflictos por caerse mal

Llevarse bien no implica "caerse bien". Es prácticamente imposible que todos los componentes del equipo se caigan igual de bien entre sí y el líder no deberá ni tan siquiera proponérselo. Lo verdaderamente importante es lograr que tengan una actitud profesional de "tratarse bien" en beneficio del trabajo colectivo. El líder aprovechará la oportunidad que ofrecen los conflictos interpersonales para hacer coaching en inteligencia emocional y relaciones interpersonales.
En las peleas repetitivas entre dos, el líder deberá intervenir para arbitrar la paz. Si no es posible conseguirla en un tiempo prudencial, deberá expulsar del equipo al más irreductible de los dos (o a ambos).

Conflictos por falta de respeto al líder

El líder debe intentar ser querido por todos los miembros de su equipo pero no puede exigir que lo quieran. Sin embargo, debe exigir que le obedezcan y que respeten su autoridad. Si un miembro de equipo desobedece sus órdenes, o reniega de los objetivos y los métodos, o comete negligencias graves por falta de motivación, el líder deberá intervenir. Por más que no le apetezca, deberá tomar medidas coercitivas y aplicar las sanciones establecidas. Sin descartar la posibilidad de tener que prescindir de los servicios de esta persona, si no corrige su postura.
Un líder no debe caer en el error de buscar que le quieran a base de ser blando y permisivo. Sería el camino seguro para perder progresivamente el respeto de todo el equipo. Debe buscar que le quieran porque los trata bien, porque les ha ganado la lealtad con su personalidad y en verdad les ayuda a crecer y desarrollarse profesionalmente.

Personas que no encajan en el equipo

Que una persona no encaja en un equipo, se nota por uno o más de los siguientes indicios:
> — No completa las tareas que se le encargan o se demora constantemente en la entregas.
> — Los compañeros lo rechazan.
> — Los clientes se quejan del servicio o del trato recibido.
> — Tiene un absentismo cada vez más frecuente.

El líder deberá plantearse la posibilidad de trasladarlo a otro equipo de la empresa donde pueda encajar mejor o, si esta opción no es posible, prescindir de sus servicios.

Cómo hacer crecer el potencial de un equipo

Tal como expresa Chris Argyris, profesor emérito de la Harvard Business School:

> "Si concentramos la atención en las personas, no es porque dejen de interesarnos las organizaciones, sino porque son las personas quienes crean y hacen funcionar las organizaciones."

El principal capital de una organización es su capital intelectual y aumentarlo en la medida de lo posible es la mejor manera de garantizar la competitividad de la empresa y, en consecuencia, la mejora de su cuenta de resultados.

Empoderar

Palabra derivada del inglés to empower, que proviene de los textos de sociología política, donde se usa con el sentido de "conceder poder [a un colectivo desfavorecido socioeconómicamente] para que, mediante su autogestión, mejore sus condiciones de vida". Usada en el contexto laboral tiene el sentido de:

> "proceso por el cual se aumentan la motivación, la autoconfianza y los recursos auxiliares necesarios de las personas a cargo del líder para ayudarlas a su crecimiento laboral y a poder superar las dificultades inherentes a su puesto de trabajo".

Como ya hemos enunciado anteriormente, mejorar el capital intelectual de la empresa y propiciar la posibilidad de hallar nuevas maneras de proceder es la mejor garantía de mejorar la cuenta de resultados de la empresa. Otro objetivo secundario que nos proporciona el empoderamiento es la capacitación de futuros líderes para complementar, suceder o reemplazar a los actuales.
El líder deberá procurar empoderar al máximo a su equipo mediante el cultivo de cada una de las tres esferas de conocimientos o habilidades en las que nos hemos basado para la selección de los mejores candidatos. Hemos escogido los mejores y ahora debemos ocuparnos de que todavía crezcan un poco más hacia la excelencia. Ver Figura 10.3.

Figura 10.3.
Cómo potenciar a
un equipo

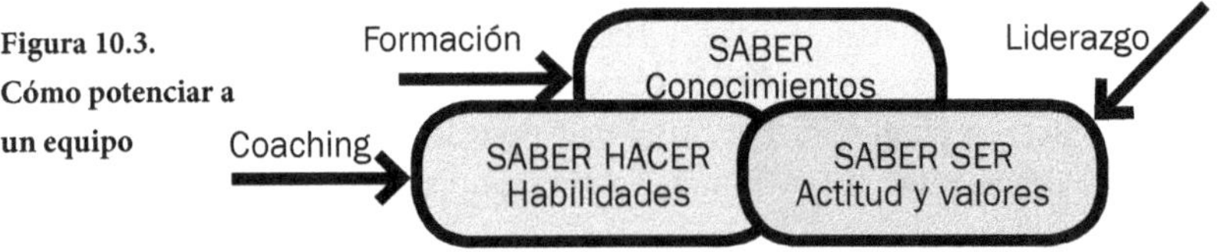

— Los conocimientos del oficio o profesión (Saber).
— Los conocimientos específicos o know-how del trabajo concreto que tiene a su cargo (Saber hacer).
— Las capacidades psicológicas y aptitudes personales que le permiten tener las actitudes y los valores que le convierten en miembro valioso y querido por su jefe y sus compañeros (Saber ser).

Difícilmente —aunque excepcionalmente puede ocurrir— las personas tienen en el momento de su incorporación todas las habilidades que su puesto de trabajo exige. Para cada una de las esferas, el líder tiene una herramienta adecuada en sus manos.

Planes de formación

Los planes de formación son la herramienta para ayudar a crecer en la primera esfera. Cada miembro del equipo habrá ingresado con una formación bastante completa en su profesión (se lo habrán comprobado en su CV antes de la contratación), pero un buen líder no descartará la posibilidad de proporcionarle formación complementaria de reciclaje y actualización en nuevos métodos y nuevas tecnologías. Puede plantear una formación inicial específica para el puesto de trabajo (normalmente, realizada durante los primeros meses y en horario laboral). Si el puesto de trabajo es muy especializado, cabe programar formación en técnicas y know-how específicos de la empresa (a cargo de expertos internos, a veces con firma previa de confidencialidad).
Por su parte, el empleado puede acometer una ampliación de su formación propia de manera voluntaria. Aquí caben diversas fórmulas en lo que se refiere a horarios y financiación: en horario laboral (que puede comportar descuento de la retribución o no), en horario mixto o totalmente extra-laboral; y con financiación total, parcial o nula por parte de la empresa.

Mentoring y Coaching

El mentoring y el coaching son las herramientas apropiadas para ayudar a crecer en la segunda esfera. En el mentoring, cada nuevo colaborador tiene asignado un compañero veterano que le proporciona guía y soporte hasta que logra desenvolverse autónomamente en su puesto de trabajo.
En el coaching, el líder asume el rol de entrenador del equipo. Es la parte que exige una mayor dedicación del líder. Tiene que velar para que todos y cada uno de los miembros del equipo vayan adquiriendo las habilidades específicas que sus puestos de trabajo requieren. Debe destacar los errores con tacto y con actitud positiva, aprovechando la oportunidad para aportar conocimientos sobre "saber hacer". Cuando no sepan hacer algo, por trivial que

sea, evitará hacerlos sentir como tontos o ignorantes y se limitará a darles el conocimiento que les falta. No pondrá nunca a nadie en evidencia por sus fallos o errores delante de los demás. Si debe regañar seriamente a alguien, lo hará siempre en privado.

Inteligencia emocional

En la tercera esfera, procurará hacerles crecer en inteligencia emocional, una capacidad fundamental para el éxito personal y del equipo. Enseñará actitudes y valores a su equipo por ósmosis, siendo un modelo de conducta ejemplarizante, por las correcciones hechas con asertividad y afecto cuando proceda hacer notar la necesidad de rectificar. Extremará el trato amable y el respeto a todas las personas, del equipo y de fuera del equipo. Motivará al equipo frente a las dificultades y eventuales fracasos. Valorará todas las aportaciones y, si decide no aplicarlas, razonará los porqués. Reconocerá y alabará en público los logros, tanto los colectivos como los individuales. Se esforzará en mantener el buen ambiente para que se contagie a las nuevas incorporaciones. Si nota que el equipo está excluyendo a uno de sus miembros, por las causas que sean, deberá intervenir para eliminar la discriminación. Especialmente si son discriminaciones por razones de diversidad cultural, religiosa, ideológica, de orientación sexual o similares. Intervendrá para solucionar los conflictos de relaciones personales y aprovechará la oportunidad para hacer reflexionar a los involucrados.

Metodología del coaching

De los distintos métodos de coaching que se han documentado, uno de los más contrastados por su eficacia sigue siendo el del primer autor que aplicó el concepto coach (sacado del ámbito deportivo) al ámbito laboral. Nos referimos a John Whitmore que en su libro Coaching - el método para mejorar el rendimiento de las personas (publicado en 2002 en versión inglesa y en 2007 en versión española) expone su sistema basado en cuatro etapas que denomina bajo la palabra GROW formada como nemotécnico de dichas cuatro etapas:

Método GROW de John Whitmore:
  — **G (Goal) - Objetivo**. Establecer cuál es la meta personal que la persona pretende conseguir.
  — **R (Reality) - Realidad**. Analizar la realidad actual de la persona en todos los aspectos que sean claves para conseguir la meta que le motiva.
  — **O (Options) - Opciones**. Determinar cuáles son las opciones de estrategias y actuaciones posibles que se pueden afrontar para tratar de conseguir los objetivos deseados.

— **W (What - When - Whom - Will) - ¿Qué? ¿Cuándo? ¿Dónde? ¿Cómo? ¿Quién?** Determinar claramente cuál será la opción (u opciones) escogida y concretar al máximo posible las acciones a realizar, cuándo es el momento apropiado, dónde deben hacerse, cómo deben ejecutarse, quién debe hacerlas y el compromiso firme de llevar a cabo todas las acciones necesarias.

Ventajas aportadas por el coaching

El clima laboral que se genera cuando el líder practica el coaching con su equipo propicia una buena serie de ventajas:

Mejora la motivación. Los colegas se motivan entre sí. Cuando alguien roza el desánimo, son sus propios compañeros los que le apoyan para que no desfallezca. Los directivos pasan a ocupar un segundo plano en la motivación del personal.

Menos errores. El personal comete menos errores porque, al estar más motivado, se concentra mejor en sus tareas.
Más productividad. Se reducen las pérdidas de tiempo y aumenta la productividad personal y colectiva gracias a la autosatisfacción, la autorrealización y el orgullo de pertenencia. Los directivos tienen oportunidad de centrarse en los temas estratégicos porque el personal se ha vuelto autosuficiente en el cumplimiento de la producción.

Innovación. El equipo recurre a la creatividad y la innovación para ir más allá de lo que se les pide.

Mejora la calidad. Aumenta la calidad de la producción y los servicios. Se ha convertido en un reto colectivo lograrlo. Como efecto consecuente, aumenta la satisfacción de los clientes, la facturación de la empresa y la cuenta de resultados.

Menos ausencias. Disminuye el absentismo, las enfermedades cortas y los permisos por asuntos propios. Disminuyen las quejas y los pleitos reivindicativos.

Aumenta la lealtad. La relación fructífera de confianza y aceptación mutua, estrecha los lazos afectivos y se incrementa la lealtad del personal. Disminuye sensiblemente la rotación de personal.

Recomendaciones para crear un buen equipo

Para crear un buen equipo, eficaz y competitivo, los pasos recomendados son:
1 - Seleccionar las personas más idóneas.
2 - Organizarlas de manera que cada cual sepa exactamente cuáles son sus responsabilidades y sus recursos, qué se espera de ella y cómo debe coordinarse con el resto del equipo.
3 - Darles la información y la formación necesaria.
4 - Focalizar correctamente los objetivos y asignar las tareas con las prioridades claras.
5 - Motivar al equipo en pleno hacia la consecución de las metas comunes.
6 - Resolver las dudas y los eventuales conflictos de acomodación e integración. Atender los imprevistos y las emergencias que puedan afectar a la cohesión del equipo.
7 - Dar a los componentes del equipo el soporte de todo tipo que puedan necesitar. Procurar recordar sus nombres. Conocer sus CVs, sus talentos y destrezas, sus aspiraciones, sus objetivos a corto y largo plazo. Si ellos dan la opción, interesarse por sus familias. Esforzarse en recordar datos personales importantes (edad y nombre de los hijos, estudios que están realizando, etc.).
8 - Mostrarse tal cómo se es. Respetarán más a su líder si le conocen en el terreno más personal. No ocultar las emociones, motivaciones y sueños personales. Mostrarse sincero, honesto y sin dobleces. No mentirles nunca; mejor callarse antes de mentir o dar falsas excusas. No fingir saber lo que no se sabe; cuando falte un conocimiento, recurrir a los que saben. Admitir los errores y, por supuesto, procurar no repetirlos.
9 - Crear un hábitat laboral sostenible: un ambiente de trabajo tranquilo, claro, fresco, limpio, sin contaminaciones emocionales tóxicas, donde todo el mundo pueda sobresalir en lo que hace, donde todo el mundo pueda crecer.
10 - Ayudar a crecer a todos y cada uno como personas y como profesionales.

Recomendaciones para la dirección de un equipo

Para la conducción de un equipo hacia la consecución de las metas propuestas, el líder ha de tener en cuenta unas cuantas reglas básicas:

1 - Establecer su autoridad
A ser posible, basada en el conocimiento y el carisma. El poder es condición

necesaria pero no suficiente. Sin el buen trato al equipo, sin ganarse la lealtad a través del buen liderazgo, no habrá autoridad que funcione.

2 - Fijar la meta común

La meta común es la brújula que en todo momento nos indica la dirección que conviene tomar. Si no existe o se elimina, el equipo fracasará porque cada persona se dedicará a sus metas propias. La meta común es más importante que los cargos o puestos de trabajo individuales de cada persona y es lo que les da sentido y capacidad de promoción futura. Una persona puede triunfar individualmente a pesar del fracaso de su equipo, pero triunfa seguro si triunfa el equipo.

3 - Dar a cada colaborador su mejor valor

Atendiendo a sus capacidades reales y con independencia del puesto de trabajo que ocupan en el organigrama, el líder debe saber pedir a cada persona del equipo que despliegue su total potencial en apoyo de la consecución de la meta común.

4 - Reforzar los eslabones más débiles

Las cadenas, cuando son sometidas a tensión, se rompen siempre por el eslabón más débil. El líder debe detectar cuál es este eslabón y reforzarlo mediante coaching propio o de los mandos intermedios.

5 - Potenciar la acción de los catalizadores

Siempre hay personas en un equipo que son auténticos catalizadores de la motivación colectiva. Por su entrega, su integridad y su confiabilidad. El líder debe apoyarles en todo momento y utilizarles para aumentar la motivación del equipo.

6 - Establecer una buena coordinación interna

Sin coordinación adecuada, el equipo se dispersará en objetivos dispares por la falta de comunicación. Es importante que todos los componentes del equipo puedan aportar sus propias ideas para complementar las del líder. Las mejores ideas pueden provenir de ellos porque están más cerca de los problemas cotidianos y tenerlas en cuenta incrementa enormemente su involucración.

La visión panorámica que pueda tener el líder nunca será suficientemente buena si no la contrasta y complementa con las aportaciones de las visiones obtenidas por los miembros del equipo.

7 - *Buen trato al equipo*

Todas las personas necesitamos sentirnos especiales; que nos traten como individuos, no como miembros de tropa; que escuchen nuestras opiniones y nuestras sugerencias; que nos respeten siempre, especialmente cuando cometemos un error; que valoren nuestros esfuerzos y nuestros logros; que nos ayuden a mejorar y crecer.

Si una persona tiene una conducta errónea el líder le indicará claramente los términos de su error o conducta equivocada. Averiguará si es un error circunstancial o un error estructural que corresponde a la personalidad del empleado. En el primer caso, bastará con dar la información o formación que necesite. En el segundo caso, tendrá que provocar el impacto emocional necesario para que se produzca el cambio de conducta.

8 - *Atender a las necesidades individuales*

Cada uno de los integrantes del equipo debe sentir que el líder se ocupa de sus necesidades y preocupaciones personales. Si no se sienten acogidos, los individuos no contribuirán al equipo y acabaran desmotivados y con bajo rendimiento. Esta regla puede requerir paciencia porque a veces hay personas que no saben diagnosticar qué les pasa. Otras veces no aportarán información nueva, pero estarán contentos de que se les haya atendido. Si son muy introvertidos y reservados, el líder deberá sacar información de lo que se callan y de su lenguaje corporal.

9 - *Controlar los egocentrismos y superar los conflictos de relaciones interpersonales*

Cualquier rivalidad interna perjudica el juego del equipo. Nadie debe querer lucirse por encima de los demás, sino junto a los demás. "Todos para uno y uno para todos". Cada miembro del equipo debe poder confiar en el apoyo oportuno de los demás con independencia de las simpatías o antipatías personales. Como dice el C. E. O. de Avon, Stanley C. Gault: "No trabajamos los unos para los otros, sino los unos con los otros".

10 - *Informar al equipo de la situación real*

De la misma manera que un equipo deportivo debe estar al caso de cómo va el marcador del partido que juegan, un equipo empresarial debe estar informado de manera continua sobre la situación de su empeño colectivo.

11 - *La ley del banquillo*

El líder debe tener "jugadores" de reserva en el "banquillo". La baja inesperada de un colaborador fundamental puede ocurrir en el momento más inoportuno y es necesario tener prevista una vía de sustitución para minimizar el efecto negativo.

Recomendaciones para ser un buen coach

Aunque abordar el tema con toda su extensión daría para cientos de páginas, enunciaremos a continuación de manera sucinta una serie de consejos para la buena práctica del coaching. Para que un coach triunfe en su labor de entrenamiento, la relación con su pupilo debe sustentarse sobre ocho pilares básicos:

1 - Ganar su confianza

— Escucharle bien antes de profundizar haciéndole preguntas. Con interés y con ganas de conocerlo bien. No interrumpirle cuando está hilvanando sus reflexiones. Hacerle notar que le escuchas.

— Establecer una relación empática. Nunca se debe afrontar un coaching con una persona con la que no se pueda establecer una empatía porque sería una relación condenada al fracaso.

— Compartir con él tus intuiciones, sin dogmatizar sobre ellas porque podrían estar equivocadas. Debatiéndolas con sinceridad y mente abierta.

— Respetar escrupulosamente su privacidad. Pedirle autorización para tocar temas delicados, si crees que es necesario hacerlo.

2 - Saber detectar y establecer los objetivos

— Ayudarle a detectar y establecer las expectativas que lo motivan a querer crecer.

— Aprender a interpretar las pistas que da para detectar sus auténticos objetivos y sus principales impedimentos o miedos para conseguirlos.

— Evitar por todos los medios que se ponga metas inabordables. Si crees que se sobrevalora, hacerle ver con suavidad que debe centrarse en objetivos que estén a su alcance. Conseguir que establezca sus metas en base a valores y capacidades reales, no en base a frustraciones pasajeras de su infancia o adolescencia.

— No prometer resultados maravillosos que no se tenga la seguridad de que los va a poder alcanzar. Dejarle claro que conseguirá "lo que él ponga en el empeño" y que tú solo eres un medio a su disposición para ayudarle a lograrlo.

— Evitar proponerle tareas que él no pueda afrontar por falta de formación previa o por falta de tiempo para formarse.

— No proyectar jamás sobre tu pupilo tus necesidades emocionales. Basarte tan solo en las suyas.

3 - Saber animarle cuando desfallezca

— Recordarle que detrás de nuestros miedos se ocultan nuestras mejores oportunidades. Ayudarle a superar sus miedos. Sin presiones, con paciencia. Sin prisas, pero sin pausas.

— Recordarle que las oportunidades suelen ser únicas en la vida y que hay que aprovecharlas cuando se presentan.

4 - *Enseñarle todo lo que puedas*

— Enseñarle en todo momento aquello que puedas transmitirle y que creas que él pueda necesitar para conseguir sus metas.

— Ser riguroso en su capacitación pero llevar la formación con máxima fluidez. Utilizar con flexibilidad distintos estilos de comunicación. Procurar tener un discurso claro, ameno, pragmático, sin clichés, asertivo, sincero, constructivo.

5 - *Ayudarle a resolver los problemas inmediatos*

— Ayudarle a superar sus bloqueos. Sin olvidar que no se trata de pescar por él, sino de enseñarle a pescar para que sea un pescador autónomo.

— Evitar, a toda costa, que establezca una relación de dependencia contigo. Debe actuar por convicción propia, no porque tú le empujes a hacerlo.

— Evitar caer en paternalismos. Debes ayudarle a practicar sus capacidades, no a convertirlo en lo que tú crees que podría ser. No le des consejos. Eres su entrenador, no su padre.

— Asegúrate de que entendió perfectamente tus propuestas y razonamientos. Cuando veas que está haciendo algo mal, comunícaselo de manera valiente y correcta.

— Ser flexible en el método y en el ritmo de su aplicación. Adaptarte a cada pupilo personalizando tu método a su idiosincrasia particular.

— Evitar que te tome por su terapeuta. Si fuera necesario, redirígelo a un especialista.

— Aceptar sus emociones negativas y darle armas para superarlas. Si son contra ti, procura resolver el conflicto hablando claro y a fondo con él. Si no se resuelve el conflicto, deberás renunciar a hacerle de coach.

6 - *Transmitirle con el ejemplo*

— Transmitirle con el ejemplo disciplina, resistencia a la frustración y perseverancia.

— Planificar con detalle el tiempo y las etapas que deberá seguir y ser exigente y persistente en el seguimiento. Exigirle sin límites lo que esté a su alcance, pero sin presiones excesivas.

— Si se niega a cambiar su manera de hacer las cosas, renuncia. Es un caso perdido y no tiene ningún sentido enfadarse con él.

<u>*7 - Reconocer sus logros y animarlo*</u>
— Reconocer sus logros, aplaudirlos y animarle cuando está en el buen camino. Que no seas tú quien pone límites a su crecimiento personal y profesional.
— No esperes agradecimientos de su parte. No te debe nada (estabas haciendo tu trabajo) y, por otra, debes tener claro que tú eres un factor coadyuvante pero no determinante de sus logros. El mérito de sus triunfos es solo suyo.
— Pero no te sientas frustrado si no triunfa. Tú sólo eras responsable de darle calidad a tu coaching.

<u>*8 - Ser su mentor*</u>
— Apoyarle en todos los aspectos frente eventuales roces con los compañeros o con la jerarquía superior. Con firmeza, pero también con objetividad.
— Pero evita por encima de todo que te otorgue un rol equivocado. No quieras actuar nunca por encima de tus competencias.

CAPÍTULO 11 - HABILIDADES DE NEGOCIACIÓN

Definición de negociación

La negociación es un proceso consistente en el acercamiento de dos o más partes opuestas, con la intención de alcanzar una posición aceptable para todas las partes involucradas.

Es un proceso de diálogo sobre las distancias que separan a las partes involucradas y sobre las que muestran posturas e intereses diferentes. Todas las partes desean alcanzar un acuerdo y están dispuestas a aproximarse progresivamente mediante el intercambiar de cesiones ("ceder algo a cambio de algo") porque están convencidas de que el acuerdo les será más beneficioso que la ruptura de relaciones.

Las negociaciones sirven para cerrar acuerdos de compra y venta, contrataciones de servicios, convenios de colaboración y similares. De manera general: cualquier situación donde las partes intuyan que sus posiciones de partida son lo suficientemente cercanas para poderse plantear ponerlas en un punto común. Las negociaciones se utilizan también para intentar solucionar un conflicto entre dos partes. Pero con escasas garantías de éxito, debido a que en los conflictos ambas partes están enfrentadas de manera difícilmente reconciliable, puesto que una de las partes o ambas creen que sería más beneficiosa la ruptura o la imposición de sus intereses por la fuerza. Únicamente aceptarán un proceso de negociación si ambos contendientes tienen la esperanza de que se pueda conseguir un acuerdo satisfactorio.

El poder de las partes

Las partes implicadas en una negociación tienen diferentes grados de poder, pero ninguna de ellas tiene poder absoluto sobre las restantes. Cuando ocurre lo contrario, no existe capacidad de negociación: la parte dominante impone su ley y las otras partes no tiene más remedio que acatarla.

El poder percibido

Es más importante el poder percibido por las otras partes que el poder real y efectivo. Lo que las otras partes crean que podamos hacer si no se llega a un acuerdo, será lo que determine nuestro poder de negociar en el proceso. No importa si efectivamente se puede o no aplicar, mientras nuestros oponentes crean que es real (ver más adelante Táctica del farol).

Los valores y las creencias

Los valores y las creencias —cuando son verdaderos— no son negociables. Una causa segura de conflicto surge en las negociaciones cuando una de las partes le niega a la otra su derecho a tener los valores y creencias que configuran su identidad y la distinguen.

Las necesidades de negociación de un directivo

Un directivo tiene que negociar a menudo con distintas personas y en muy distintos contextos para conseguir los objetivos que, en cada caso, su labor le requiere.

- Con **proveedores**, para conseguir las calidades convenientes, los precios adecuados, los plazos de entrega cortos, el servicio postventa eficiente, etc.
- Con el **Comité de Empresa**, para acordar los convenios colectivos, las condiciones laborales, resolver los conflictos con el personal, etc.
- Con el **Consejo de Administración**, para consensuar los grandes objetivos de la empresa, el plan estratégico, las alianzas corporativas, etc.
- Con las **administraciones públicas**, para licencias de actividades, tratamientos especiales, exenciones o reducciones de impuestos, etc.
- Con los **clientes**, para promocionar los productos, dar servicio posventa y atender reclamaciones.
- Con los **directivos de otros departamentos** para coordinarse convenientemente en el buen funcionamiento global de la empresa.
- Con las **personas a su cargo**, para conseguir motivarlos y aumentar su dedicación y su productividad. Etc.

En todos y cada uno de los ámbitos mencionados, el directivo puede tener que lidiar con eventuales conflictos por enquistamiento de una de las partes. Tal como insistiremos en el Capítulo 12, las habilidades de negociación son la mejor garantía para afrontar con perjuicios mínimos cualquier conflicto.

Las competencias para negociar

Podemos resumirlas diciendo que son las mismas se han enunciado en el Capítulo 1 como competencias ideales para cualquier directivo a las que se le pueden añadir otras competencias igualmente útiles.

Una habilidad instintiva
La negociación tiene una componente instintiva. Desde que nacemos tenemos una capacidad innata de negociación: El recién nacido llora sin parar hasta que consigue que le amamanten o le den un biberón. Los niños arreglan su habitación bajo la promesa de un juguete nuevo u otro tipo de premio. Las adolescentes consiguen que el hermanito las deje a solas con su novio a cambio de un helado. Los estudiantes se esfuerzan a sacar buenas notas por la promesa de una bicicleta. Los adultos trabajan duro a cambio de una buena retribución. Etc.

Habilidades negociadoras
  — Preparación técnica.
  — Conocimiento del tema.
  — Perspectiva de la empresa.
  — Visión de futuro.
  — Dominio de las tácticas y contra-tácticas de negociación.
  — Resto de competencias directivas (habilidades comunicativas, inteligencia emocional, trabajo en equipo, toma de decisiones, etc.).
  — Otras competencias útiles para la negociación (profesionalidad, buenas dotes de observación, intuición, capacidad creativa, proactividad, flexibilidad, paciencia y buena gestión del tiempo, perseverancia (resistencia a la frustración).

Los elementos de una negociación

Las partes que disienten
Normalmente dos, aunque hay situaciones en las que intervienen tres o más partes (por ejemplo: un conflicto con un proveedor a través de un distribuidor).

Los temas de la negociación
Pueden ser de una variedad prácticamente infinita: las condiciones de compra o venta de un producto; la contratación de un servicio; las condiciones de un contrato laboral; el reparto de una herencia; el reparto de responsabilidades en un trabajo o proyecto; la participación de socios en una empresa; etc.

Los distintos objetivos
Los resultados finales deseados por las partes. Tienen que ser suficientemente separados para que exista la necesidad de negociar; pero sin que la distancia sea tan grande que haga imposible el diálogo.

Las expectativas sobre el proceso

En función del conocimiento previo sobre la parte contraria, se tienen expectativas diferentes de cómo va a desarrollarse el proceso: con formalidad o informalidad; con amabilidad o antipatía; con honradez o deshonestidad; con prisas o con mucha calma; etc. En función de estas expectativas prepararemos las estrategias de la negociación.

Las etapas de la negociación

Aunque no todas las etapas posibles están siempre presentes, en una negociación compleja pueden distinguirse:

      1 - ondeos previos,

      2 - preparación de la postura inicial,

      3 - sesiones de negociación,

      4 - etapas de reflexión y adquisición de más información,

      5 - propuestas de cierre,

      6 - acuerdo final,

      7 - implementación y seguimiento del acuerdo final.

Los estilos de los negociadores

Muy dependientes de la cultura, el entorno, la personalidad y la preparación de cada persona.

Las tácticas de negociación usadas

Existen muchas tácticas de negociación diferentes que se pueden aprender para aplicar en cada caso la más apropiada a la relación entre las partes. En este capítulo se exponen las más frecuentes y sus correspondientes contra-tácticas.

Los tipos de cierre

Distinguiremos entre cierres de sesiones intermedias y cierre con acuerdo final. Es fundamental cerrar adecuadamente las sesiones y, más aún, la sesión de acuerdo final.

Posturas negociadoras

Cada parte toma una posición inicial sobre el tema tratado. La aceptación de acudir a una negociación presupone la existencia de posibilidades de cambiar las posiciones iniciales, pero hay que tomar conciencia de que las partes tienen una fuerte preferencia por sus posiciones iniciales.

Ambas partes tratarán de alcanzar un acuerdo a su medida. Cada parte tratará de convencer a la parte contraria de que acepte su propuesta. Cada parte argumentará y discutirá la bondad de las soluciones que propone y los inconvenientes de las ofrecidas por la parte contraria. Cada parte hará concesiones o se negará en redondo a la más mínima concesión (posición irreductible, no dialogante). La postura negociadora depende fundamentalmente de si se da prioridad al resultado (por encima de la relación con la otra parte) o de si se valora la relación de colaboración (partners) por encima del resultado de la negociación. Cabe la posibilidad que estemos dispuestos a renunciar a parte de nuestros objetivos para no perder la buena relación existente.

En el diagrama adjunto (ver Figura 11.1), ideado por Levicki y Hiam, se distinguen cinco zonas en función de los dos grandes ejes: en las abscisas, el valor creciente del resultado; en las ordenadas, la valoración creciente de nuestra relación con el oponente.

Postura competitiva

El negociador competitivo se mueve en la zona donde el resultado importa al máximo y la relación con el oponente se valora al mínimo. Su actitud es agresiva y su objetivo: ganar con una victoria total gracias a la derrota del adversario.

Las **negociaciones competitivas** se basan en la confrontación y buscan **vencer** a la otra parte, visualizada como el **adversario** a batir (ganar/perder). Es una postura dura y poco transigente, en la que cada negociador defenderá su posición y atacará con vehemencia la posición del contrario. No se tendrán en consideración ni los sentimientos ni las relaciones personales, solo el resultado a obtener.

Postura colaborativa

El negociador colaborativo se mueve en la zona en la que tanto el resultado como la relación se valoran al máximo. Su actitud es asertiva y su objetivo: llegar a un acuerdo que satisfaga a ambas partes.

Las **negociaciones colaborativas** se basan en el **pacto** y buscan que ambas partes se sientan que han salido ganadoras con el resultado final (win-win). La otra parte no se visualiza como un adversario sino como un **cooperador necesario** (partner) para nuestro funcionamiento normal y con el que conviene tener una buena relación. Es una postura basada en la flexibilidad y condescendencia, que tratará de encontrar la mejor solución posible para ambas partes.

Postura acomodaticia

El negociador acomodaticio se mueve en la zona donde se valora la relación por encima de todo y se prescinde de luchar para obtener buenos resultados. Es la actitud pasiva y sumisa con el objetivo de dejarse ganar para que el oponente esté satisfecho con su victoria. Suele corresponder a que el perdedor se percibe a sí mismo como supeditado al poder de la otra parte.

Postura evitativa
El negociador evitativo es el que ni valora el resultado de la negociación ni la relación con el oponente. Es la actitud ausente con el objetivo, la postura de "pasar olímpicamente", de no emplearse a fondo en el tema por estar convencido de que no le atañe directamente.

Figura 11.1.- Diagrama de Lewicki y Hiam

Posturas de compromiso
En la zona intermedia del diagrama, hallaremos posturas de compromiso que no están claramente definidas y oscilan según las circunstancias.

Comparativa entre posturas competitiva y colaborativa

En la Tabla 11.1 se relacionan las principales diferencias entre las dos posturas más importantes y más utilizadas en las negociaciones.

Postura competitiva	Postura colaborativa
Participantes = adversarios a combatir	Participantes = partners actuales o potenciales.
Objetivo = Victoria (vencer).	Objetivo = Acuerdo (pactar).
Busca la confrontación.	Evita la confrontación.
Énfasis en la posición inicial.	Énfasis en el acuerdo.
Contraste de argumentos.	Intercambio de informaciones.
Se desconfía del otro.	Se confía en el otro.
Se amenaza.	Se ofrece.
No se muestra el límite inferior.	Se muestra el límite inferior.
Se exigen ganancias a base de las renuncias de la otra parte.	Se busca cubrir necesidades de ambas partes.
Se buscan los máximos beneficios posibles.	Se pueden aceptar pequeñas pérdidas para llegar al pacto.

Tabla 11.1. – Comparativa entre las dos posturas

Elección de la postura negociadora

La correcta elección de la postura negociadora dependerá de la naturaleza de la negociación particular de que se trate. Por ejemplo, no será lo mismo negociar una venta de una única vez de un único artículo a una persona con la que no hay ningún interés de mantener una relación posterior (situación en la que será más efectiva la postura competitiva), que negociar un acuerdo de suministro por varios años de una complicada maquinaria a un cliente habitual (donde sería un error no acudir a una postura colaborativa). Si, por ejemplo, vendo mi casa porque me voy a vivir a otra ciudad, me conviene más la postura competitiva para sacar el máximo provecho de la venta y es evidente que no estoy creando una relación cliente-proveedor porque no tengo más casas para vender.

Cuando una de las partes tiene una posición dominante de la relación (por ejemplo, empresas con cliente único o compradores de una empresa monopolística), es fácil que la otra parte caiga en la postura pasiva o acomodaticia, cosa que entraña graves riesgos para la supervivencia de la relación.

Supongamos que un gran Cliente acapara el 80% de la capacidad productiva de una pequeña empresa Proveedora. En la negociación del nuevo contrato anual de suministro, el Cliente quiere obligar al Proveedor a suministrarle un volumen anual superior a su capacidad productiva, o en otro ejemplo, a aceptar unos precios muy inferiores a los costes. O ambas cosas a la vez. La decisión del Proveedor es difícil: la pérdida del 80% de su facturación le acarreará el cierre de su empresa a corto plazo, pues no es creíble pensar que con el 20% de su producción pueda subsistir. Ni tampoco resulta realista pensar que, de la noche a la mañana, pueda conseguir otros clientes para recuperar su volumen de facturación. Debería luchar por una contratación win-win, pero si el Cliente tiene una postura prepotente, se verá obligado a aceptar cualquiera de las dos condiciones impuestas por él si no quiere cerrar su empresa de inmediato. Pero, ¿podrá cumplirlas? ¿por cuánto tiempo?

Si el Proveedor ve superada su capacidad productiva, el "acuerdo" nunca llegará a cumplirse por incapacidad física de su taller o fábrica. Si vende por debajo del coste, cuanto más venda más perderá, y será cuestión de tiempo el que tenga que cerrar. Su única salida positiva es conseguir urgentemente abrir nuevos mercados y ampliar su cartera de clientes.

La postura prepotente que ha adoptado el Cliente tampoco brilla por su inteligencia. A la larga terminará quedándose sin el Proveedor por incapacidad de cumplir o por quiebra y tendrá que iniciar tratos con otro proveedor, con lo que ello comporta de esfuerzo y riesgo de pérdida de la calidad del servicio recibido. Si esta historia la fuese repitiendo sucesivamente, llegaría el caso en que el Cliente no tendría proveedores a los que recurrir. Habría firmado acuerdos aparentemente beneficiosos, pero todos terminarían por no poder ser cumplidos o efectuados con problemas graves en la calidad.

Si, por el contrario, se trata de una empresa que tiene el monopolio de un determinado producto o servicio, podrá aumentar de manera inmediata sus beneficios cada vez que suba los precios o tarifas, pero sus clientes acabarán por cansarse de adoptar la postura pasiva y acabarán por hallar otro proveedor en internet o conseguirán que se suprima el privilegio monopolístico.

Los estilos personales de los negociadores

Con relativa independencia de la postura negociadora elegida, cada persona tiene un estilo personal que encaja con su manera de ser. Podemos distinguir una larga lista de estilos:
- El **normativo** (no le gusta salirse de lo que marcan los manuales de la empresa ni de lo que son las costumbres del sector);
- El **intuitivo** (que confía principalmente en su intuición y su capacidad de improvisación en función de lo que vaya aportando la parte contraria);
- El **emocional** (que busca crear lazos afectivos con la parte contraria y crear un ambiente empático);
- El **racional** (que planifica con rigor las reuniones y procura ceñirse a los razonamientos previos que ha tomado sobre la negociación);

— El **creativo** (capaz de buscar alternativas y opciones nuevas para plantear equilibrios win-win);
— El **enigmático** (que pone cara de jugador de póquer para ocultar sus emociones y no hay manera de saber si le gustan o no las propuestas que le hacen);
— Etc.

Factores que perjudican las negociaciones

Hay algunos factores que, si están presentes, pueden perjudicar seriamente la buena marcha de una negociación, pudiendo, incluso, ser la causa de que la parte ofendida se retire.

Diferencia de idiomas y/o identidades culturales
— **Problemas en la traducción o interpretación.** Si ambas partes no hablan el mismo idioma, los fallos y las omisiones de matices importantes al traducir de un idioma al otro, pueden comportar falta de entendimiento.
— **Incomprensión de valores y creencias.** La falta de comprensión de las diferencias culturales, religiosas o étnicas puede comportar que una de las partes se aparte porque se sienta menospreciada u ofendida. Los principios y creencias personales no son negociables.
— **Malos entendidos.** Ya hemos comentado en el capítulo de habilidades comunicativas como estos fallos de comunicación pueden romper el ambiente de diálogo entre las partes.

Falta de inteligencia emocional
— **No saber escuchar.** Si una de las partes no sabe escuchar y no busca la empatía con sus interlocutores, será la causa del ambiente frio y distante del diálogo.
— **Una actitud prepotente e intransigente** será una barrera muy difícil de superar, una manera de ensanchar las diferencias objetivas con causas subjetivas.
— **La falta de control de las emociones.** Puede revelar nuestra aceptación o rechazo de las propuestas antes de lo que nos convenga y, por otra parte, puede apartarnos de la racionalidad que toda negociación precisa para llegar a buen puerto.
— **Los chantajes emocionales** siempre perjudican. Si son aceptados, provocan resentimientos y ganas de vengarse en una futura ocasión e imposibilitan una relación posterior entre las partes. Si son rechazados, provocan un distanciamiento y una desconfianza muy difícil de superar.

- **Las mentiras y falta de honradez**. Si son descubiertas, pueden ser causa inmediata de ruptura de las negociaciones. Por otra parte, es muy difícil que no queden en evidencia más tarde o más temprano. Con gran probabilidad, generarán reclamaciones, denuncias a la Oficina de Consumo o litigios y, por supuesto, pérdida del cliente en próximas operaciones y daños en la imagen de marca de la empresa.
- **El espionaje industrial** se considera una de las peores faltas de transparencia y cuando es descubierto provoca un rechazo muy difícil de superar.
- **Los sobornos** a intermediarios, funcionarios o jueces, además de ser unas causas claras de perjuicio de la parte contraria, son delitos que pueden acarrear sanciones penales.
- **La coerción y amenazas** son un intento de vencer en vez de convencer. Buscan la victoria por el miedo pero suelen provocar el efecto contrario de endurecer las posiciones de la otra parte.

Los puntos límites de la negociación

A fin de hacer más fácil las explicaciones, en lo sucesivo, a las dos partes en negociación las llamamos Vendedor y Comprador. Aunque sabemos que no siempre será una operación de compra-venta, de alguna manera, siempre habrá una parte que toma la iniciativa de "vender" (intentar convencer) su propuesta a la otra parte, que evaluará si se la "compra" (se deja convencer) o no.

También simplificaremos los ejemplos tomando los puntos de las propuestas como si siempre fueran precios (de venta o de compra), pero ya se comprende que se puede extender el concepto a una negociación en la que la discusión versa sobre aspectos cualitativos o emocionales imposibles de cuantificar en dinero.

Punto más favorable (PMF)

Ambas partes tienen en mente cuál sería punto ideal para cerrar el acuerdo. Lo llamaremos el **punto más favorable** y lo abreviaremos como **PMF**. Como es lógico, si están en negociaciones, es porque las dos partes no coinciden en el valor que le dan a sus respectivos PMFs. Aunque puede haber excepciones, normalmente el PMF del Comprador tenderá a ser demasiado bajo, posiblemente muy por debajo de las expectativas del PMF del Vendedor que (con las posibles excepciones mencionadas) tenderá a estar por encima de lo que el Comprador está dispuesto a pagar.

Punto de ruptura (PDR)

Ambas partes tienen también en mente sus respectivas rayas rojas que no quieren sobrepasar, un **punto de ruptura** de las negociaciones que abreviaremos como **PDR**. En el caso del Comprador es el precio máximo que está dispuesto a pagar. En el caso del Vendedor es el precio mínimo que está dispuesto a aceptar; por debajo de este precio, se niega a vender y rompe las negociaciones.

Posibles situaciones de partida de una negociación

Los respectivos valores PMF y PDR que tienen en mente las partes pueden relacionarse de tres maneras diferentes:

Espacio común para un acuerdo
Existe una zona común de posibles precios de acuerdo a negociar entre ambos PDRs (Ver Figura 11.2).

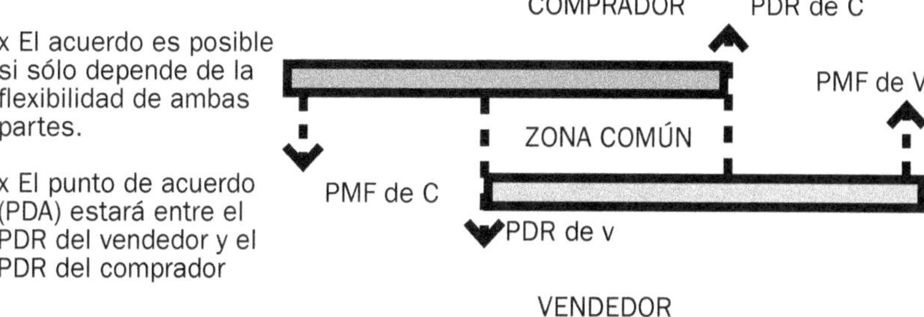

Figura 11.2.- Espacio común de negociación

El PMF del Comprador es demasiado bajo, menor que el PDR del Vendedor y, en consecuencia, es un precio de compra imposible de alcanzar. El PMF del Vendedor también es imposible de alcanzar porque está más alto que el precio máximo que está dispuesto a pagar el Comprador (su PDR). Pero puesto que el PDR del Comprador es más alto que el PDR del Vendedor hay una amplia zona de valores entre estos dos puntos que podrán satisfacer a ambas partes. Sin embargo esto no significa que cierren el trato. Desconfianzas mutuas y problemas de relaciones personales pueden dar al traste con la negociación. Dependerá de las respectivas flexibilidades y capacidades negociadoras que lleguen a un acuerdo en el que ambas partes salgan ganando (win-win).

Sin posibilidad de acuerdo
Si las posiciones relativas son las de la Figura 11.3, la negociación no tiene espacio común que permita llegar a un acuerdo.

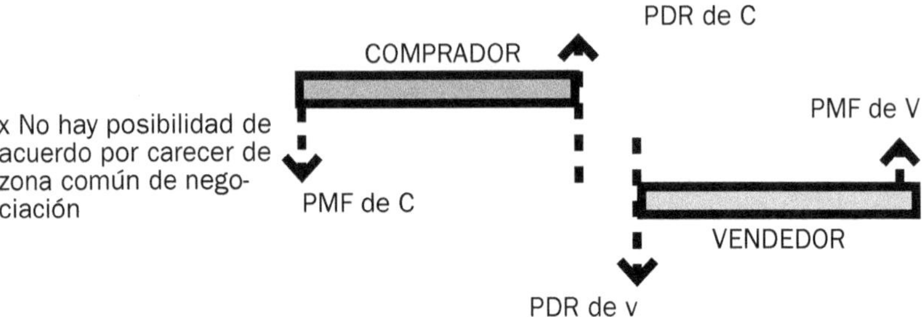

Figura 11.3.- Sin espacio común de negociación

El Comprador quiere comprar a un precio inadmisible, por debajo del PDR del Vendedor. O el Comprador está muy mal informado sobre los precios del mercado de lo que quiere adquirir o se ha equivocado de proveedor.
Si no se enseñan pronto sus respectivas expectativas, pueden estar negociando durante horas y días sin ser conscientes de que el acuerdo nunca será viable.

Acuerdo inmediato
Cuando el Comprador valora el producto por encima del importe que lo tiene valorado el Vendedor, se produce una situación especial. El primero que indica un precio pierde la oportunidad de hacer un trato más favorable. Si el Comprador ofrece su PMF, ya está por encima del precio máximo que quería pedir el vendedor. Si habla primero el vendedor y pide su PMF, al estar por debajo de lo mínimo que estaba dispuesto a pagar el Comprador, ha perdido la oportunidad de sacar mayor provecho de la venta.

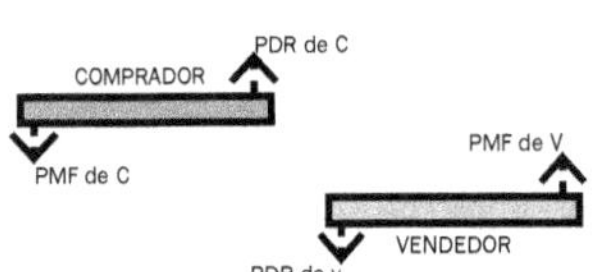

Figura 11.4. – Acuerdo a la primera

Se ha escrito que Thomas Alva Edison presentó un invento suyo al Presidente de la Western Union y este le ofreció 10,000 $ por adquirir la patente. Edison aceptó inmediatamente porque tenía serios problemas para pagar la nómina de sus trabajadores e iba con las expectativas de un PMF de 5,000 $ y un PDR de 1,000 $. Una vez firmado y sellado el contrato, el presidente de la Western Union le comentó: "Has hecho un mal negocio, Edison. Si hubieras regateado, estaba dispuesto a pagarte hasta 40,000 $", a lo que Edison replicó: "Lamento decirle que Ud. también ha hecho un mal negocio. Si me hubiera regateado, estaba dispuesto a dejárselo por 1,000 $".

La verdad es que ambos hicieron un buen negocio pero, a la vez, ambos hicieron una mala negociación. Edison, impresionado por los 10,000 $ cuando desesperaba por sacar la décima parte, se precipitó al aceptar y, tal como le sugirió su oponente, tenía que pensar: "Si me ofrece de entrada 10,000 $ es que este es su PMF y está dispuesto a pagar más". Pero el Presidente de la Western Union también se precipitó al ser el primero en enseñar sus cartas. Si hubiera pedido a Edison cuánto quería por el invento, este le habría indicado que 5,000 $ y él habría deducido que era su PMF y habría podido empujarle a rebajar el precio.

Preparación de la negociación

Cuando se prevé que la negociación tendrá un cierto nivel de complejidad, no se trata de tener brillantes ideas improvisadas y hacer propuestas desconcertantes e inesperadas, sino de llevar todo el proceso bien preparado. Tal como dice la frase de autor anónimo:

"El que se olvida de prepararse, se prepara para ser olvidado".

Oportunidad de la negociación

Si se pretende solucionar un conflicto, no siempre es el momento oportuno para emprender una negociación. Forzar la situación puede ser un error grave porque puede comportar el riesgo de avanzar la producción de resistencias y barreras que van a dificultar que se produzcan futuros entendimientos.

En función de los resultados que queremos obtener de la parte contraria, hemos de prever cuáles serán las resistencias que encontraremos. Y, a partir de este análisis previo, hacernos las preguntas clave para ver si estamos ante una buena oportunidad o no.

1 - ¿Tienen nuestros interlocutores la capacidad, los motivos y el poder (no solamente la autoridad) para darnos la respuesta que buscamos?

2 - ¿Somos las personas indicadas para superar sus resistencias y obtener la respuesta requerida o sería conveniente delegar en unas terceras personas para mejorar la comunicación?

3 - ¿Están los ánimos de ambas partes con la serenidad y receptividad necesaria o es mejor dejar pasar el tiempo y esperar un cambio positivo en las actitudes?

Recabar información y sondeos previos

¿Cuáles son las circunstancias de la negociación? ¿Cuál es la naturaleza de la negociación? ¿Cuántas partes intervendrán? ¿Nos interesa la relación futura o carece de importancia? ¿A la otra parte le interesa mantener una buena relación con nosotros? ¿Nos va a necesitar en el futuro?

¿Tenemos antecedentes de negociaciones previas (nuestras o de los contrarios) que nos puedan servir? ¿Sabemos cuáles son sus estilos y estrategias normales de negociación? ¿Cuál es su poder de negociación en nuestro caso particular?

¿Qué objetivos suponemos que tendrá la otra parte? ¿Cuáles serán sus resistencias para aceptar los nuestros? ¿Tenemos informaciones ciertas sobre alguno de los puntos? ¿Disponemos de suposiciones nuestras basadas en el conocimiento parcial? Supondremos una prioridad en sus objetivos y usaremos todos los recursos posibles para intentar conocer los PDR y el PMF del adversario. Nuestro antagonista se esforzará en ocultar sus preferencias y convencernos de que todo lo que pide tiene la misma importancia.

Si la magnitud de la negociación lo amerita, puede ser interesante plasmar el análisis de la situación en una matriz DAFO (Debilidades, Amenazas, Fortalezas y Oportunidades).

Definir los objetivos y la postura inicial

Se trata de situar nuestro punto de partida de la negociación. ¿Qué objetivos queremos conseguir? ¿Con qué prioridades? ¿Cuál es el PMF y el PDR de cada objetivo?

Un objetivo tiene que ser SMART (palabra que significa "inteligente" formada por el acrónimo de las cinco directivas en inglés: Specific, Measurable, Achievable, Realistic, Time Bound).

— **Specific** (Específico): Un objetivo debe clarificar cuáles son nuestros intereses y cuándo y dónde se quieren conseguir.

— **Measurable** (Medible): Los resultados a obtener deben poderse cuantificar o identificar con una variable cualitativa.

— **Achievable** (Alcanzable): Los objetivos deben ser alcanzables. No tiene sentido negociar objetivos que se sabe de partida que son inalcanzables. (Aunque algunos negociadores estrategas usan falsos objetivos para distraer la atención del rival de los verdaderos objetivos).

— **Realistic** (Realista): Deben ser realistas, fundamentados en la realidad de las relaciones posibles entre las partes. Cuando esta característica no se cumple, el rival abandona inmediatamente las negociaciones, puesto que serien una simple pérdida de tiempo.

— **Time Bound** (Limitado en el tiempo): Debemos establecer el período de tiempo dentro del cual tiene sentido obtener el resultado y fuera del cual ya no tiene sentido seguir negociando.

Haremos la lista de todos los temas a tratar, clasificados según su importancia, y de todas las concesiones que estaríamos dispuestos a aceptar con respecto a cada punto, con detalle de los costes asociados y en qué secuencia se deberían conceder.

Prepararemos un listado con todos los argumentos favorables a nuestra posición y en qué orden vamos a presentarlos, y otro con las posibles objeciones y cómo rebatirlas si aparecen. Si hemos negociado anteriormente con la otra parte, repasaremos como se desarrollaron las últimas negociaciones.

Al inicio de la sesión, antes de presentar nuestras propuestas, formularemos las preguntas necesarias para recabar información que no se ha podido obtener antes. Si las respuestas alteran en forma importante nuestros planteamientos, pediremos un aplazamiento de la reunión para adaptar a la nueva realidad recién conocida nuestras propuestas.

¿Nos interesa proponer nosotros primero o forzar a que sean ellos los que hagan la primera propuesta? Si sospechamos que podemos hallarnos en la situación de acuerdo imposible nos daremos prisa en evidenciar nuestras expectativas. Si creemos que estamos en la misma situación que Edison con la Western Union, procuraremos que hablen primero ellos.

Si vamos a negociar un equipo de personas, será muy conveniente repartir a priori los roles de cada miembro del equipo (Ver apartado de Roles en la negociación). Cada rol tendrá asociadas unas tácticas de negociación preestablecidas en el plan. (Ver apartado de Tácticas y contra tácticas de negociación).

Es básico empatizar (sin confundir con simpatizar) con el adversario cada vez que trate un tema importante para él. Comprenderle a fondo nos ayudará a hallar la manera de llegar a un acuerdo que le complazca.

Hemos de tener definida nuestra posición de repliegue si surgen dificultades. Un plan estratégico no debe ser nunca excesivamente rígido, sino lo bastante flexible para poderse adaptarse a los hechos surgidos en el curso de la negociación.

Definir el Plan B (Mejor alternativa al acuerdo negociado)

Tenemos que tener pensado siempre un Plan B. ¿Qué podemos hacer si no llegamos a un acuerdo? Antes de iniciar cualquier negociación deberíamos determinar cuál es la Mejor Alternativa Posible al Acuerdo Negociado que estamos persiguiendo (MAPAN; en inglés BATNA = Best Alternative to a Negotiated Agreement).

Para desarrollar un buen MAPAN es conveniente:

    — No confundir el MAPAN con el punto de ruptura (PDR).

    — Determinar una primera lista de acciones posibles en el caso de no

llegar a un acuerdo.
— Mejorar las ideas más prometedoras y convertirlas en alternativas realistas.
— Seleccionar la mejor alternativa.
— Determinar cómo y cuándo habría que ponerla en marcha si no se consigue un acuerdo en la negociación.

Pongamos un ejemplo. El vendedor de una casa, en el caso de no alcanzar un acuerdo con un eventual comprador, puede barajar distintas opciones, tales como alquilarla o derribarla para construir otra casa nueva. Si decide que la mejor alternativa es el alquiler, cualquier posible beneficio de venta deberá compararlo con los beneficios del alquiler.

Tener otra alternativa más allá de la negociación nos da seguridad y fuerza para mantener nuestra posición. El MAPAN es una de las fuentes de poder (normalmente oculto) del negociador. A mejor MAPAN, mayor poder de negociación ya que cualquier posible acuerdo deberá producir mayores beneficios que él. Saber qué vamos a hacer si no se logra el acuerdo, otorga una confianza relevante en el proceso de negociación. Nuestro plan B nos protege de los malos resultados y nos ayuda a conseguir mejores acuerdos.

Un buen negociador procura averiguar también cuál podría ser el MAPAN de su adversario y estudia la manera de contrarrestarlo.

Gestión del tiempo

Alargar el tiempo de negociación favorece siempre a la parte que —por la causa que sea— tiene menos urgencia de llegar a un acuerdo. Solo nos interesará dilatar la negociación si la falta de acuerdo perjudica más a nuestro antagonista que a nosotros.

Las prisas excesivas por llegar a un acuerdo nos llevarán a hacer concesiones precipitadas de las que luego tendremos que arrepentirnos. Cuánta más prisa tengamos, más no conviene disimularla y hacer ver que no nos importa alargar la negociación.

Roles en la negociación

Hay que debatir, discutir, regatear, criticar, comerciar, analizar, reflexionar, etc. Resulta muy difícil hablar, escuchar, pensar, escribir, observar y planear simultáneamente. Conviene, si vamos a ir a negociar en equipo de tres o más personas, repartir roles estratégicos.

El director

Lleva las riendas de la negociación. Conviene que sea la persona con más experiencia negociadora dentro del grupo, o la más preparada en el tema que nos ocupa. Su rol consiste en mostrar que es la autoridad decisoria del grupo, hacer propuestas, hacer concesiones, solicitar pausas o suspensiones, aceptar acuerdos finales.

El sintetizador

Su misión principal es ganar tiempo para que el director de la negociación pueda reflexionar y ayudar a situar los progresos de la sesión. Efectúa resúmenes en los momentos oportunos que sirven para recordar a todos los participantes en qué punto nos encontramos, para demostrar que se ha escuchado atentamente a la parte contraria y dar tiempo al director de la negociación para replantear nuevas tácticas. Apoyándose en el resumen del sintetizador, el director puede pensar creativamente en otras posibles alternativas y resituar sus propuestas globales de forma que incluyan todas las variables de la negociación y procuren satisfacer los intereses recién detectados o superar las objeciones advertidas.

Es de suma importancia el resumen final que prepara la firma de los acuerdos aceptados por ambas partes, antes de plasmarlos por escrito.

El observador

Su misión es observar y captar todo lo que sucede entre los negociadores de la otra parte. Especialmente centrado en el lenguaje no verbal de los adversarios, interpreta sus silencios, sus titubeos y dudas ante determinadas propuestas, su entusiasmo con puntos concretos de la propuesta, su inquietud cuando se han tratado ciertos puntos. Conviene que se tengan definidas unas claves secretas de comunicación de sus observaciones con el resto del equipo para no tener que estar haciendo apartes y para dar agilidad de respuesta al director.

Sesiones de negociación

La etapa de arranque de las negociaciones no debemos verla como una barrera a superar, sino como una oportunidad. Se trata de obtener y dar información de las posiciones iniciales. Es la ocasión de obtener información sobre los objetivos, los compromisos y las intenciones de nuestros antagonistas.

Al inicio de las negociaciones hay mayor conciencia del posible conflicto y mayor desconfianza mutua. Debemos evitar a toda costa la discusión destructiva. Hay que evitar que por culpa de los comportamientos se rompa el diálogo. Tenemos que eliminar los malos hábitos de interrumpir al antagonista, de atacarlo o acusarlo personalmente, de hablar en exceso (es muy conveniente dejar hablar y saber escuchar), de querer dominar el diálogo a gritos, de amenazar o mostrarnos sarcásticos. Si atacamos a una persona, ésta tenderá inevitablemente a defenderse y, posiblemente, nos responderá con agresividad. Cuanto más rápidos sean los ataques y las réplicas, más subirá la tensión. Los ataques ad-hominem causan un deterioro de las relaciones interpersonales que puede convertirse en irreparable.

Intercambio de argumentaciones

Cada parte expone las razones por las que cree necesaria una concesión de la otra parte, o trata de demostrar, razonando, que sus argumentos son ciertos. Las dos partes discuten las respectivas propuestas y tratan de persuadirse mutuamente. Hay que aprender a escuchar más y hablar menos. Hay que dejar bien claro a la otra parte que entendemos sus peticiones y por qué no podemos aceptarlas o qué deberíamos recibir a cambio para poderlas aceptar.

Conviene aplicar los roles de director, sintetizador y observador según la planificación previa. El director de la negociación tiene que formular preguntas positivas que animen a nuestro antagonista a explicar y razonar su postura. Hacer hablar al interlocutor nos permitirá descubrir cuáles son sus verdaderos intereses, más allá de las posicione iniciales que nos expone. Y conocer sus intereses nos permitirá buscar si existe una forma ventajosa de satisfacerlos con beneficio para ambas partes.

El sintetizador tiene que resumir, en los momentos idóneos y con neutralidad los temas tratados y las propuestas formuladas.

Entre todos y con la especial aportación del observador, tenemos que contrastar la firmeza de las posiciones de nuestros oponentes, averiguar sus prioridades y deducir qué concesiones nuestras les harán condescender con las nuestras. Es fundamental, adivinar —ni que sea de forma aproximada— el PMF y el PDR de la otra parte y hacerle intuir cuáles son los nuestros para que intente acercarse a un punto de común acuerdo.

Una negociación no puede convertirse en un debate de posiciones rígidas. Ambas partes deben tener el objetivo de influir sobre la otra parte, persuadirla de que debe ceder (ni que sea parcialmente) y convencerla de que es su mejor opción.

Las concesiones

Negociar es un intercambio de concesiones respectivas para conseguir un punto de satisfacción mutua.

Creencias erróneas sobre las concesiones

Existe la creencia errónea de que hacer concesiones sin pedir nada a cambio genera benevolencia en el adversario y le suavizan sus exigencias. Puede funcionar con ciertos antagonistas poco versados en las negociaciones. Pero nada más lejos de la realidad si el adversario es un veterano duro y bregado en el arte de negociar. Descontará inmediatamente el beneficio obtenido y se volverá más decidido y ambicioso porque nos verá débiles. Pensará que si tan rápidamente les hemos hecho la concesión es porque tenemos muchísimas más cosas a conceder. Regla de oro de las negociaciones: **No debe hacerse ninguna concesión sin obtener una concesión a cambio de la parte contraria.** Negociar no consiste en conseguir lo que se desea a base de regalar prebendas. La fórmula sagrada es el intercambio: "Nosotros accederemos a concederles A, si ustedes acceden a concedernos B". El intercambio de concesiones es la única garantía de un acercamiento al punto de acuerdo y, en este caso, las concesiones son siempre útiles para hacer que la negociación tome un buen rumbo. Para que la relación tenga un futuro fructífero, se precisa que el acuerdo negociado sea percibido como ventajoso por ambas partes.

Valoración de las concesiones

Hacer una valoración previa correcta del costo de las concesiones marcará la diferencia entre un buen resultado y un mal resultado. Antes de hacer una concesión hay que valorar con máxima precisión posible qué valor tiene para ellos, qué costo tiene para nosotros y qué ganamos con la concesión recíproca que exigimos. ¿Nos conviene el intercambio?
El intercambio de concesiones es la mejor táctica para acercar posiciones e influir en el comportamiento de la otra parte. Cuantos más elementos de intercambio tengamos, mayores serán las probabilidades de llegar a un buen acuerdo. Nunca deberíamos agotar totalmente la lista de puntos que hemos hecho creer que son inaceptables a nuestro antagonista. Que sea él quien los vaya eliminando mediante las concesiones que nos interesan.

Tácticas de negociación

Las tácticas al servicio de la negociación son una serie de mecanismos y modelos de conducta que sirven para influir sobre el contrario y propiciar un acuerdo satisfactorio. El objetivo es hacer creer a la otra parte que controlamos la mayor parte de los recursos de intercambio, y que perciba su grado de dependencia de nosotros y, en consecuencia, reduzca sus aspiraciones.

Engaños y mentiras

Las tácticas que incluyen engaños y mentiras suelen estar presentes en las negociaciones competitivas y combativas. Esas tácticas son de corto alcance, poco rentables en general, y en algunos casos pueden ser decididamente nefastas. Si implican delitos, pueden acarrear juicios con resultados de sanciones económicas y/o penas de cárcel.

Expectativas de futuro

Táctica usada en todos los niveles y en todos los aspectos de la vida. El Vendedor promete futuras condiciones de favor y mayores descuentos en futuras compras acumuladas. Por su parte, el Comprador pide precios y descuentos especiales con la promesa de futuras compras más importantes. Las empresas ofrecen los puestos de trabajo con salarios bajos, pero hablan de expectativas de beneficios futuros y de promoción interna. Los novios que hacen sus preparativos de boda se prometen mutuamente fidelidad y tratos futuros inquebrantables de amor y respeto.
A veces las promesas se efectúan de buena fe, pero por lo general, debemos considerarlas como "una forma de conseguir que en la actual situación vendamos más barato (o compremos más caro)".

Contra-táctica: Pedir la inclusión de las promesas de futuro en el acuerdo contractual escrito de compra, venta, matrimonio o lo que sea. Si son efectuadas de buena fe, no tendrán ningún inconveniente en incluirlas en la forma contractual.

De farol

Vendiendo: Ir de farol al hacer una oferta se cae en el apartado ya comentado de Engaños y mentiras. Nada recomendable. Simular unos falsos descuentos inflados tiene fácil desmontaje y es altamente negativo. Afirmar que somos los únicos del mercado, es una mentira muy fácil de desenmascarar cuando es falso. Farolear sobre la calidad de lo que se ofrece entra en el capítulo de fraude denunciable.

Comprando: Se exige de forma explícita al vendedor que mejore su oferta, porque se le afirma (falsamente) que se dispone de otra/s propuesta/s que le ofrecen condiciones más ventajosas.
A veces el comprador añade a esta táctica la perversión de estar utilizando

las distintas ofertas ventajosas que va consiguiendo para presionar escalonadamente a unos y otros (informando inmediatamente después de la última rebaja conseguida al resto de competidores para obtener nuevas mejoras en las ofertas).

Contra-táctica: Debemos partir de la base que si fuera cierto que el Comprador tuviera una oferta mejor, probablemente no perdería su tiemp negociando con nosotros.

    1 - <u>Farol sobre farol:</u> Contestar: "En ese caso le aconsejo que las acepte" y retirarse. Si era un farol, el comprador nos reclamará que nos quedemos. Si no era un farol, deberemos dar la venta por perdida y no tenien sentido insistir.

    2 - <u>Las cartas boca arriba:</u> Contestar: "Si nos exige que igualemos esa oferta, tendrá que enseñárnosla". Si era un farol, hablará de confidencialidad o ética y nos permitirá seguir negociando. Si era una realidad, nos la mostrará y sabremos a ciencia cierta si podemos competir o toca retirarse.

    3 - <u>Tomar la iniciativa: Contestar:</u> "¿Debemos entender que usted prefiere nuestra oferta porque prefiere nuestra calidad y seguridad del servicio, pero desea que ajustemos las condiciones?" y pasar a ofrecer ventajas y concesiones menores para compensar los precios más altos de nuestros productos y servicios.

El bueno y el malo

Es una táctica copiada de los interrogatorios policíacos tan ampliamente difundidos en las películas del género. Uno de los negociadores es duro e implacable, amenazante e intransigente; otro de los negociadores es amable y flexible, conciliador y transigente. El malo presenta una línea muy dura, sin concesiones. Menciona posibles perjuicios o sanciones. Su objetivo es crear una plataforma de temores, propiciando así un margen de negociación para el bueno. El bueno presenta una postura más razonable, y tiende puentes para minimizar los problemas citados por el malo.
Es una de las tácticas más viejas. Sirve tanto para comprar como para vender y bien aplicada, suele dar buenos éxitos.

Riesgos de la táctica: A los policías les funciona porque la aplican a personas que no tienen la libertad de levantarse e irse. Con personas libres de irse en cualquier momento hay que controlar bien los riesgos de esta táctica. Si se exagera el papel del malo, el efecto puede ser más provocador que intimidatorio, pudiendo originar la ruptura directa de la negociación. Si el bueno aparece demasiado pronto, contribuirá a aumentar la seguridad de la otra parte, que interpretará su actitud conciliadora como una debilidad y se animará a resistir, a no a rendirse. **Contra-táctica:** Ignorar olímpicamente al malo. No hacer el menor caso a sus argumentos. Limitarse a prestar oídos y negociar con el bueno, conscientes de que estamos ante un juego táctico.

El frente ruso

Es una variante del bueno y el malo. En este caso se utilizan dos propuestas distintas en lugar de dos personas con diferentes estilos de negociación. El antagonista recibe una propuesta mala y una de peor y se ve obligado a aceptar la primera para evitar la propuesta más temible. Un ejemplo en el ámbito familiar: el padre le dice a su hijo mal estudiante "O te pasas el fin de semana estudiando o te quito la paga semanal". La denominación de esta táctica proviene de la campaña de reclutamiento de soldados para el frente ruso en la primera guerra mundial. Los oficiales ofrecían a los jóvenes mujiks (campesinos rusos) el dilema entre "apuntarse a ir al frente (con alto riesgo de morir en combate) o declararse desertor y morir fusilado inmediatamente por traidor a la patria".
Es una táctica poco útil en el mundo de la compra-venta (con la excepción de productos o servicios monopolizados) pero muy útil en cualquier otro ámbito de negociación. Al ofrecer dos alternativas (la mala y la peor), la parte presionada recibe la impresión (falsa) de que tiene cierta libertad de elección.
Las posibilidades de éxito de esta táctica dependen de la credibilidad de la alternativa peor y del poder real de cada una de las partes. Si la amenaza de la alternativa peor no es creíble, la táctica no funciona.

Contra-táctica:
1 - Si se dispone de poder real para ello, la mejor contra-táctica consiste en formular dos contra-propuestas igualmente extremas y de signo opuesto.
2 - Si no se dispone de poder para contra-atacar, la mejor opción consistirá en limitarse a recordar a la otra parte que "dos no llegan a un acuerdo si uno no quiere" e intentar mejorar lo que se pueda de la propuesta menos mala.

Falta de autoridad

Es aplicable tanto para el Comprador ("no sé si la oferta le gustará lo suficiente a mi mando superior") como para el Vendedor ("no sé si los mandamases me podrán autorizar un trato tan especial"). Consiste en escudarse en que no se dispone de suficiente autoridad para tomar las decisiones y en que deberá someterlas a una autoridad superior ausente de la mesa de negociación. Con esta táctica se pretende que la parte contraria, con la ansiedad de querer conseguir el acuerdo, anticipe cuáles pueden ser sus posibles concesiones futuras o, incluso, que adelante algunas con la intención de aventajar a los posibles competidores.

Contra-táctica: Limitarse a insistir en la oferta inicial y solicitar negociar directamente con la autoridad competente, aunque sea vía e-mail.

Política de la empresa

Consiste en excusarse en que algunas de las concesiones solicitadas por la otra parte son innegociables por las políticas de la empresa. Es aplicable tanto para el Comprador como para el Vendedor, como táctica para que la otra parte renuncie a imponer una de sus condiciones y no tener que enfrentarse a una dificultad de cambio estructural.

Contra-táctica: Replicar que también tu empresa tiene sus reglas inamovibles y sugerir que, si hay interés en llegar a un acuerdo, ambas partes tendrán que flexibilizar sus políticas y hacer la excepción para hallar un punto medio aunque solo sea por una vez.

Bolsillos vacíos

Táctica para uso exclusivo del Comprador. Especialmente útil en las compras de los organismos públicos, puesto que es conocido que los presupuestos asignados suelen ser muy rígidos y muy difíciles de ampliar. Consiste en afirmar un gran interés por llegar al acuerdo pero declarar (falsamente) la imposibilidad de aceptar los costos por ser superiores al presupuesto disponible (por recortes presupuestarios, normas internas de aprobación y seguimiento presupuestario, etc.). Algunos compradores —sobre todo si no hay suficiente transparencia informativa en los presupuestos públicos— pueden llegar al extremo de falsificar informes internos para convencer al vendedor de que no disponen de más dinero (con lo cual caen de lleno en el apartado de Engaños y mentiras).

Contra-táctica: A pesar de que el Vendedor pueda sospechar que el Comprador le miente, si no está en condiciones de probarlo, su única salida es ofrecer alternativas a las opciones del contrato para reducir los costos evitando caer en una venta sin beneficios. Si no le cabe esta posibilidad o duda de la veracidad del Comprador, deberá comunicarle que haga el esfuerzo de solicitar la ampliación necesaria de la partida presupuestaria y esperar a que vuelva a convocarle cuando la consiga.

El ancla

Sirve tanto para compradores como para vendedores cuando los precios no están en catálogo y pueden ser regateados. Consiste en lanzar una primera oferta suficientemente desorbitada para que nos ponga en buena posición negociadora, aunque no tan desorbitada como para que la otra parte renuncie a entrar en la negociación. Ofrece buenos resultados con temas subjetivos, difíciles de objetivar y valorar. En la medida en que existan precedentes, hechos o datos referentes al valor de lo negociado, es más complicado tener éxito con esta táctica.

Si soy comprador, lanzo mi primera oferta bastante por debajo de mi PMF. Corro el peligro de situarme, sin saberlo, por encima del PMF del Vendedor (recordar anécdota de Thomas A. Edison) o tan por debajo de su PDR que descarte seguir negociando conmigo.

Si soy vendedor, doy un precio inicial bastante por encima de mi PMF. Si la otra parte está interesada, formulará su contra-oferta y se iniciará el típico regateo. Corro el peligro de dar un valor muy por encima del PDR del Comprador, en cuyo caso lo más probable es que se retire y no entre en el regateo. Otro peligro es dar un valor muy por debajo del PMF subjetivo del Comprador, con lo cual me aceptarán inmediatamente la venta y no podré seguir negociando un precio mayor.

La conclusión evidente es que en esta situación de falta de referencias catalogadas de los importes, hay que procurar que sea la otra parte la que lance primero su ancla. El Comprador preguntará: "¿Cuánto pide por ello?". El Vendedor preguntará: "¿Cuánto cree usted que vale?". Pero alguien tendrá que ser el primero en tirar un ancla.

<u>Contra-táctica:</u>
>   **1** - Si vemos un rango de posible acuerdo, contrarrestaremos yéndonos al extremo contrario.
>   **2** - Si la oferta es inaceptable, la rechazaremos sin más, no entraremos a debatirla puesto que con ello le estaríamos dando credibilidad. Lo más probable es que la otra parte —si en verdad está interesada— insista con una nueva ancla más realista.

Arriba y abajo

Sirve tanto para compradores como para vendedores. Es una variante de la táctica del ancla, más adecuada para temas algo más cualitativos. Consiste en formular una demanda exagerada que sabemos que no nos pueden conceder para favorecer un estado de ánimo que propicie concesiones que de verdad nos importan y que pedidas a las primeras de cambio no serían atendidas.

Contra-táctica: Basarnos en la petición desfasada de la otra parte y replicar muy por arriba o muy por abajo según el caso.

> Ejemplo 1:
> Parte A: "Solicitamos un descuento del 5% por los pagos hechos dentro de los siete días."
> Parte B: "Accedemos, si ustedes aceptan un recargo del 10% sobre todos los pagos que lleguen después de los siete días."
> Ejemplo 2
> Parte A: "Solicitamos rebajar la jornada laboral a 35 horas/semana".
> Parte B: "Accedemos si aplicamos al sueldo el 20% de disminución correspondiente".

La pluma en el aire

Una táctica, muy frecuente entre políticos y ejecutivos muy pendientes de los medios de comunicación, es dar por finalizadas las negociaciones cuando se está muy cerca del acuerdo y presumir a bombo y platillo de la inmediatez de la firma: "Es cuestión de horas que se firme el acuerdo". Con esta postura intenta presionar a la parte contraria mediante la opinión pública (o publicada) para que se sienta obligada a no quedar como intransigente.

Contra-táctica: El único que ha puesto su prestigio en juego es él. Nos está ofreciendo una magnífica oportunidad de completar algunos flecos de la negociación y conseguir algunas concesiones más que hasta ahora nos había negado. La contra-táctica consiste en amenazarlo con retrasar (o incluso cancelar) la firma del acuerdo si no concede una serie las concesiones adicionales de última hora. Como que a él si le importa mucho su imagen pública de persona conciliadora y solvente, no querrá tener que retractarse en público y cederá en todo lo que buenamente pueda ceder.

Chantaje emocional

Aplicable cuando en la negociación están implicadas cuestiones que afectan al bienestar de personas, tales como despidos, pérdidas de privilegios, reubicaciones de empleados y similares. Funciona si la otra parte se mueve antes por valores que por resultados. Es bastante frecuente que dueños de empresas familiares acaben en la ruina más completa por no querer perjudicar a sus empleados y aguantar lo inaguantable esperando un milagro que revierta la situación y que no suele llegar.

Contra-táctica: Separar las razones económicas de las razones emocionales. Dejar claro que estamos hablando de negocios y que las consideraciones emocionales que puedan derivarse ya se verán y serán tratadas de la mejor manera posible después de cerrar el acuerdo.

El enlace

Cuando la otra parte, con el objetivo de forzar algunas concesiones extras por nuestra parte, se focaliza en un punto en el que es evidente nuestra debilidad, la mejor táctica consiste en enlazar urgentemente, a como dé lugar, a otro tema en el que nosotros seamos más fuertes o sean ellos los que están en falso.
Contra-táctica: Si nos aplican esta táctica a nosotros, la mejor contra-táctica consiste en insistir con firmeza en el punto que habíamos iniciado y, si es caso, minimizar el ataque más o menos explícito a nuestras posiciones.

Los cierres de las sesiones de negociación

Cuando una negociación se alarga en varias sesiones, nos conviene determinar cuál es el mejor tipo de cierre a aplicar a la sesión actual. Podemos distinguir entre cinco tipos de cierres.

Cierre con descanso
Se acuerda cerrar la sesión para reanudarla más tarde a fin de dar tiempo a ambas partes a valorar a fondo las propuestas efectuadas y las posibles alternativas de superación de los desacuerdos. Si nuestro antagonista pide este tiempo de reflexión y consideramos que no nos perjudica, debemos concedérselo. La duración del descanso puede variar desde unos pocos minutos a unos cuantos días.

Cierre con resumen

Se hace una lista de las concesiones efectuadas hasta el momento por cada parte y se comentan las ventajas del posible acuerdo. Si la otra parte lo acepta, podemos intentar ir al cierre con concesión final.

Cierre con concesión final

Es la forma de cierre más frecuente. Aunque la concesión sólo debería otorgarse si sirve para llegar a un acuerdo final inmediato y global en todos los aspectos. Hay que tener presente que más vale cerrar el acuerdo final con una concesión pequeña que arriesgarse a futuras concesiones más importante. Esta concesión final podría ser sobre un punto no suscitado en la negociación pero que ofrecemos a última hora porque sabemos a ciencia cierta que puede interesar a la otra parte.

Cierre con ultimátum

Se le ofrece a la otra parte el dilema de que acepte nuestras condiciones como última opción o, en caso contrario, procederemos a la ruptura de las negociaciones. Es un cierre muy arriesgado y conviene pensarlo muy bien antes de utilizarlo porque, si nuestra amenaza no tiene base sólida, puede volverse en contra nuestra. Si después de haber formulado un ultimátum seguimos negociando y haciendo concesiones, nuestra credibilidad y nuestra fuerza quedarán muy debilitadas.

Planteando un cierre prematuro mediante un ultimátum corremos el riesgo de forzar la ruptura porque lleva asociada una alta carga emocional y cuanto mayor sea la audiencia del ultimátum, más difícil le resultará al contrario aceptarlo sin una indeseada pérdida de prestigio y credibilidad.

Cierre disyuntivo

Se presentan al antagonista dos alternativas de cierre final, ambas dentro de nuestros límites presupuestarios. Tiene la ventaja de dar a la otra parte cierta libertad de elección. La vivencia psicológica de ser ellos quienes han decidido el último término, hace a menudo que este tipo de cierre tenga éxito y sea la antesala del acuerdo final.

La firma de los acuerdos finales

El cierre final debe ser creíble y exponerse con todo el nivel de detalle que sea preciso. Para que sea aceptado debe satisfacer a un número suficiente de necesidades de ambas partes.

Incertidumbre de los cierres

Firmar unos acuerdos finales deja siempre a ambas partes con la incertidumbre de si se podían haber conseguido condiciones más ventajosas insistiendo un poco más. Ninguna de las partes puede estar segura de cuál era realmente el límite de la otra porque no existe una manera fiable de saber si se han conseguido todas las concesiones posibles.

Lo inteligente es cerrar el acuerdo final antes de que nuestro oponente nos saque más concesiones. Si estamos cerca de nuestra posición límite, nuestro PDR, nos conviene cerrar el acuerdo lo antes posible porque cualquier prórroga de la negociación provocará unas concesiones que podrían sobrepasar nuestros límites.

La firma del acuerdo escrito

La firma del acuerdo final es un momento muy peligroso. Es muy posible que estemos cansados de largas y tensas sesiones de negociaciones y nos sintamos aliviados por haber conseguido (¡al fin!) el cierre exitoso de las negociaciones, pero descuidar los detalles menores de lo acordado podría ser causa de interminables problemas posteriores.

Las negociaciones más complejas son las que dejan más margen a la confusión y a los fallos de memoria. Debemos realizar un resumen escrito que detalle cada uno de los puntos acordados (aunque esté redactado en plan telegráfico) y leerlo y firmarlo todos los participantes en calidad de una acta más o menos formal (según el caso) de la reunión. Si tenemos discrepancia en algún punto del resumen, no debemos firmar el cierre hasta que se rectifique el redactado del acuerdo.

Posteriormente, si el acuerdo se pasa a contrato formal por medio de la asesoría jurídica de una de las partes, la otra parte deberá asegurarse de que se ha respetado plenamente el espíritu del acta provisional de los acuerdos tomados en la sesión de cierre de las negociaciones.

Recomendaciones prácticas para negociar bien

1 - Procura conseguir una visión completa de la posición de la otra parte. No le interrumpas. Escúchalo de verdad, activamente, e intentar ver las cosas desde su punto de vista.

2 - No formules conclusiones ni réplicas a su postura hasta que haya explicado completamente su posición.

3 - No tengas prisa en explicar tus propuestas. Cuando lo hagas, hazlo con

brevedad. No hables demasiado. Cuanto más hables, más información recibirá la otra parte. Ten siempre en cuenta la forma en que dices las cosas, muchas veces la forma es más importante que el contenido. Mira de enfatizar los puntos comunes de ambas posiciones y quitar importancia a las diferencias.

4 - Mientras hablas, observa y estate alerta para captar lo que te comunica el lenguaje no verbal de tus antagonistas.

5 - No respondas nunca a una pregunta hasta que no estés totalmente seguro de haberla comprendido. Al responder a sus objeciones, debes apoyarte, siempre que te sea posible, en hechos. Son más importantes que las palabras.

6 - Utiliza la reputación de tu empresa y los buenos precedentes de negociaciones similares en beneficio propio porque tienen un gran poder de convicción.

7 - Dale al adversario el tiempo que pueda necesitar para asimilar la bondad de tus ideas y tus propuestas.

CAPÍTULO 12 - GESTIÓN DE CONFLICTOS

¿Qué es un conflicto?

Un conflicto humano es una situación en la que dos individuos o dos grupos de individuos tienen intereses contrapuestos y entran en confrontación porque no encuentran un punto de acuerdo. Ambas partes quieren imponer su postura y emprenden acciones, palabras o gestos con el objetivo de dominar, neutralizar, aniquilar o hacer desaparecer (física o moralmente) a la parte rival y eliminar los obstáculos que les impiden conseguir lo que desean.
Cuando la confrontación se limita a gestos y palabras, se substituye la dominación física por la humillación y vergüenza del rival.

Tipos de conflictos

Distinguiremos los conflictos en función de si afectan a la integridad física y moral o tan solo a la integridad moral.

Lucha de poderes

Los poderes en confrontación pueden ser de distintos tipos: militar, territorial, político, legal, económico, religioso… Pero todos los conflictos tienen en común que cada parte quiere imponer su postura sobre la otra y no descarta el uso de la fuerza y la violencia para lograrlo. Cada parte desea la aniquilación o derrota total del contrario. Como mínimo, la sumisión total a su poder que considera superior y más justo (o injusto pero ajustado a sus intereses).
El lenguaje empleado tiene tono agresivo, suele recurrir a provocar el instinto territorial y la ira y está lleno de adjetivos calificativos denigratorios o, incluso, insultantes.

Polémica

La lucha se circunscribe a las palabras. Se descarta cualquier tipo de fuerza o violencia física. Ambas partes defienden sus posturas con discursos (orales o escritos) que pretenden ser más brillantes y convincentes que el del contrario.
Puede ser que cada polemista esté absolutamente convencido de lo que defiende o que sea un falsario que sabe que miente y tergiversa pero quiere imponer su versión por intereses egoístas y deshonestos.
A veces, las polémicas pueden ser el preludio de una posterior lucha de po-

deres entre los mismos contendientes o entre otros que han sido estimulados por la polémica. Por ejemplo: las polémicas políticas entre republicanos y falangistas de los años 30 en España desencadenaron asesinatos terroristas primero y la guerra civil después.

Las cinco dimensiones de la mente en los conflictos

Un motor muy frecuente de los conflictos es el instinto territorial. Cuando nos sentimos atacados en nuestro territorio (físico o moral), el instinto de supervivencia nos impulsa a reaccionar agresivamente para defender nuestra integridad (física o moral) e intentar eliminar a las personas y obstáculos que nos atacan. La emoción lógica de rabia contra quien nos perturba puede arrastrarnos, si no lo superamos, a una obsesión que derive en un secuestro emocional. Cosa nada deseable porque caeremos en decisiones impulsivas que, con toda probabilidad, incrementarán el conflicto.

Lo ideal sería mantener el control de las emociones y, con el ánimo sereno, buscar sin pausa el análisis frío y racional de la situación, el estudio detallado del contexto y las posibilidades de gestionar con éxito la salida del conflicto. Es natural que recurramos a decisiones intuitivas para dar rápidas respuestas a los supuestos ataques o réplicas del rival, pero deberíamos tomarnos la calma y el distanciamiento necesario para planificar un plan de ruta que nos lleve a eliminar las causas que hayan provocado el conflicto.

Legalidad y legitimidad

Las posturas en conflicto pueden estar apoyadas en la legalidad, en la legitimidad o en ambas cosas a la vez.

Se apoyan en la legalidad cuando se ciñen a las leyes vigentes. Pero ello no significa que sea una postura justa. Bastará con recordar que en el siglo XVIII la esclavitud era una práctica legal, que la segregación de razas (apartheid) estuvo vigente en Sudáfrica hasta 1992 y que, todavía a día de hoy, la pena de muerte a la esposa que ha cometido adulterio es legal en algunos estados islámicos.

Se apoyan en la legitimidad cuando se basan en un concepto de justicia superior a las propias leyes (concepto que puede ser aceptado o no por la otra parte y que puede tener sesgos subjetivos muy fuertes en algunas ocasiones). Se considera moralmente legítimo desobedecer una ley injusta. No aceptar la pena de muerte por adulterio es legítimo en cualquier caso, pero es ilegal en ciertos países islámicos. Al mismo tiempo, en contraste con ello, un talibán residente en España puede considerarse legitimado a pedir la pena capital para una adúltera.

El directivo y los conflictos

A un directivo no se le pide que no haya conflictos. Se le pide que los resuelva de manera constructiva y eficaz velando por los intereses de la compañía y por la paz social. Y, por supuesto, que no sea él el causante de ningún conflicto.

Entre las muchas habilidades que el directivo tendrá que poseer para gestionar con éxito los conflictos, destacan: la inteligencia emocional, las capacidades de negociación y las habilidades comunicativas basadas en una actitud asertiva.

Los estilos de gestión de conflictos

Con independencia de si afrontan el conflicto mediante negociación o cualquier otro tipo de proceso, los estilos posibles se corresponden con los definidos en el modelo de Lewicki e Hiam para las negociaciones. (Ver Figura 12.1).

Estilo colaborativo

El estilo más eficaz, lógicamente, será el colaborativo que corresponde a la actitud asertiva que busca el win-win (que ambas partes queden satisfechas con lo que salen ganado). Es típico de este estilo el evaluar las acciones con calma antes de juzgarlas, valorar las diferencias con respeto, procurar hacer concesiones para lograr acercamiento, impulsar el diálogo, comprender las razones del adversario y buscar una solución que aporte beneficios a ambas partes.

El estilo colaborativo se basa en tres grandes ejes de actuación:

1 - El respeto a los principios básicos

Sentido común, postulados morales, derechos humanos, derechos constitucionales, derechos adquiridos, criterios racionales, etc.

2 - La búsqueda de equilibrio entre las partes

Buscar equilibrar las concesiones, con sentido de justicia. Comunicar de forma asertiva, con lenguaje persuasivo y actitud conciliatoria.

3 - Evitar perdedores

Buscar una solución que aporte beneficios a ambas partes, que satisfaga necesidades mutuas. Buscar la empatía, salvar la relación futura de los contendientes.

Estilo competitivo

El estilo más frecuente en los conflictos es el competitivo, que corresponde a la actitud agresiva de querer obtener una victoria total a costa de la derrota total del adversario. Es típico de este estilo el desconfiar del adversario, menospreciar las diferencias que él defiende, culparle de lo que hace y de lo que imaginamos que hace, no aceptar ninguna de sus propuestas de diálogo y acercamiento.

Lo que justifica que sea tan frecuente el estilo competitivo (ganar/perder) es la gran cantidad de personas que se someten a los conflictos con actitud pasiva, con visión perdedora y acomodaticia (perder/ganar) por estar convencidos de que no se puede luchar contra la fuerza supuestamente superior del adversario y, con tal de no perder la relación, escogen la sumisión y se dan por vencidos sin ofrecer resistencia.

Figura 12.1.- Diagrama de Levicki y Hiam

Estilo evitativo

El estilo evitativo merece poca atención en nuestra descripción porque las personas que no les importa el resultado del conflicto ni lo que pase con la relación con el rival son, a nuestro juicio, un cero a la izquierda en relación al tema, un cuerpo inerte que apenas interviene y que poco conocimiento sobre gestión de conflictos nos pueden aportar. La única sabiduría aplicable a este cuadrante sería la clásica máxima "No te metas dónde no te importa".

Posibles procesos para la gestión de conflictos

Evitar que los conflictos deriven en conductas agresivas y violentas se puede lograr recurriendo a muy distintos procesos.

Ordenados por nivel descendiente de control

Relacionamos en orden descendiente de control sobre el posible resultado del conflicto los distintos tipos de procesos que podemos usar para gestionarlo (ver Figura 12.2).

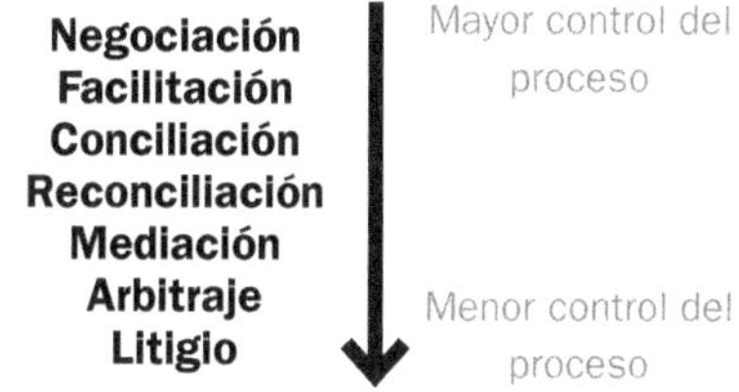

Figura 12.2. – Nivel de control del conflicto

Negociación
Buscar un acuerdo mediante el diálogo de las partes.

Facilitación
Corregir unilateralmente un exceso cometido por una de las partes para lograr que disminuya la tensión del adversario y facilitar el diálogo.

Conciliación
Reuniones para intentar poner de acuerdo los ánimos y los puntos de vista enfrentados. Diálogos para proponer partir las diferencias y volver al estado de la relación anterior a la aparición del conflicto.

Reconciliación
Obtener la conciliación mediante disculpas y reparación mutua de respectivos agravios y daños.

Mediación
Recurrir de mutuo acuerdo a la asistencia de un tercero para moderar la comunicación entre las partes (no es necesario que tenga autoridad real alguna en el conflicto, basta con que ambos adversarios le reconozcan autoridad moral).

Arbitraje
Someterse por adelantado ambas partes al dictamen de una autoridad reconocida en el tema, aceptada previamente por ambos contendientes.

Litigio
Acudir a los tribunales de justicia.

Ordenados por grado de intervención necesaria

El nivel de intervención que es necesario aplicar sobre cada uno de los procesos posibles es aproximadamente inversamente proporcional al control que se ejerce sobre la evolución del mismo y el posible resultado favorable. El nivel de dedicación de recursos humanos, recursos económicos y de atención de cada uno de los distintos tipos de procesos tiene su propia jerarquía, esquematizada a nivel conceptual en la Figura 12.3 (en la cual la escala usada no es indicativa de valores, solo pretende indicar referencia de posición).
Se han añadido dos ítems más para destacar la necesidad de hacerles caso por anticipado si queremos tener el mínimo nivel de consumo de energías y recursos.

Prevención
Tomar medidas preventivas cuando el conflicto se está gestando para evitar que nazca.

Alerta temprana
Detectar el conflicto cuando está recién nacido y atajarlo antes de que crezca y se endurezca.

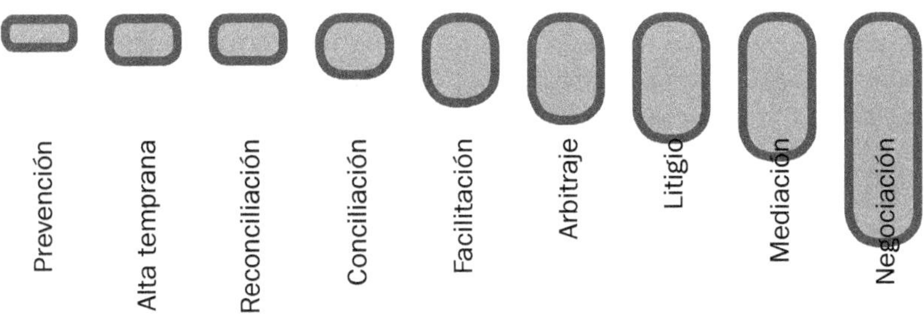

Figura 12.3. – Variación en el nivel de intervención necesaria.

Afrontar crisis y emergencias

A veces el rival a batir en el conflicto no es de origen humano; es una catástrofe natural (rayos, inundaciones, terremotos, volcanes, huracanes…) o una incidencia derivada de acciones de terceros (accidentes, incendios, atentados, bombardeos…). Un directivo tiene que estar disponible para gestionar eventuales catástrofes y emergencias de su empresa las 24 horas al día de los 365 días del año.

Para afrontar las crisis y las emergencias, un líder debe:

— Mantener la cabeza fría.
— Serenar los ánimos de su equipo.
— No lamentarse de la situación y buscar minimizar los daños todo lo que se pueda.
— Resolver sin prisas pero sin pausas y tomar las decisiones que le parezcan oportunas a pesar de los riesgos.
— Aprovechar al máximo los recursos disponibles.
— Aplicar creatividad e improvisación.
— Si ha habido un error o una negligencia de algún empleado, evitar echar culpas y cazas internas de brujas mientras dure la emergencia. Mantener el equipo con el máximo de unión en las tareas de salvamentos y reparaciones.
— Controlar las emociones y aplicar la máxima resiliencia si los daños son de grandes dimensiones.
— Tan pronto como sea posible, plantear la recuperación de la actividad normal.

Conflictos violentos

Cuando un conflicto se vuelve violento:
— Las percepciones de los contendientes se sesgan y se desvirtúan. Se pierde la objetividad y se dan por buenos hechos no comprobados (rumores y calumnias).
— Se endurecen las posiciones, se crea un abismo entre las partes y se interrumpe la comunicación, desapareciendo la posibilidad de diálogo.
— Se produce una fuerte demanda de recursos y energías para afrontar el conflicto y, en consecuencia, se desatienden funciones y actividades básicas.
— Se produce el contagio del conflicto a colectivos vecinos o afines a las partes.

— Se agudiza la percepción de pérdida de control. Cualquier salvajada, cualquier escalada brutal de la violencia se percibe como posible.

Medidas de presión

Con la intención de llevar al adversario a una posición más favorable a los intereses propios se suele recurrir a las amenazas de aplicar acciones que están ciertamente en poder del amenazante poderlas aplicar. Si las amenazas no surgen efecto, se suele pasar a aplicar la medida de presión anunciada. Cuando una de las partes aplica directamente las medidas de presión sin advertencia previa, se dice que "juega duro" y, como es lógico, provoca inmediatas medidas de presión de respuesta que provocan una rápida escalada del "juego duro" en el conflicto.
El repertorio de medidas de presión depende de la naturaleza del protagonista porque, como queda dicho, va vinculado a la posibilidad real de poderlas aplicar.

Medidas de presión entre países

- Retirar visados de ciertos ciudadanos o de la totalidad de ellos.
- Llamar embajadores a consultas.
- Suspender intercambios culturales.
- Suspender intercambios comerciales.
- Suspender relaciones diplomáticas y retirar embajadores.
- Suspender acuerdos militares.
- Embargo de armas.
- Bloqueo de transacciones financieras.
- Congelación de activos financieros.
- Bloqueo económico.
- Denuncia en la ONU.
- Denuncia en el Tribunal de la Haya.
- Promover acciones de grupos terroristas financiados y entrenados.
- Secuestrar ciudadanos relevantes para pedir cese de hostilidades o intercambio de rehenes.
- Ejecutar rehenes.
- Hacer que la ONU ordene la intervención de los Cascos Azules.
- Intervención militar de la OTAN.
- Declaración de Guerra.
- Bombardeos aéreos o con cohetes a distancia.
- Invasión militar.

Medidas de presión de los gobiernos a los ciudadanos

- Ilegalizar un partido opositor.
- Derrocar parlamentos democráticos.
- Crear partidos únicos.
- Censura a los medios de comunicación.
- Censura a la libre expresión de los ciudadanos.
- Prohibir derechos de circulación y de reunión.
- Declarar el estado de excepción (suspensión temporal de las garantías constitucionales).
- Suspender el derecho de huelga.
- Sanciones administrativas (suspender permisos/licencias).
- Sanciones tributarias.
- Sanciones económicas (multas).
- Detención preventiva.
- Interrogatorios (con o sin torturas).
- Represión policial/militar.
- Tribunales especiales.
- Cárcel.
- Pena de muerte.
- Desaparición de los ciudadanos opuestos al gobierno.

Medidas de presión de los ciudadanos contra su gobierno:

En democracia
- Elecciones generales.
- Críticas y ataques verbales en los medios de comunicación.
- Crear partidos de oposición o potenciar los ya existentes.
- Denuncias al defensor del pueblo.
- Denuncias en los tribunales de justicia.
- Manifestaciones.
- Huelga general.
- Coalición de partidos de la oposición.
- Moción de censura en el parlamento.

En dictadura
- Huelga general clandestina.
- Lucha política clandestina.
- Lucha de guerrillas.
- Acciones terroristas contra el aparato estatal.

— Sabotajes a instalaciones gubernamentales.
— Medios de comunicación clandestinos.
— Denuncias al Tribunal de la Haya.

Medidas de presión de empleados a sus empresas:

— Queja o reivindicación verbal o escrita.
— Reclamación o denuncia al Comité de empresa.
— Mesa interna de negociación de convenio.
— Denuncia a inspección del trabajo.
— Demanda judicial a Tribunal de lo Social.
— Huelga de celo.
— Huelga de brazos caídos.
— Huelga legal.
— Huelga salvaje.
— Manifestaciones.
— Piquetes informativos.
— Piquetes salvajes.
— Campañas de petición de boicot de los clientes.
— Sabotaje a las instalaciones de la empresa.
— Solicitar pluses de sueldo por condiciones peligrosas o especiales de los puestos de trabajo.
— Solicitar indemnizaciones económicas por causas diversas (despidos improcedentes, daños a la salud, acoso sexual, etc.).

Medidas de presión de las empresas a sus empleados:
— Aviso de incumplimiento o falta leve.
— Expediente informativo interno.
— Comité disciplinario.
— Sanciones económicas.
— Rebajar categoría (y sueldo).
— Acoso laboral (Mobbing).
— Expediente de Reducción de Empleo temporal o definitivo.
— Cierre de actividades.
— Despido (procedente o improcedente).

Medidas de presión de la administración pública a las empresas:
— Denegar licencias y permisos de inicio de actividades.
— Inhabilitación y suspender licencia de actividades.
— Denegar renovación de licencia de actividades.

— Inspecciones reglamentadas.
— Sanciones por incumplimiento de regulaciones sanitarias, laborales o ecológicas.
— Recargos por demoras en liquidaciones de impuestos.
— Aumentar cargas impositivas.
— Cierre por actividades ilegales.
— Cierre por decreto gubernamental.

La gestión inteligente de los conflictos

La gestión más inteligente de un conflicto será siempre empezar diseñando una hoja de ruta de un plan de negociaciones.

Establecer la hoja de ruta

1 - Dar un nombre al proceso de negociación y definir si su programa de comunicación será pública o secreta. Si es pública, determinar los medios de difusión y el nivel de transparencia.
2 - Definir lugar y agenda de las reuniones. Quienes participan y con qué carácter. Cuál es la base de su legitimidad. Cuáles son los participantes esenciales y qué haremos si se retiran.
3 - Publicar la hoja de ruta y definir cuál será el procedimiento para introducir cambios en ella.
4 - Determinar quienes tendrán potestad de hacer y aceptar propuestas. Asignar roles a los miembros de la delegación negociadora.
5 - Establecer plazos y reglas para las propuestas.
6 - Planificar la posibilidad de acuerdos parciales o totales, incrementales o contingentes y procedimientos de aprobación de los mismos.
7 - Definir los procedimientos para la suspensión temporal o definitiva de las negociaciones.

Prever el plan alternativo (plan B)

Ante la posibilidad de que el adversario no se doblegue a nuestras presiones y no acceda a un acuerdo negociado, es conveniente tener previsto un Plan B que sea la Mejor Alternativa a la falta de Acuerdo Negociado (MAFAN). Es el plan alternativo contra el que valoraremos todas las propuestas antes de aceptar un acuerdo (ver capítulo 11).

Aplicar la inteligencia emocional

Es de gran importancia disponer de inteligencia emocional para poder negociar los conflictos y llegar a acuerdos en vez de convertirlos en confrontaciones insalvables. Ambas partes deberían evitar moverse a impulsos de instintos y emociones y procurar elevarse al terreno de la racionalidad y la visión de futuro. Para ello, es conveniente que cada parte procure: identificar las emociones y determinar sus causas; controlarlas con la máxima templanza y serenidad posibles; no atacar al contrario aunque se sientas atacada y recurrir a la conducta asertiva (ni pasividad ni agresividad); analizar qué parte de responsabilidad le pueda objetivamente corresponder en el origen del conflicto y valorar la posibilidad de facilitar la negociación reparando estas causas. Suele ser una buena opción ganar una perspectiva más serena y distanciada discutiendo el asunto con una tercera persona de confianza que sea neutral en el conflicto.

La comunicación inteligente en los conflictos

Las comunicaciones pasivas nos llevan a la derrota y las agresivas al agravamiento del conflicto y al peligro de caer en escalada mutua de acciones violentas. Tan solo las comunicaciones asertivas pueden conseguir que los adversarios se sienten a dialogar y poder buscar juntos una salida negociada.

Evaluar las propuestas con estándares objetivos

En el momento de valorar las propuestas de la parte contraria, hay que evitar valoraciones basadas en emociones o sesgos sentimentales. Es imprescindible recurrir a evaluaciones objetivas basadas en mediciones estandarizadas e independientes de las partes, como podrían ser: el valor de mercado de los productos o servicios ofrecidos, los costos en generarlos, la relación de reciprocidad existente en la propuesta, el trato igualitario, la eficiencia y temporalidad de la solución propuesta, la existencia de precedentes, la tradición histórica, los criterios científicos, la opinión reputada de un mediador o arbitro de confianza.

Ficha de análisis del conflicto

Ayuda a racionalizar el conflicto el preparar una ficha similar a la que aquí se adjunta para dar una orientación:

Resultado deseado:	
Mis intereses:	**Los intereses de las otras partes:**
Aquello que me importa de verdad. Mis deseos, necesidades, preocupaciones, esperanzas y temores. 1. 2. 3. 4.	Lo que yo creo que les importa de verdad. Sus deseos, necesidades, preocupaciones, esperanzas y temores.
Alternativas de soluciones: 1. 2. 3. 4.	
Alternativa Final:	

El resultado deseado

No hace falta decir que muchos conflictos acaban mal para una de las partes (vencida y derrotada en una lucha desigual), para ambas partes (mutuamente desangradas y arruinadas por la guerra sin cuartel), o siguen años y años sin vías de solución.

Un conflicto se resuelve satisfactoriamente si:

1 - Se llega a un acuerdo satisfactorio en el que la otra parte acepta unos compromisos claros mejores que nuestro Plan B.

2 - El acuerdo se ha alcanzado de manera eficiente, llega a tiempo y no deja flecos sin resolver.

3 - Se ha terminado amigablemente y no deja rencores.

4 - Está previsto que se fortalezcan las relaciones entre las partes a medio y largo plazo.

Recomendaciones para resolver los conflictos

— Ofrecer escucha activa y procurar empatizar. Mantener contacto visual mientras el contrario nos habla y no interrumpirle por nada. Permitir que exprese por completo sus ideas y sentimientos.

— Repetir lo que ha dicho para demostrarle que le hemos escuchado y pedirle que nos verifique si le hemos entendido bien.

— Hacer las preguntas necesarias y convenientes para aclarar las dudas que podamos tener.
— Al responderle, no emitir juicios sobre las persona, solo sobre sus posiciones. Evitar a toda costa ataques ad hominen. Distinguir claramente lo que son hechos y datos comprobados de lo que son interpretaciones u opiniones nuestras.
— Evitar respuestas emocionales. Esforzarse en argumentar racionalmente.
— No poner frases nuestras en boca del otro ni permitir la viceversa. Emitir mensajes del tipo "yo creo…" y evitar los mensajes del tipo "es que tú…".
— Defender nuestros derechos con asertividad. Describir nuestros sentimientos sobre la situación: cómo nos sentimos sobre lo que está ocurriendo.
— Declarar nuestras presunciones y nuestros argumentos para defenderlas. Proponer cambios positivos en las actitudes del contrario y razonar las consecuencias favorables que derivarían de los cambios propuestos.
— Pedir que el contrario confirme o exprese sus desacuerdos y nos declare por dónde vería posibles acercamientos de posturas.
— Saber contener las manifestaciones de rabia y disgusto si la respuesta del contrario no nos place.
— Ser capaz de hacer elogios a la parte contraria cuando los merezcan.
— Saber expresar opiniones o criterios distintos a los de otros miembros del grupo. Ser capaz de hacer revelaciones que ayuden a bajar la tensión y acerquen a las partes.
— Ser capaz de formular una autocrítica y pedir disculpas por aquellas conductas nuestras que hayan causado daños y perjuicios.
— Ser capaz de resumir de manera breve y clara lo que se ha hablado.
— Pedir reflexión y análisis racionales y dejar la puerta abierta a cambios favorables que permitan seguir dialogando.

CAPÍTULO 13 - RESOLUCIÓN DE PROBLEMAS

Definición de problema

Decimos que tenemos un problema cuando perseguimos un objetivo y sabemos (o creemos) que existe uno o más caminos alternativos para alcanzarlo pero nos falta la visión de cuál o cuáles pueden ser estos caminos. La esencia del problema radica en el conjunto de hechos o circunstancias que dificultan la consecución del fin deseado.

Si no hay posibilidad de llegar al objetivo, los matemáticos dirán que es un problema sin solución, pero un hombre de empresa no lo verá como un problema, lo verá, simplemente, como un imposible en el que no vale la pena perder tiempo ocupándose de él.

Hay problemas —sobre todo de tipo científico— que tienen una **solución única**. Otros tienen dos soluciones alternativas y los llamamos **dilemas**. Pero lo más frecuente es que los problemas de la vida empresarial tengan **varias soluciones posibles** y que la labor del líder consista en valorarlas convenientemente para elegir la que aporte más ventajas. Si un líder es creativo, no se conformará en escoger una de las alternativas comunes y querrá comprobar, antes de decantarse por una alternativa concreta, si existen soluciones innovadoras que aporten valor añadido.

Un problema está formado por el **objetivo a alcanzar**, los **datos de partida**, el **espacio de resolución**, el **procedimiento de resolución** y la **solución** o **soluciones**. Cuando el procedimiento de resolución ya está establecido, diremos que la solución consiste en aplicar la **rutina conocida**. Cuando no conocemos el procedimiento de resolución, no nos queda más remedio que buscarlo hasta encontrarlo. Esta búsqueda puede realizarse aplicando **estrategias de pensamiento** para, paso a paso, etapa a etapa, acercarse progresivamente al concepto clave que nos lleva a la solución buscada, o intentar un fenómeno que se produce algunas veces, que llamamos **inspiración** y que nos aporta de manera rápida, inmediata y sin esfuerzo, el concepto clave que nos ilumina el camino hacia la solución.

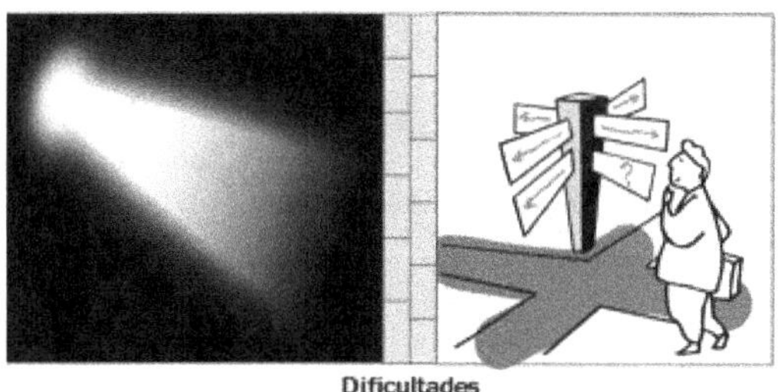

Figura 13.1.
Metáfora de un
problema

Haciendo una metáfora, es como si estuviéramos frente a un cruce de caminos y un muro nos bloqueara la luz y nos impidiera ver con claridad cuál de los indicadores nos señala el destino deseado. Podemos derruir el muro con un pico y una pala (solución procedimental) o tener la suerte de que un rayo caído del cielo rompa el muro que no deja pasar la luz (solución por inspiración).

Necesidad de estrategias de pensamiento

Las soluciones por inspiración son realmente muy poco frecuentes. Pablo Picasso dijo:

> "La inspiración existe, pero tiene que encontrarte trabajando".

Y el gran inventor Thomas A. Edison afirmó:

> "El genio es un diez por ciento de inspiración y un noventa por ciento de transpiración".

Si en un porcentaje tan alto de veces tenemos que recurrir a la transpiración, valdrá la pena estructurar la forma cómo utilizamos el razonamiento para buscar la solución. Es lo que hemos llamado estrategias de pensamiento o estrategias mentales.

Combinación de inspiración y transpiración

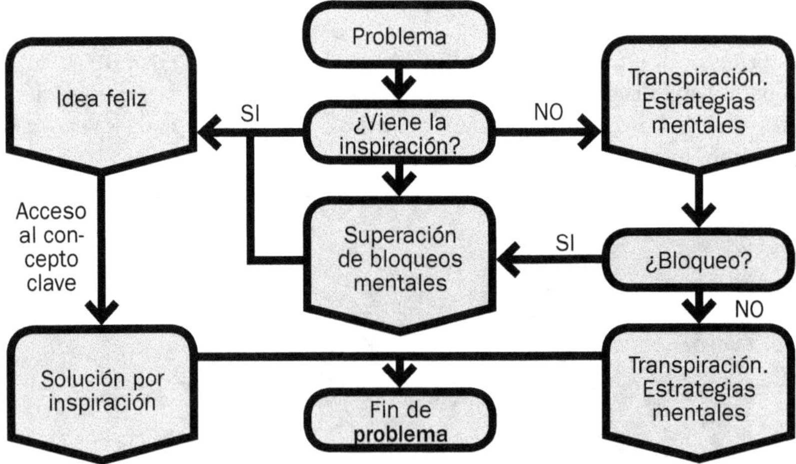

Figura 13.2. – Diagrama de flujo de resolución de un problema

El diagrama de flujo para la resolución de un problema (ver Figura 13.2) presenta dos ramas, en función de si de buen inicio se produce la inspiración o no. Si viene inmediatamente una idea feliz, accederemos al concepto clave que nos permite resolver el problema y construiremos en un tiempo record la "solución por inspiración". Si no viene la inspiración, deberemos aplicar las distintas estrategias mentales que hayamos aprendido previamente en la búsqueda de este concepto clave que se nos resiste. Si nos bloqueamos mentalmente, deberemos recurrir a la superación de dichos bloqueos; proceso que puede conducirnos, a la corta o a la larga, a que de repente nos surja la idea feliz que se nos resistía y entremos en la vía de solución por inspiración (minutos, horas, días o meses después). Si no caemos en un bloqueo, nuestra paciencia y perseverancia nos acabará conduciendo (etapa por etapa) al final deseado.

Estrategias mentales de ayuda a la transpiración

De entre las muchas maneras posibles de apoyar la mente para resolver un problema, destacaremos las que consideramos más importantes.

Adquisición de conocimientos

La primera pregunta obligada frente al enunciado de un problema es analizar si disponemos de todos los conocimientos oportunos sobre los datos y objetos o instrumentos que intervienen en él. No tiene sentido intentar una hipotética resolución si hay conocimientos que se nos escapan sobre los elementos claves del problema.

Ejemplo: ¿Cuántos bolívares son 3 fuertes y 7 bolívares?
Evidentemente, no podremos contestar si ignoramos que un "fuerte" es la abreviación de una moneda venezolana llamada "bolívar fuerte" y vale 1.000 bolívares. La respuesta es 3.007 bolívares.

Aplicación de rutinas conocidas

La segunda pregunta que tenemos que hacernos siempre es si existe alguien en alguna parte del planeta que ya tenga resuelto el problema. Estamos en la Sociedad de la Información y tenemos a nuestro alcance poderosas herramientas de búsqueda en cualquier idioma de los que conozcamos. Mediante los buscadores, los chats y fórums, las redes sociales, los portales especializados por temas y cualquier otro sistema que se nos ocurra, podemos organizar búsquedas razonablemente exhaustivas que nos darán una visión amplia y documentada de qué soluciones han aplicado otras personas o instituciones al problema que tenemos planteado.

Pueden darse tres resultados de esta búsqueda:
1 - Que hallemos variedad de soluciones existentes. Nuestro problema real pasará a ser, ahora, averiguar cuál de las rutinas existentes puede ser la más adecuada a nuestras circunstancias específicas.
2 - Que hallemos una única solución válida y contrastada por fuentes fiables. Nuestro problema se reducirá a aplicar correctamente la rutina existente.
3 - Que no hallemos ninguna solución existente. Deberemos renunciar a aplicar rutinas conocidas y aplicaremos las restantes estrategias mentales para hallar el método de resolución que nos falta (y que, si lo hallamos, permitirá que en el futuro la resolución de esta clase de problemas pase a ser una rutina).

Resolución por analogías

A veces no existe ninguna rutina de resolución pero podemos hallar problemas análogos en otros dominios del conocimiento y aplicando transferencias conceptuales adaptar a nuestro objetivo el procedimiento de resolución del problema análogo.

Ejemplo 1: Analogías físicas
El patinaje sobre ruedas nace de la analogía de colocar un "coche" de cuatro ruedas en cada pie. Los patines en línea nacen de la analogía de colocar una "motocicletas" en cada pie, en vez de "coches". El patinaje sobre hielo nace de la analogía con los barcos rompehielos del Mar Báltico.

Ejemplo 2: Analogías de procedimientos
El empoderamiento del personal por coaching nace de aplicar al problema de capacitación y motivación del personal que tiene un directivo de empresa la analogía del procedimiento que emplea un entrenador deportivo con sus jugadores.

Ejemplo 3: Analogías de estructura conceptual
A veces, nos damos cuenta de que nuestro problema tiene la misma estructura conceptual que otro problema ya resuelto en otro dominio del conocimiento humano. En estos casos, la solución consiste en transferir correctamente las analogías existentes. Para ello es necesario saber aplicar correctamente la estrategia de "Visualización de la estructura" que se expone a continuación.

Visualización de la estructura

Saber visualizar la estructura conceptual de un problema es imprescindible para ayudarnos a encontrar las posibles soluciones (directas o por analogías). Se trata de saber abstraernos de los detalles secundarios y específicos y ver los objetos o "cajas negras" que se interrelacionan y de qué manera lo hacen. Para ello es muy conveniente saber dibujar diagramas, tablas de relaciones, diagrama de flujos, bocetos, esquemas y cualquier otra ayuda visual que nos permita profundizar en la comprensión de la esencia del problema, yendo a los conceptos troncales y claves y prescindiendo de todos los detalles secundarios o superfluos. Es lo que McKim bautizó en 1972 como **pensamiento visual** (ver Figura 13.3).

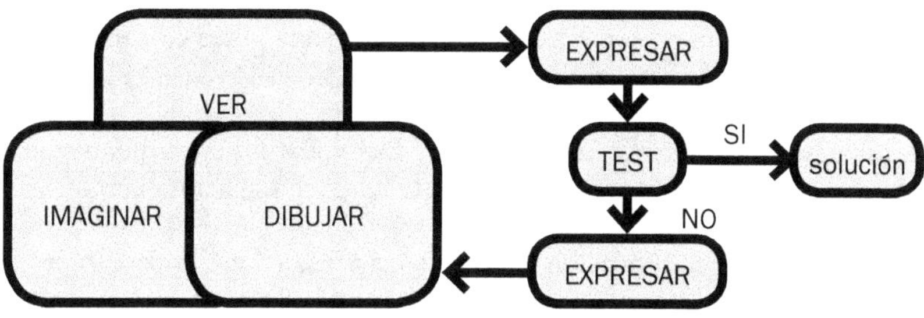

Figura 13.3. – Pensamiento visual

Antes que nada observamos con suma atención la realidad del problema; a continuación imaginamos posibles caminos de resolución; para expresarlos nos apoyamos con diagramas y recursos gráficos de todo tipo; los dibujos nos ayudan a pensar y darnos cuenta de cuáles son los aspectos del problema que no tenemos lo suficientemente claros. Ello nos empuja a volver a observar con mayor perspicacia la realidad física; cosa que nos enriquece y afina lo que habíamos imaginado y nos permite rectificar o mejorar las visualizaciones dibujadas. Al cabo de una o más interacciones de este tipo entre las tres esferas (Ver, Imaginar y Dibujar) conseguimos una primera expresión de lo que podría ser una solución al problema (Expresar). Comprobamos si funciona o no (Test). Si funciona, hemos logrado lo que buscábamos. Si no funciona, volveremos a repetir el (Ciclo) de manejarnos con las tres esferas hasta conseguir una segunda expresión de posible solución y así reiteradamente (Expresar, Test y Ciclo = ETC.) hasta hallar la solución.

Visualizar la estructura de un problema puede ser de gran ayuda para la estrategia anterior de aplicar analogías.

Ejemplos: Problemas con estructura común

Problema 1. El dueño de una empresa ha visto cómo se ha ido envejeciendo su personal (52 años de media) y ha perdido eficacia en el mercado. Tiene el objetivo de recuperar su eficacia de ventas rejuveneciendo la plantilla.

Problema 2. Hemos lanzado al mercado un producto muy novedoso con una gran campaña promocional en televisión y ha tenido mala acogida por parte del público. Nuestro objetivo es lograr la penetración de mercado deseada.

Problema 3. Un línea aérea ha tenido un accidente grave con más de 50 pasajeros muertos y ve como han bajado en picado sus ventas. El objetivo es recuperar el nivel de ventas anterior al siniestro.

A pesar de ser problemas de ámbitos tan distintos y que aparentemente no tienen nada que ver, los tres problemas tienen una estructura común (ver Figura 13.4).

En los tres casos, la aplicación de una fuerza única e intensa para lograr el cambio será inútil porque chocará con un obstáculo que la convertirá en inoperante o puede que incluso en contraproducente y negativa. En los tres casos la solución consiste en repartir la intensidad del cambio a producir en muchos pequeños cambios de baja intensidad para lograr la suma de fuerza necesaria sin provocar una reacción contraria a lo que se persigue.

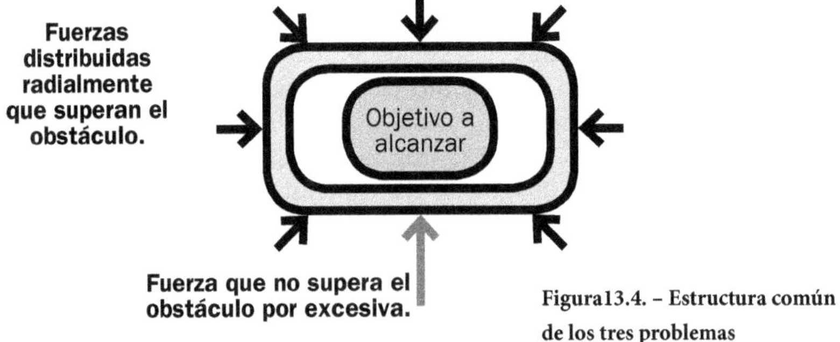

Figura13.4. – Estructura común de los tres problemas

En el problema 1, cambiar de golpe toda la plantilla por gente joven es perder la experiencia acumulada, el confort de los clientes actuales y la cultura esencial de la empresa sobre la que hay que construir la renovación. La solución debe consistir en rejuvenecer todos y cada uno de los distintos departamentos de la empresa de manera progresiva y en varias etapas, garantizando la digestión del know-how anterior a la par que se van implantando innovaciones.

En el Problema 2, hacer una segunda campaña de publicidad general y más intensa que la anterior solo logrará ahondar el rechazo o indiferencia del público. La solución es segmentar los distintos tipos de usuarios (targets) y hacer campañas publicitarias orientadas a cada uno de los tipos diferenciados.

En el Problema 3, intentar que el público olvide de golpe el siniestro mortal es absolutamente imposible. Hay que centrarse en recuperar la confianza de los pasajeros poco a poco, haciendo campañas publicitarias promocionales segmentadas a los usuarios más sensibles al ahorro en los billetes en primer lugar y ampliando a otros públicos a medida que se vaya recuperando el porcentaje de ocupación de los aviones.

Simplificar

Antes de iniciar la búsqueda de soluciones, conviene analizar siempre si hay aspectos del espacio problema que se puedan simplificar. En frase de Peter Drucker:

> "Las personas inteligentes son capaces de simplificar lo complejo; los tontos, en cambio, suelen complicar lo sencillo".

Hacer que las cosas simples resulten complicadas es fácil y muy común; hacer que las cosas complicadas se conviertan en simples, sorprendentemente simples, es la característica del auténtico talento.

Ejemplo 1: Saber juntar los extremos
Se cuenta la anécdota de que Carl Friedrich Gauss, el gran matemático, a la edad de diez años fue capaz de hacer en pocos minutos la suma correcta de los primeros 1.000 números naturales que el profesor había impuesto a la clase como castigo, con gran asombro de éste y de todo el resto de alumnos. El profesor, incrédulo y convencido de que habría hecho el cálculo días antes, le preguntó cómo había conseguido el resultado tan rápido. Gauss explicó que lo vio muy fácil. Juntando en parejas los números de ambos extremos de la serie (1.000+1; 999+2; 998+3 y así sucesivamente), obtenía 500 parejas de sumas todas ellas iguales a 1.001.

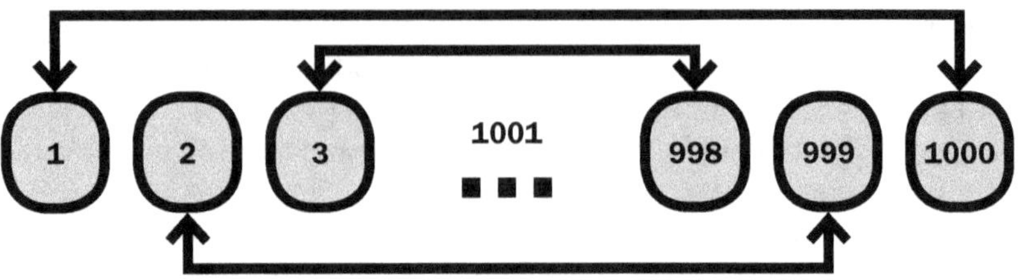

Bastaba, pues, con multiplicar 500 x 1.001 = 500.500.
De ahí Gauss generalizó la fórmula del cálculo de la suma de los elementos de una progresión aritmética:

$$S_n = \frac{a_1 + a_n}{2} \cdot n$$

Donde a1 es el primer elemento de la serie i n el número de elementos que forman la serie.

Ejemplo 2: Saber visualizar figuras
En la Figura 13.5 ¿Cuál de las áreas es mayor, la del cuadrado interior o la comprendida entre ambos cuadrados?
La respuesta normal de muchos matemáticos sería ponerse a calcular el lado del cuadrado inscrito en relación a la longitud del cuadrado exterior. Es un procedimiento correcto, por supuesto, pero demasiado largo y tedioso porque no hace falta hacer el más mínimo cálculo: basta con girar 45º el cuadrado inscrito. Aparece inmediatamente a la vista que el espacio ente ambos cuadrados está formado por cuatro triángulos rectángulos idénticos a los cuatro que forman el cuadrado. En resumen: las dos áreas son idéticas.

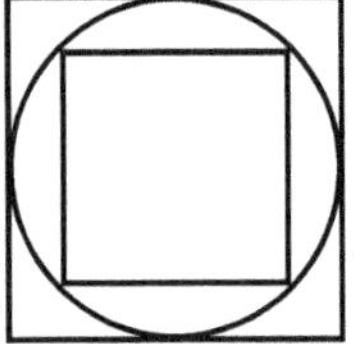

Figura 13.5.

Comparar áreas y solución visual

Ejemplo 3: Saber ver los datos esenciales
Dos ejércitos enemigos están a 90 km de distancia y se dirigen a la gran batalla. Un Mediador de buena fe que quiere evitar la matanza va viajando del ejercito A al ejercito B sin parar, a velocidad de 50 km/h, para emitir mensajes

de apaciguamiento a los respectivos generales, sin éxito alguno. Si el ejército A avanza a 10 km/h y el ejecito B (más pesado) a 5 km/h, ¿Cuántos kilómetros habrá recorrido el Mediador antes de que se produzca el choque fatal? (Se supone que el Mediador invierte un tiempo no significativo en pedirle a cada general que se pare y en darse la vuelta).

La resolución habitual suele basarse en el cálculo de los recorridos sucesivos del Mediador, un cálculo complicado porque el punto de salida y el de llegada varían cada vez puesto que se mueven. Sin embargo, hay una manera muy simple de ver cuántos kilómetros habrá hecho el Mediador. Puesto que su velocidad es uniforme y constante y se supone que el tiempo que tarda en cambiar de sentido es cero, bastará con saber cuánto tiempo ha estado yendo de un lado para otro (espacio = velocidad x tiempo).

El tiempo que estará en movimiento el Mediador será el mismo tiempo que tarden en encontrarse los dos ejércitos, es decir, 6 horas. O sea, que el Mediador habrá recorrido 6 h x 50 km/h = 300 km.

Ordenación de la información

A veces para hallar la solución basta con ordenar la información disponible aplicando la capacidad de deducción lógica. Entre las muchas posibilidades, destacaremos dos:

Ejemplo 1: Ordenación de preferencias
Estoy mirando coches usados para comprarme uno. El resultado de mis pesquisas es el siguiente:

   1 - Está mejor el Nisan que el Lancia.
   2 - Prefiero el Citroen al Peugeot.
   3 - Me gusta menos el Citroen que el Renault.
   4 - Me es mucho más conveniente el Toyota que el Lancia.
   5 - El Peugeot está mucho mejor conservado que el Mercedes.
   6 - El Toyota tiene un precio mucho más interesante que el Renault.
   7 - Me parece más conveniente el Mercedes que el Nisan.

¿Cuál es el coche que me conviene comprar?
Si procedo por comparaciones eliminatorias: la frase 1 elimina el Lancia; la frase 2 elimina el Peugeot; la 3 el Citroen; la 4 reincide en el Lancia; la 5 aparta el Mercedes; la 7 descarta el Nissan. Resultado: el único coche que permanece sin descartar es el Toyota.

El inconveniente de este sistema es que si cuando voy a comprar el Toyota ya lo han vendido, no veo directamente cuál es el segundo coche en mis preferencias.

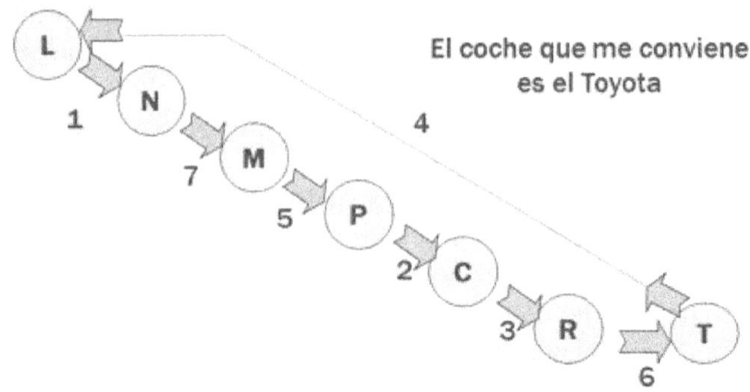

Figura 13.6.- Ordenación por las frases

Por este motivo es preferible utilizar la ordenación por las frases, ver Figura 13.6. En la frase 1 se menciona el Nissan, buscamos en que otra frase se menciona el Nissan y vemos que es la 7, dónde se relaciona con Mercedes, que vuelve a ser mencionada en la frase 5, etc. En la figura nos queda establecido el orden de prelación (del extremo derecho para atrás).

Ejemplo 2: Deducciones lógicas en cadena
Borja, Isidro y Santiago tienen los oficios de camarero, jefe de planta y cocinero, aunque no necesariamente en este orden. Sabemos que el camarero es el cuñado de Santiago y que Isidro es vecino del cocinero. También nos han contado que Borja, sabe tanto o más del oficio de hostelería que el jefe de planta y que vive a una hora de coche de la casa de Isidro. ¿Podemos deducir, a partir de estas informaciones, el oficio de cada una de las tres personas?
Hay dos conjuntos a relacionar: tres personas por un lado y tres oficios por el otro. Será una buena estrategia (de ayuda complementaria a las deducciones lógicas mediante visualización gráfica) organizar la información en forma de matriz de doble entrada y anotar en ella las deducciones que vamos realizando. La Figura 13.7 refleja las deducciones derivadas de las tres frases.

	Borja	Isidro	Santiago
Jefe de Planta	N		
Camarero			N
Cocinero	N	N (vecino)	

Figura 13.7.- Deducciones directas

Vemos que en la columna interior primera queda claro que Borja es el camarero. Extendiendo las deducciones indirectas completamos la Tabla de la Figura 13.7. Isidro es el Jefe de Planta y Santiago el cocinero.

	Borja	Isidro	Santiago
Jefe de Planta	N	S	N
Camarero	S	N	N
Cocinero	N	N (vecino)	S

Figura 13.7. – Deducciones indirectas

Marcha atrás (supongamos el problema resuelto)

La resolución de un problema por el método procedimental consiste en hallar los pasos necesarios para pasar de la situación A (actual) a la situación deseada S (solución). Para moverse por el laberinto de los pasos que van a ser necesarios, a veces es de gran ayuda el método inventado por los matemáticos llamado "supongamos el problema resuelto" o "marcha atrás". Si nos imaginamos que hemos conseguido llegar a S, podemos ver cuál es el paso inmediatamente anterior y hacer poco a poco la deducción del camino en marcha reversa hasta llegar a la situación de partida A.

Esta estrategia es muy útil para planificar eventos complejos que requieren muchas actividades preparatorias previas.

Ejemplo: De atrás para adelante

Supongamos que para preparar una determinada receta de un pastel de boda necesitamos 6 litros exactos de agua (no nos valen aproximaciones) y disponemos tan solo de dos vasijas (de formas caprichosas y sin indicaciones de medidas intermedias) que una mide 9 litros y la otra 4. No importa derrochar agua, el objetivo es medir los 6 litros exactos.

La primera reflexión útil es que los 6 litros pedidos en el paso último de la medición deberán estar en la vasija de 9. La segunda reflexión es que 6 puede obtenerse como suma de 2 + 2 + 2, o 3 + 3, o 4 + 2, pero también como 9 − 3. Paso final: Para lograrlo debemos llenarlo con 9 y vaciar 3. Podemos organizar un hueco de 3 si nos damos cuenta que 3 = 4 − 1.

Obtener 1 litro exacto es fácil: 9 = 4 + 4 + 1. Vaciando dos veces en la vasija de 4 nos queda 1 en la vasija grande. Lo guardaremos en la vasija pequeña (1 litro y un hueco de 3 litros). El último paso ya es fácil de deducir: llenaremos la vasija de 9 y traspasaremos a la pequeña los 3 litros exactos que le faltan a una y le sobran a la otra.

División en subproblemas

Es la estrategia ya preconizada miles de años antes de C. en Babilonia y que se resume en la frase atribuida a Julio César: "Divide y vencerás". Si el problema resulta demasiado pesado o voluminoso, la estrategia más inteligente es dividirlo en partes constitutivas (subproblemas) y atacar cada parte por separado. Es una de las estrategias más utilizada en todos los ámbitos. En gestión de empresas o de proyectos es una manera de distribuir responsabilidades entre los componentes de un equipo de trabajo.

Ejemplo 1: División de la gestión hotelera
Una posible división de la gestión global de una gran cadena hotelera podría ser:
— Gestión de los recursos humanos
— Gestión de la información sobre clientes
— Gestión de marketing estratégico
— Gestión interna de la calidad
— Gestión interna de la cadena hotelera
— Gestión estratégica de la calidad
— Gestión estratégica de la cadena hotelera
Sin que el orden de aparición en la lista indique orden de prioridad, que puede ser distinto para cada cadena concreta.

Ejemplo 2: División de la gestión del tránsito
La gestión del tránsito de vehículos en una gran ciudad, podría estructurarse en las siguientes unidades organizativas:
— Cartografía.
— Señalización fija.
— Señalización móvil.
— Semáforos.
— Guardia urbana.
— Aparcamientos.
— Multas y grúas.
— Gestión de accidentes de tráfico.
— Gestión de emergencias.

Dar a la mente racional el tiempo que necesita
A diferencia de la mente intuitiva que pierde buena parte de su eficacia cuando se toma demasiado tiempo en juzgar una persona, un objeto o una situación, la mente racional pierde de manera muy aparatosa su eficacia cuando no se le otorga el tiempo necesario para que pueda procesar correctamente la información.

Ejemplo: El reparto equitativo

Tres buenas vecinas deciden preparar una merienda a pagar a escote para sus respectivos hijos únicos. Aída aporta 5 pastelitos, Beatriz aporta 3 y Carla (que no ha tenido tiempo de ir a la compra) aporta 8€ al cerrar las cuentas. ¿Cómo deben repartirse Aída y Beatriz los 8€ que ha pagado Carla?

Es muy frecuente que surja la respuesta rápida e intuitiva de darle a Aida 5€ y a Beatriz 3€. Es un fallo de la mente racional por exceso de precipitación. Si la merienda se pagaba a escote, a cada madre se le debe acarrear el mismo importe. Sabemos que el costo total de los pastelitos ha sido de 24€ (puesto que le han cobrado 8€ a Carla). Ello implica que cada pastelito valía 3€ (24/8 = 3). Para preparar la merienda, Aída ha invertido 5 pasteles x 3€/pastel = 15€ y Beatriz 3 pasteles x 3€/pastel = 9€. En consecuencia: Aída debe recuperar 7€ (15 - 8) y Beatriz solo 1€ (9 − 1). Este debe ser el reparto equitativo de los 8€.

Ponerse en la mente del otro

Cuando la solución depende de lo que tenga en su mente la persona o personas con las que interactuamos, es muy necesario hacer una hipótesis sobre qué pensaran y planificar la solución en consecuencia.

Ejemplo: La mente de los clientes

Juan vende helados de cucurucho en la playa. Cada vez que un cliente (normalmente en bañador o biquini) compra uno o más cucuruchos se ve en la necesidad de buscar su cartera con la mano que le queda libre. No es cómodo para el cliente y a más de uno se le han caído los helados. ¿Cómo puede hacer Juan para pensar en la comodidad de sus clientes?

La primera idea que se le ocurrió a Juan fue pedir el pago de los helados antes de entregar los cucuruchos.

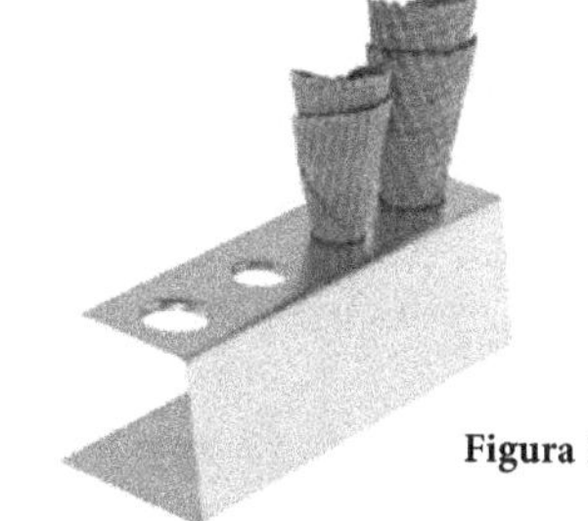

Figura 13.8

Era una buena solución, pero la mayoría de los clientes no entendía porque quería cobrar antes de entregar la mercancía y tenía que emplear mucho tiempo (que no tenía) dando explicaciones.

Viendo cuál era la manera de pensar de muchos de sus clientes, Juan reflexionó un poco más y halló que la solución ideal era disponer los pedidos en un soporte longitudinal de cucuruchos y que cada cliente decidiera por su cuenta si prefería pagar primero y luego recoger su pedido o su escasa inteligencia práctica le llevaba a pelearse con la cartera y los cucuruchos a la vez.

Eliminación de alternativas

Usando el pensamiento metafórico podemos afirmar que resolver un problema es equivalente a hallar la(s) salida(s) de un laberinto. Estamos perdidos y tenemos diferentes caminos enfrente. La mayoría de ellos no conducen a la salida, pero nada nos permite distinguir a priori cuáles son los caminos válidos y cuáles nos llevan a un callejón sin salida.

La mejor manera de afrontar la resolución del laberinto desde dentro es ensayar ordenadamente los caminos que se nos ofrecen a cada paso. Cuando el camino escogido es una vía muerta, un pesimista dirá "hemos fracasado". Una persona pragmática y bien entrenada dirá "Ya estamos más cerca de la solución. Si teníamos N alternativas a explorar, ya sólo nos queda N-1".

En la mitología griega Ariadna le proporciona a Teseo, para que penetre en el laberinto del Minotauro, un larguísimo hilo de oro que ella desde la entrada va soltando o recogiendo para evitar que Teseo repita caminos y, sobre todo, para que tirando del hilo pueda recuperar la salida.

Si reflexionamos un poco, veremos que es un gran recurso, muy ingenioso, pero que no hace falta usar ningún hilo ni que Ariadna esté auxiliando todo el rato. A Teseo le hubiera bastado con un trozo de tiza para marcar los caminos que han sido explorados y han dado negativo. Seamos prácticos, documentemos bien nuestros caminos fracasados (sin necesidad del hilo de oro de Ariadna) para no repetirlos.

Ejemplo: La perseverancia de Edison
Edison tuvo que realizar casi 1.000 pruebas de filamentos distintos para su lámpara de incandescencia hasta encontrar lo que buscaba. Edison sabía que cada camino frustrado le acercaba un poco más a la solución.

Estrategias mentales de ayuda a la inspiración

Superar fijaciones geométricas

Cuando se trata de trabajar con figuras geométricas, tenemos adquirida la mala costumbre (de origen cultural) de encajonarnos en ángulos rectos y líneas perpendiculares y a resistirnos a movernos fuera del plano. Nos imponemos, de manera inconsciente, limitaciones que no están en el enunciado del problema.

Ejemplo 1: La piscina entre árboles.
Un padre de familia tiene en su jardín una piscina cuadrada con un árbol plantado en cada vértice (ver Figura 13.9). Al aumentarle la familia quiere

duplicar la superficie de la piscina pero manteniendo su forma cuadrada. Como no quiere perjudicar en lo más mínimo a sus árboles, no se plantea trasplantarlos ni, mucho menos, cortarlos. ¿Cuál será la solución adecuada a sus deseos?

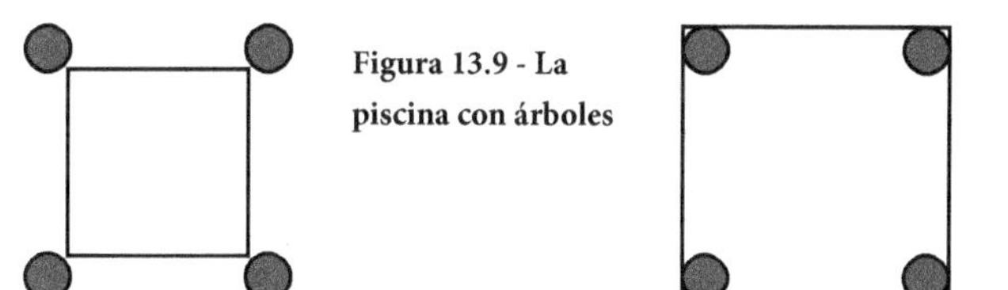

Figura 13.9 - La piscina con árboles

Figura 13.10.-Solución errónea

Es bastante frecuente la respuesta de duplicar el área dejando los cuatro árboles dentro de la piscina (ver Figura 13.10). Una solución inadmisible puesto que se pudrirían las raíces de los árboles y, además, ocasionaría problemas de seguridad física a los nadadores.

También es bastante común la respuesta de duplicar la profundidad de la piscina. Evidentemente es un fallo de atención o de comprensión del enunciado; nos han pedido el doble de superficie, no de volumen de agua.

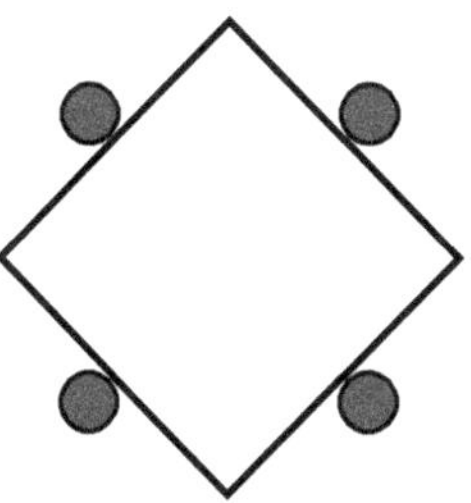

La solución pasa por girar el cuadrado 45° y hacer que los árboles ocupen la mitad de los costados en vez de los vértices. Es sorprendente la gran cantidad de personas que se quedan bloqueadas con este simple problema y necesitan bastantes minutos para comprender que pueden dar un giro a la figura, que no están obligados a mantener los costados nuevos paralelos a los viejos.

Figura 13.11.- Solución adecuada

Este bloqueo mental de tipo geométrico se denomina fijación ortogonal y podemos hallarlo en infinidad de ejemplos porque en nuestra cultura tenemos el hábito de recurrir muchísimo a las líneas rectas, a las paralelas y a los ángulos rectos.

Ejemplo 2: Salir de la caja

Es muy conocido el problema de los nueve puntos que popularizó M. Scheerer en 1972 en un artículo en la revista Scientific American. Consiste en pedir un trazado de 4 segmentos rectos que, con la restricción de no levantar el lápiz del papel, pasen por 9 puntos situados en una matriz de 3 x 3 (ver Figura 13.12).

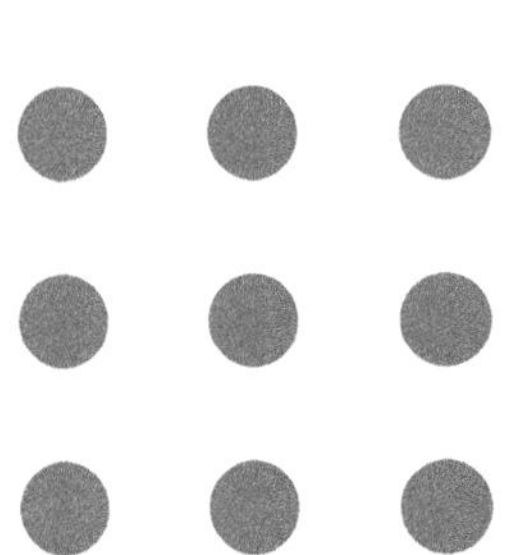

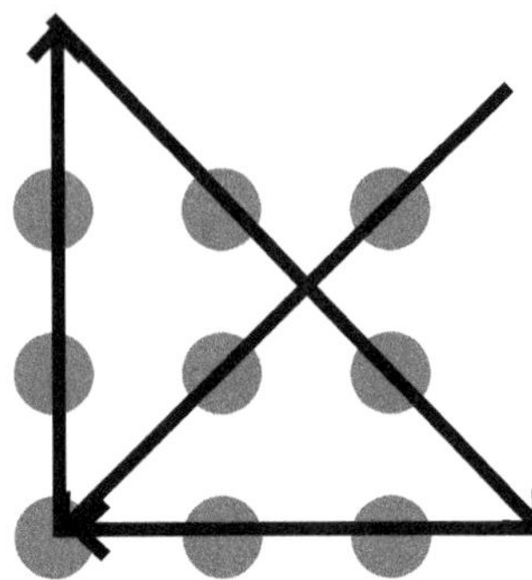

Las personas que afrontan este problema por primera vez, intentan inútilmente cumplir lo solicitado con líneas rectas que, de distintas maneras, se inscriben todas ellas dentro del cuadrado que marca la matriz. La solución pasa por "salirse de la caja", es decir, vencer la fijación ortogonal (ver Figura 13.13).

Superar fijaciones funcionales

Los objetos y herramientas que nos rodean han sido creados, cada uno de ellos, para una finalidad específica: un martillo para clavar clavos, un destornillador para poner y quitar tornillos, un revólver para disparar balas, un libro para leer, una silla para sentarse, etc. Cuando no disponemos del objeto idóneo para realizar una determinada función, una mente creativa sabe actuar con flexibilidad mental y encontrar un objeto alternativo que le haga las funciones. Un martillo puede ser un arma asesina; un revólver, en cambio, puede servir para clavar clavos; un cuchillo puede hacer las veces de destornillador; una silla para hacer de escalera; etc. Se llama fijación funcional al bloqueo mental que nos impide ver el posible uso alternativo de un objeto, y limitarse a utilizar cada cosa para lo que fue inventada. Una mente creativa sabe sacar recursos de donde parece que no existan, componérselas con los objetos y las herramientas que tiene a mano aunque sea descubriendo para ellos nuevas funciones no previstas en su fabricación.

Ejemplo 1. Un juguete de mil posibilidades
Una caja de cartón puede ser el juguete más preciado para un niño.
El niño puede utilizar una gran caja de cartón como mesa, silla, cueva, casa para muñecos, túnel para su tren, garaje para sus cochecitos, carretilla o

camión de transporte, cajero automático que entrega billetes del Monopoly, cámara de grabación de televisión, etc.

Ejemplo 2. *Los mil y un usos de un libro*
Dicen algunos que el mejor amigo del hombre es el libro, en contra de la frase hecha que da este preciado honor al perro. Lo que tiene de cierto es que un libro encuentra en nuestra vida cotidiana docenas de usos alternativos: contrapeso, bandeja para cacahuetes, sujeta-puertas, escondite de fotos o documentos, plancha para los pantalones, matamoscas, abanico (si es ligero), corrector de la altura de la pata de un mueble, repisa para la pantalla del ordenador, cuaderno de emergencia, papel para encender la chimenea, y decenas de usos más.

Estar atento a los atributos de los objetos

Puede ocurrir que la solución que estamos buscando dependa de ver con ojos frescos algunas de las características o atributos físicos de los objetos que intervienen en el problema. A veces intentamos buscar la solución sin prestar atención a que las cosas pueden cambiar de manera dramática su apariencia o su estado físico. Si no sabemos darnos cuenta, difícilmente resolveremos cierta clase de problemas.
Debemos utilizar en profundidad todos los sentidos para percibir todas las características físicas que intervienen en el problema; tocar, oler, palpar, morder, mirar y remirar todos los objetos que intervienen.

Ejemplo 1. *La piedra en el lago.*
Juan arroja un canto rodado al centro del lago y la piedra tarda tres meses en llegar al fondo del lago, a pesar de que éste sólo tiene dos metros de profundidad. ¿Cuál es la explicación?
Cuando se plantea este enigma a un grupo de alumnos, en una ciudad de clima benigno como Barcelona los alumnos aportan siempre propuestas muy fantasiosas. Una variante surge de fijarse en el atributo "peso de la piedra" (es una piedra muy porosa, tipo piedra pómez, que flota sobre el agua y, poco a poco, se va impregnando de agua, gana peso y se hunde). Otra de centrarse en el atributo "fuerza de Juan" (Juan Superman lanza la piedra hacia el cielo con tanta fuerza que la piedra tarda tres meses en regresar). También hay quienes se pueden fijar en el atributo "obstáculos que frenan la caída de la piedra" (algas en el lago o islas de fango que desaparecen a los tres meses; botes que a los tres meses se agujerean; etc.). Otros pueden imaginar que hay "un objeto volador providencial" (un pato volador se traga la piedra y a los tres meses

muere en el lago y se hunde en su fondo); etc. Una vez más se demuestra que la falta de acceso al concepto clave es un acicate a la imaginación pero que la imaginación no garantiza hallar la solución correcta.

A los pocos minutos, alguien repara en el atributo "estado del agua" y anuncia con alegría su descubrimiento al resto del grupo: la superficie del lago está helada porque estamos en invierno en un país frío, a tres meses del deshielo primaveral.

Ejemplo 2. El agujero en la tarjeta

Dada una tarjeta de visita y unas tijeras, se tiene que recortar un agujero dentro de la tarjeta que permita pasar una cabeza humana. El agujero debe ser de una sola pieza y no puede estar formada mediante partes pegadas o cosidas entre sí.

Ante este enunciado, la primera reacción normal es pensar que es imposible realizar lo que se pide. Haciendo el agujero más grande que nos permite el perímetro exterior de la tarjeta (ver Figura 13.14), es evidente que no podrá pasar la cabeza de un humano. Habrá que acudir a observar bien los atributos de la tarjeta.

Mirando y tocando la tarjeta, apreciamos que el papel es un material flexible. Jugando a recortar con las tijeras, vemos que podemos fabricar tiras largas de papel de infinidad de maneras posibles, por ejemplo en forma de espiral rectilínea (ver Figura 13.15). Ya sólo nos falta advertir que un agujero puede ser un simple corte lineal interior a la espiral (acordémonos de que los botones pasan por el agujero de su ojal).

Figura 13.14. ¿Agujero máximo?   Figura 13.15. Una de las infinitas maneras

Poner en cuestión la lógica

Creer que la lógica es una herramienta que nunca falla es un error cognitivo bastante frecuente, posiblemente a causa de la educación que hemos recibido, que ha mitificado el poder de la lógica y la ha colocado en un pedestal.

A raíz de este error, muchas personas tienen la creencia, también errónea, de que todo se puede resolver por el método científico, que sólo es cuestión de disponer del presupuesto necesario.

Diferentes experimentos de la Psicología Cognitiva han demostrado que los humanos cometemos muchos errores al aplicar la lógica y que, en consecuencia, debemos poner en revisión nuestra excesiva confianza en la mente racional. Entre dichos experimentos, destacaremos el de las tarjetas de Peter Wason efectuado en 1996.

Las tarjetas de Wason

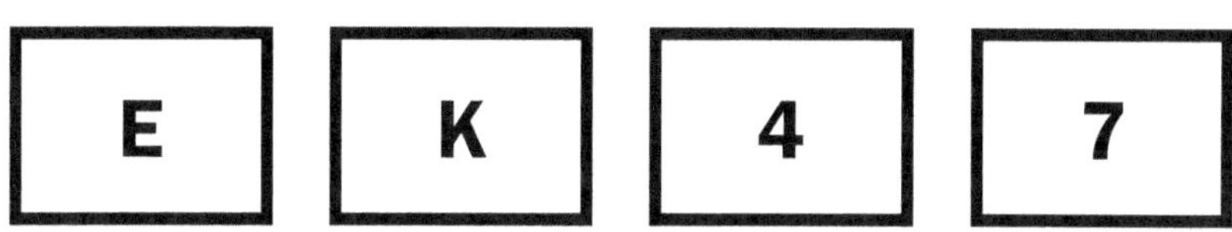

Tenemos cuatro tarjetas que tienen, todas ellas, un número en una de sus caras y una letra en la cara opuesta. Nos piden que verifiquemos la hipótesis que dice que "si una tarjeta tiene una vocal en una cara, debe tener obligatoriamente un número par en la cara opuesta". Pero se quiere que se giren únicamente las tarjetas que es imprescindible comprobar. ¿Cuáles son las tarjetas que tenemos que girar y por qué?

— La mayoría de sujetos dan la vuelta a la tarjeta de la E, que es una decisión correcta. Pero hay que destacar que existe un pequeño porcentaje de sujetos que ya fallan en esta primera tarjeta.

— Algunos sujetos dan la vuelta a la tarjeta de la K. Una falla en la comprensión del enunciado o una falla de lógica, porque la regla dada no estipula absolutamente nada sobre las consonantes. Tienen la libertad de emparejarse indistintamente con números pares o impares.

— Un gran porcentaje de sujetos da la vuelta a la tarjeta del 4. Una nueva falla en la comprensión del enunciado o una nueva falla de lógica, por que la regla dada no estipula que detrás de los números pares deba haber una vocal. No nos han dicho que sea una relación bidireccional.

— Finalmente, sólo un 4% de los participantes en el experimento dieron la vuelta a la tarjeta del 7. Un craso error de lógica del 96% restante, puesto que si detrás del 7 estuviera una vocal, nos echaría por tierra la hipótesis anunciada.

Conclusión: en ciertas circunstancias, para cierta clase de deducciones, la mayoría de los humanos cometemos errores en la aplicación de la lógica. No podemos fiarnos, pues, de que nuestras deducciones sean efectuadas siempre de manera correcta. Si la intuición nos dice que puede que nos estemos equivocando, vale la pena revisar a fondo nuestros silogismos.

Pensamiento divergente (o lateral)

Joy P. Guilford planteó por primera vez el estudio del **pensamiento divergente** en 1950. Edward de Bono lo rebautizó como **pensamiento lateral** en 1967. Ambas denominaciones son usadas como equivalentes por la mayoría de autores.

El pensamiento lateral es una gran estrategia para superar bloqueos mentales y para construir caminos conceptuales alternativos. Consiste en:
— Buscar las soluciones a los problemas en las vías o caminos laterales (y menos transitados).
— Evitar las vías obvias y evidentes por donde transcurre la mayoría de las personas porque no nos van a aportar soluciones originales.
— Deshacerse del encorsetamiento de los lugares comunes (pensamiento vertical o convergente).
— Buscar la reestructuración imaginativa de los conceptos que intervienen en el problema.
— Superar los bloqueos mentales con vías alternativas.

Ejemplo: La división de un cuadrado en cuatro partes iguales
Las soluciones más comunes son las que se presentan en la Figura 13.16. Sólo cuando se exigen nuevas soluciones salen a relucir algunas de las que indicamos en la Figura 13.17. Si observamos las opciones de la segunda fila, veremos que todas ellas tienen en común una misma propiedad: las divisio-

Figura 13.16. – Las soluciones más frecuentes

nes están formadas por dos líneas simétricas que unen los lados opuestos desde puntos elegidos al azar. Deducimos de ello una regla general que nos abre la puerta a infinitas soluciones: si elegimos dos puntos cualesquiera en dos lados opuestos y los unimos por una línea tan caprichosa como queramos, si a continuación trazo la simétrica a esta línea, obtendré siempre la división del cuadrado en cuatro partes iguales.

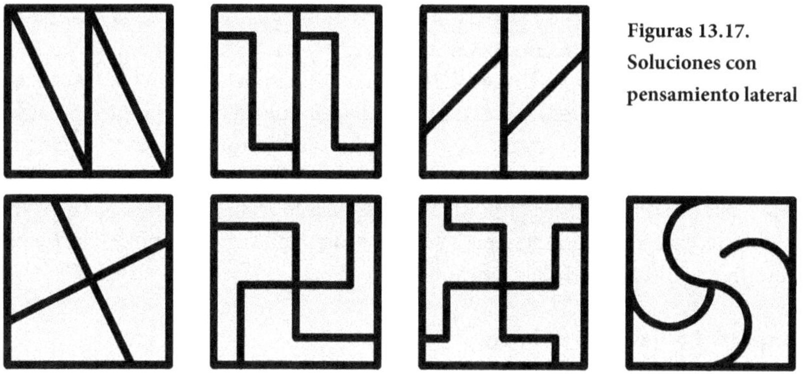

Inversión lógica

Consiste en mirarse el problema o situación e invertir el sentido de algunos de sus elementos principales para ver si de esta manera podemos acceder a la solución que buscamos. Se trata de aplicar el principio de que negar la negación equivale a una afirmación. El producto de dos negativos es un positivo. Invertir lo que está invertido es volver a estar del derecho.

Ejemplo 1. La fuerza del enemigo

El enemigo nos ataca con gran despliegue de fuerza. Hacer que la fuerza negativa del enemigo se aplique en contra suya puede ser una buena táctica para convertir esta fuerza en positiva para mí y que sea él quien sufra daños (es un recurso muy común en todas las artes marciales de inspiración oriental).

Ejemplo 2. La isla en llamas

Tenemos un náufrago solitario en una isla desierta. Se inicia un incendio en el extremo occidental de la isla. Sopla un fuerte viento del Oeste. La isla es llana y de pura hierba seca, sin árboles. El mar está infestado de tiburones y nuestro náufrago no puede refugiarse en el agua en absoluto. Tampoco dispone de cubos para defenderse con agua, ni de picos y palas para cavar una cueva. ¿Cómo hará para salvarse del fuego?

La fuerza de mi enemigo, si la uso en su contra, puede ser mi mejor aliado. ¿Cuáles son las maneras habituales de detener un fuego?

a - Que no tenga oxígeno. Sofocarlo con agua, mantas, nieve carbónica o lo que sea. Aquí no dispongo de ninguna de estas opciones.

b - Que no tenga combustible. Esta segunda opción puede salvarme si me doy cuenta de que lo que está quemado ya no puede quemar. La inversión lógica consiste aquí en combatir el fuego con fuego. Es el concepto en el cual se basan los contrafuegos: lo que ya ha sido pasto del fuego no puede volver a quemarse y pasa a ser una zona segura.

La solución consiste en proveerse de fuego en la punta occidental y traspasarlo a una zona cercana al otro extremo de la isla. Puesto que el viento sopla del Oeste se quemará el extremo Este de la isla y tendremos una zona quemada donde refugiarnos cuando se acerque el fuego. Vale la pena hacer notar que este sistema resiste a los cambios súbitos del sentido del viento: si se girara viento en sentido contrario, tendríamos como zona segura la punta del Oeste que ya ha sido pasto de las llamas.

Superar bloqueos emocionales

Podemos sufrir bloqueos en la resolución de un problema por diversas causas emocionales.

Falta de motivación

Puede ser debida a una baja autoestima de carácter permanente (falta de confianza en las propias capacidades intelectuales) o de carácter circunstancial (a consecuencia de un fracaso reciente o un desánimo originado por una acumulación prolongada de esfuerzo estéril). También puede ser debida a un exceso de presión externa sobre nuestro trabajo.

La mejor medicina contra este bloqueo es recuperar la autoestima haciendo memoria de los éxitos anteriores, que siempre los habrá, por pequeños que sean. Y no vivir los fracasos como golpes contra la motivación, sino como un avance en la búsqueda dentro del laberinto, tal como hacía Edison. Cuando el camino recién investigado resulta ser una vía muerta, no debemos tirar la toalla, bien al contrario, debemos alegrarnos porque ya nos queda un camino menos a investigar y estamos más cerca del camino correcto.

Pesimismo y negatividad

Cuando las cosas tardan en solucionarse, es fácil pensar que no lo lograremos y que es mejor abandonar el proyecto. Hay que tener cuidado con las frases asesinas, como por ejemplo "esto no funcionará" o "ya lo hemos probado antes", o "nadie lo está haciendo así". Todas ellas sirven para torpedear la motivación y hay que tomarlas como lo que son: intentos de hacernos abandonar.

Hay que contrarrestarlo con resistencia a la frustración, con perseverancia, tozudez y resiliencia. Hay que recordar siempre que "nada es imposible", que "todo tiene solución", que "sólo nos falta la manera correcta de enfocarlo". Y que, con calma y tranquilidad de espíritu, sabremos encontrarla.

Vulnerabilidad a las críticas negativas

La crítica negativa, a menudo despectiva e hiriente, puede desanimarnos y desmotivarnos. Cuando provienen de personas que consideramos superiores en el dominio de nuestro oficio o personas que forman parte de nuestro círculo afectivo, pueden hacernos mucho daño. Las críticas deberían formularse siempre desde la honestidad y sinceridad y sin olvidar nunca la necesidad de comprensión y apoyo ante los posibles errores cometidos. Es harto frecuente que los envidiosos y frustrados viertan el veneno de su envidia e impotencia en críticas despiadadas y, a veces, fuera de lugar.

Tenemos que reforzar nuestra convicción en el proyecto, no ceder un ápice ni en motivación ni en autoestima aunque nos quedemos en la más estricta soledad. Tenemos que repasar mentalmente, una y otra vez, los beneficios de todo tipo que esperamos conseguir de nuestro proyecto, las bases sólidas en las que nos hemos estado apoyando, e imaginar el placer que nos proporcionará poder acudir a nuestros detractores y decirles: "Toma, aquí lo tienes. Atrévete ahora a decirme que era una chiquillada, una locura que no servía para nada".

Las prisas por hallar una solución

Las prisas son enemigas de la calidad del razonamiento. Estamos en una sociedad de ansiedades e impaciencias. Todo tiene que producirse a grandes velocidades: dejamos de trasladarnos con medios de transporte lentos porque consumen un exceso de tiempo; abandonamos la consulta de una web si tarda más de dos segundos en darnos respuesta. La máxima de que "el tiempo es oro" está escrita con letras de fuego en las mentes de casi todos los mortales, muy especialmente en los ambientes urbanos.

Tenemos que hacerle comprender a nuestros superiores que, si queremos soluciones de calidad, hay que darle a la resolución de problemas y a la toma de decisiones toda la tranquilidad y espacio temporal que puedan necesitar.

La ambición de querer destacarse

La legítima ambición de ser distinto y destacar puede generar, cuando es excesiva y obsesiva, unas prisas negativas para el desarrollo normal de los proyectos y pueden repercutir en una ansiedad bloqueante.

No le pediremos al líder que rebaje sus ambiciones, está en su derecho de tenerlas. Le recomendaremos que las controle para que no le arrastren a la ansiedad, para que las prisas excesivas por llegar no le hagan coger atajos que le aparten de su objetivo.

Confundir los deseos con la realidad

A veces las personas vemos las cosas tal como nos gustarían que fueran, no

como son en realidad. Queremos obtener el máximo beneficio en todos los aspectos y huimos de la dureza de la realidad pensando que aquello que hemos imaginado ya se ha convertido en realidad. Es un error típico de los directivos novatos que fácilmente pueden caer en fantasías eufóricas.
Evidentemente, la aplicación del método científico evita totalmente caer en este error. Al intentar comprobar empíricamente la certeza de nuestras suposiciones, se deshacen las fantasías y volvemos al reino de la realidad.

Rechazo a emociones negativas

Todas las personas tienen el impulso natural de rechazo a temas que asocias a emociones desagradables: muerte, enfermedad, pobreza, tortura, catástrofe y muchos más. Si para culminar su proyecto una persona tiene que enfrentarse a una emoción negativa, es muy probable que sufra un bloqueo mental inconsciente que le impida ver el hecho de que no tiene más remedio que pasar por ello.
A causa de esta falta de consciencia, son bloqueos muy difíciles de superar sin ayudas externas. Hay que recomendar al líder que lleve tiempo inmerso en un bloqueo que analice si puede estar atrapado en un bloqueo de este tipo. Podría ser que le haga falta recurrir a una persona que le cae mal o hacer cosas que le desagradan profundamente. Aunque una medicina sea amarga, si es la apropiada, debería tomarla.

Incubación de los bloqueos

Hay que aprender la estrategia de relajación e incubación del problema. Hay cierto tipo de bloqueos mentales que sólo se superan dejando que actúe nuestro inconsciente cognitivo y nuestra capacidad intuitiva.
El pensamiento es como un tanque derribando paredes, pero cuando una pared se le resiste, por mucho que insistamos por el mismo camino la pared no se va a derribar y corremos el riesgo de romper el tanque. Se impone cambiar de camino, pero solemos estar obsesionados por lo que venimos haciendo y estamos bloqueados para que se nos ocurran caminos alternativos.
Es el momento apropiado para detener el tanque y relajarse, posponer la resolución del problema y dedicarse a cualquier otra actividad que nos produzca distracción y, a ser posible, placer. Dormir y dejar que el inconsciente nos hable en sueños. Pasear, ver una película, hacer el amor, escuchar música, jugar, etc. Se trata de apartar la mente racional del problema y dejar que actúe el inconsciente cognitivo a través de la mente intuitiva. Tenemos conocimientos implícitos almacenados en nuestra memoria que nos pueden ayudar pero que no acuden ahora mismo a nuestra conciencia porque la mente racional los ha

eclipsado con otros conocimientos en los que se ha fijado y quedado clavada a pesar de que se está demostrando que no nos sirven.

Si apartamos nuestra atención de esta fijación obsesiva y dejamos que aparezcan los conceptos alternativos, quizás nos sobrevenga la visión que buscábamos. Algunas veces, esta visión es rotundamente definitiva y nos aporta la solución que buscábamos. Es el momento que Arquímedes inmortalizó con su exclamación de ¡Eureka! (¡Lo tengo!). El momento de clarificación súbita de conceptos que llamamos inspiración. Todas las piezas del rompecabezas pasan a ocupar de golpe el sitio correspondiente y tenemos la sensación de que una potente bombilla ha iluminado nuestro cerebro. Una visión de comprensión súbita que la Psicología llama insight y que puede producirse en mitad de un sueño mediante una imagen onírica (a menudo simbólica) o en mitad de cualquier actividad cotidiana. La incubación no garantiza que se produzca el insight pero es condición necesaria para ello.

Recomendaciones para afrontar los problemas con éxito

— Asegúrate de haber comprendido el enunciado del problema a la perfección.

— Si ves que faltan datos necesarios para poder resolver el problema pide que te los den o, en caso contrario, que te autoricen a determinarlos según tu intuición y conveniencia.

— Antes de atacar la resolución, ordena toda la información disponible, procura sintetizarla y simplificarla en todo lo que puedas.

— Si ves que te faltan conocimientos, antes de renunciar a resolver el problema, mira si son fáciles de obtener. En caso negativo, tendrás que recurrir a un experto de confianza.

— Investiga si existe una solución conocida. Si la respuesta es afirmativa, puedes aplicar la rutina existente pero analizando si tienes oportunidad de mejorarla.

— Si no existe un método de solución conocido, te tocará buscar la inspiración a base de transpiración.

— Aplica las estrategias mentales que aquí se indican, más las que puedas añadir de tu propia cosecha.

— Apóyate al máximo en los estímulos sensoriales de los objetos y materiales que forman parte del problema. Acuérdate de que, como dijo J. P. Guilford: "La creatividad es la inteligencia de los sentidos"-

— Asegúrate de no caer en ninguna fijación geométrica, funcional, emocional, de falta de atención en los atributos, errores de lógica o cualquier otro tipo de bloqueo mental.

— Procura apoyarte en una buena visualización gráfica del problema que te ayude a conocer su estructura y a sugerirte caminos de solución.
— Si llevas mucho tiempo estancado en un bloqueo, aplica la estrategia de la incubación y confía en tu inconsciente cognitivo.
— No te autoimpongas restricciones que no estén explícitas en el enunciado. Sé libre de buscar soluciones fruto del pensamiento late-ral o de la lógica inversa.
— Si una propuesta de solución no funciona, no te rindas. Recurre a analizar las causas para aprender de ellas y toma conciencia de que la eliminación de una alternativa te acerca un poco más al camino que buscas.

CAPÍTULO 14 – TOMA DE DECISIONES

Tipos de decisiones

Tomar una decisión es determinar una acción (o conjunto de acciones) en función de la situación en la que nos encontramos. Los humanos tenemos cinco maneras distintas de tomar decisiones:

Decisiones instintivas

Son decisiones automáticas e inmediatas movidas por el instinto de conservación. Tienen un tiempo de respuesta de centésimas de segundo. Son decisiones de respuestas innatas muy rápidas que suelen salvarnos de daños físicos, pero no siempre los instintos están adaptados al entorno actual y las respuestas instintivas pueden ser, algunas veces, erróneas o contraproducentes. Pueden ser frenadas y corregidas mediante las funciones cerebrales superiores.

Decisiones impulsivas o emocionales

Decisiones tomadas a impulso directo del sistema límbico por el miedo, la rabia, la alegría, la tristeza o cualquier otra emoción, sin dar tiempo a que intervenga la corteza cerebral. Son reacciones generadas en muy pocas décimas de segundo. Deberíamos aplicar siempre el autocontrol (inteligencia emociona) sobre ese tipo de decisiones porqué frecuentemente, los arrebatos emocionales nos conducen a decisiones erróneas de las que luego nos toca arrepentirnos. Pueden ser frenadas y corregidas por las funciones cerebrales superiores, desde el hemisferio derecho (intuiciones), el hemisferio izquierdo (razonamientos) o desde los lóbulos frontales (visión de futuro).

Decisiones intuitivas

Decisiones tomadas en base a nuestra intuición, antes de que la mente analítica las racionalice. Tiempo de respuesta de unas pocas décimas de segundo. Puesto que la intuición se basa en la experiencia (acumulación de vivencias anteriores), deberíamos confiar más en este tipo de decisiones, especialmente en los temas que dominamos profesionalmente o en las situaciones en las cuáles no tenemos tiempo para analizar lo que está pasando. Pueden ser frenadas y corregidas por las funciones cerebrales superiores.

Decisiones racionales

Frenando las capas cerebrales anteriores, analizamos todos los datos disponibles con el hemisferio izquierdo del cerebro y sopesamos pros y contras de las distintas alternativas y escogemos la que sale mejor valorada analíticamente. Tiempo de respuesta muy variable según la magnitud del problema. De unos cuantos segundos en el mejor de los casos. Corremos el riesgo de que en el análisis racional del problema, se nos escapen condiciones importantes que, al omitirlas, nos conducen a decisiones erróneas. Es aconsejable acompañar el análisis racional con los dictados de la intuición para evitar esta clase de omisiones. Pueden ser frenadas y corregidas por los lóbulos prefrontales si se detectan consecuencias de futuro dañinas o perjudiciales.

Decisiones planificadas

Estudiamos a fondo el problema y construimos con la mente racional y la mente planificadora un algoritmo de decisiones que contempla todas las posibles situaciones que el problema pueda presentar y cuál es la decisión más adecuada en cada una de ellas atendiendo a las consecuencias de futuro. Una vez obtenido el algoritmo de decisión, ya no tendremos que hacer razonamiento cada vez, bastará con identificar en qué situación estamos y aplicar la decisión o decisiones pre-programadas a priori.
Para construir y visualizar el algoritmo de decisiones pre-programadas tenemos dos tipos de representaciones: los árboles de decisiones y las tablas de decisiones. Las Tablas de Decisiones tienen un potencial lógico superior y a partir de ellas podemos dibujar el árbol de decisiones en forma de diagrama de flujo simplificado y optimizado. El tiempo de elaboración es muy variable en función de la complejidad del problema, entre unos minutos y unas cuantas horas. El tiempo de aplicación suele ser de unos pocos segundos para cualquier alternativa (que es uno de los principales beneficios que se buscan).

Importancia del estado de ánimo en las decisiones

El estado de ánimo influye poderosamente en todas las decisiones por la simple razón de que las hormonas y neurotransmisores que acompañan las emociones alteran el normal funcionamiento neuronal y nos inclinan hacia opciones que no siempre las veríamos como las mejores si estuviéramos libre de estas influencias.

El neurólogo Antonio R. Damasio ha demostrado que en la base de toda decisión humana de las que llamamos racionales, está siempre presente una emoción de atracción por una de las opciones y de rechazo de las restantes alternativas. También ha demostrado que las personas que han sufrido una pérdida de masa cerebral prefrontal (por accidente o cirugía) pierden su capacidad de tomar decisiones racionales aunque conservan la capacidad de decisiones instintivas e impulsivas, lo cual demuestra que los lóbulos frontales son los que toman la iniciativa final en las decisiones de tipo racional. Un estudio llevado a cabo en 2014 por el Centro de Salud Mental de la Universidad de Texas en Dallas (EEUU) se ha centrado sobre la reacción emocional que el miedo provoca en las personas, y ha identificado un marcador electrofisiológico del miedo en el cerebro. Han demostrado que el cerebro da prioridad a la información amenazante sobre otros procesos cognitivos y que el miedo provoca un aumento precoz de actividad de ondas theta del lóbulo occipital (el área del cerebro donde se procesa la información visual) que viene seguida de un aumento posterior de actividad theta en el lóbulo frontal (donde se producen las funciones mentales superiores tales como la toma de decisiones y la planificación) y de un aumento en las ondas beta relacionadas con el comportamiento motor. En resumen: el miedo altera nuestras decisiones y puede precipitarlas volcando toda la energía en el aparato motor (salimos huyendo) o, por el contrario, bloqueando la motricidad (nos quedamos petrificados por el miedo).
Conviene que tomemos las decisiones importantes con la mayor serenidad posible. El autocontrol emocional es la mejor fórmula para garantizar que nuestras decisiones tienen la base racional necesaria.
La meditación es una herramienta muy útil para lograrlo. Pero también tenemos el recurso de reírnos y relajarnos. Una investigación de la Facultad de Medicina de la Universidad de Loma Linda en California (EEUU) ha demostrado en 2014 que la risa provoca unas ondas cerebrales similares a las que tenemos cuando hacemos meditación. El humor involucra una experiencia total en el cerebro similar a la meditación y nos hace capaces de pensar con mayor claridad, tener pensamientos más positivos y conciliadores y nos ayuda a tomar decisiones clave en nuestra vida de una forma más serena.

La toma de decisiones racionales

Para tomar decisiones racionales, un líder debe basarse en cuatro pasos imprescindibles (ver Figura 14.1):

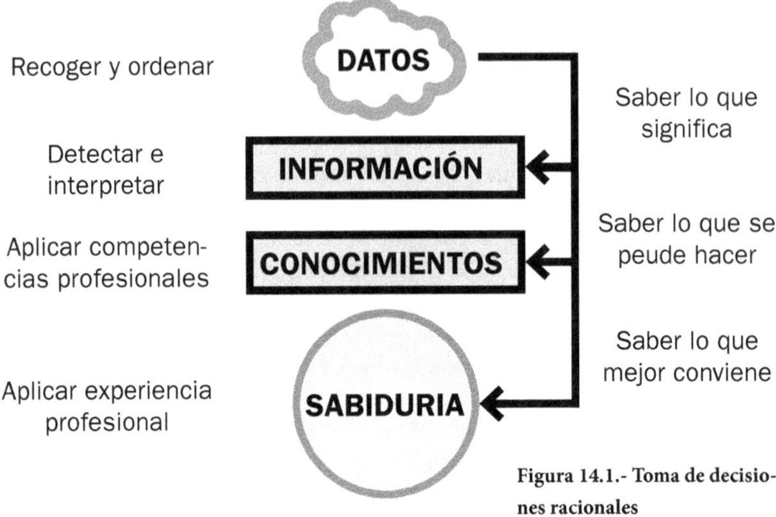

Figura 14.1.- Toma de decisiones racionales

Recopilar datos

Es necesario recoger y ordenar todos los datos fiables y actualizados que pueden ser necesarios para la toma de decisiones racionales. Es de suma importancia que no tengamos que suponer un valor aproximado e imaginario para ninguno de los datos (por los riesgos que ello comporta) y que los valores aportados sean fiables y precisos.

Las webs y las redes sociales son, actualmente, una extensa fuente de datos y de información, pero nos obliga a desconfiar permanentemente de la fiabilidad de las fuentes no contrastadas. Siempre que podamos, tomaremos los datos internos de nuestra empresa de forma automatizada mediante sensores específicos o los programas de gestión, puesto que serán mucho más precisos y actualizados que los que se puedan obtener a partir de informes hechos a mano.

Detectar las informaciones clave

Debemos procesar los datos clave e interpretar la información que aportan con criterio profesional y perspicacia. Aquí es donde es fundamental la capacitación profesional y la experiencia para saber lo que los datos significan.

Aplicar los conocimientos

Determinar qué se puede hacer. Aplicar los conocimientos profesionales y la experiencia para reflexionar sobre las informaciones disponibles y deducir cuáles son las posibles decisiones a tomar.

Ante la complejidad del mundo actual, es imposible que una sola persona pueda abarcar todos los conocimientos que se necesitarán para la correcta toma de decisiones. Se impone un sistema que gestione y coordine los conocimientos de todo tipo que el equipo de trabajo va recopilando. La habilidad que un líder debe poseer no es saber todo ––meta inabordable para un humano en el mundo actual––, sino conocer quién sabe con profundidad y especialización cada tema (persona interna o externa) y poder recurrir rápidamente a sus conocimientos y sus recomendaciones para incluirlos en el proceso de la toma de decisiones. El rol principal de un líder actual es saber preguntar y escuchar a los colaboradores idóneos, tomar las decisiones que correspondan y hallar la mejor manera de potenciar las capacidades de los colaboradores que tiene a su cargo para conseguir las metas propuestas. Tal como dijeron Rafael Andreu y Sandra Sieber en 1999:

> "La **gestión del conocimiento** es el proceso que continuamente asegura el desarrollo y la aplicación de todo tipo de conocimientos pertinentes de una empresa con objeto de mejorar su capacidad de resolución de problemas y así contribuir a la sostenibilidad de sus ventajas competitivas".

En España la asociación Indico (http://www.indico.info) ha desarrollado una herramienta on–line que permite crear entornos de gestión del conocimiento llamada Ateneum para entidades y empresas y que contempla temáticas concretas. Incorpora además las ventajas de las redes sociales para el intercambio de conocimientos entre sus usuarios.

Decidir con sabiduría

Se trata de saber escoger la decisión que mejor responde al reto que plantea la situación analizada. Alcanzando los objetivos deseados y respetando los valores y principios éticos asumidos. Aplicando las competencias directivas (muy especialmente la capacidad de planificación y visión de futuro) y la veteranía profesional adquirida.

Herramientas para planificar decisiones

Existen dos herramientas de gran ayuda para formalizar el análisis de una toma de decisiones planificadas y poder pre-programar todas las actuaciones a realizar para cada posible situación del problema: los **árboles de decisiones** (de visualización gráfica) y las **tablas de decisiones** (de visualización matricial).

Ejemplo

Imaginemos que un padre quiere instruir a su hijo de corta edad para que pueda regresar solo a casa al salir del colegio ubicado a cuatro bocacalles del domicilio

familiar. Probablemente su discurso sería muy similar al que aquí inventamos:
"Hijo, fíjate bien en cuatro reglas sagradas si no quieres sufrir daños:
> ***1** - Solo debes cruzar las calles por los pasos de peatones.*
> ***2** - Solo debes pasar cuando el semáforo tuyo esté en verde.*
> ***3** - Aunque el semáforo esté en verde, no cruces si ves que hay vehículos que no está claro que vayan a pararse. Hay mucho conductor que va loco de prisas por la ciudad.*
> ***4** - Cruza sin dilaciones cuando el semáforo esté en verde y todos los vehí culos frenados ante el paso de peatones".*

La representación como árbol de decisiones sería la de la Figura 14.2.

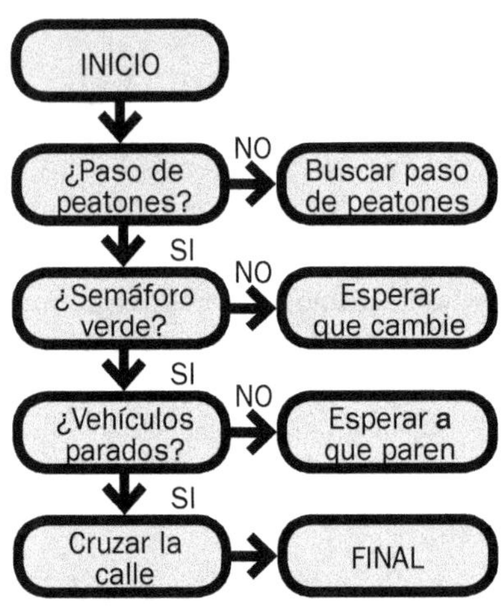

Figura 14.2 – Árbol de decisiones para cruzar la calle

La representación de estas reglas en forma de Tabla de Decisiones (TD) la mostramos en la Tabla 14.1. Cada regla aparece como una columna de la tabla. A la izquierda tenemos las condiciones que el niño debe inspeccionar (parte superior) y las acciones que debe hacer (parte inferior) según cómo las encuentre. En la expresión de las reglas una S significa "Sí", una N significa "No" y una raya horizontal significa que no hace falta inspeccionar la condición correspondiente de la izquierda. Un aspa en la casilla de una acción indica que es la acción que el niño debe realizar.

Podemos ver que la TD expresa exactamente el discurso del padre con un lenguaje tabular compacto y rápido de consultar.

		Regla 1	Regla 2	Regla 3	Regla 4
Condiciones	¿Hay un paso de peatones?	N	S	S	S
	¿El semáforo está en verde?	—	N	S	S
	¿Todos los vehículos han frenado?	—	—	N	S
Acciones	Buscar paso de peatones	X			
	Esperar cambio del semáforo		X		
	Esperar a que los vehículos paren			X	
	Cruzar la calle				X

Utilidad de las Tablas de Decisión

Veremos en este capítulo que la utilidad de las Tablas de Decisiones (TD) es mucho mayor que las de los Árboles de Decisiones (AD) porque ayudan a plasmar y sistematizar las decisiones, a detectar si tienen fallos de consistencia lógica y a aumentar la eficacia de los algoritmos de resolución de problemas que se construyan. O sea: una herramienta que proporciona una gran ayuda a la programación anticipada de las decisiones sobre situaciones que el líder sabe que van a ser repetitivas y vale la pena establecer con antelación y rigor. Por otra parte: una vez tenemos una TD completa, verificada, simplificada y bien ordenada, resulta muy fácil dibujar el AD que la visualiza gráficamente. Y, además, la aplicación del método de optimización de las TD garantiza que el AD será el mejor posible

No estamos hablando, por supuesto, de una herramienta mágica que permita garantizar que se está captando la realidad en toda su plenitud, ni mucho menos que todos los razonamientos aplicados serán correctos y conformes con la verdad de los hechos. La realidad puede estar, a veces, lejos de las apreciaciones subjetivas que el líder esté efectuando. La tozudez de los hechos puede conllevar complicaciones no previstas en su análisis (por falta de tiempo algunas veces, por errores de lógica o falta de visión otras).

Formato de las Tablas de Decisiones

Una Tabla de Decisiones (TD) no es más que una representación en formato tabular de la correspondencia entre un conjunto supuestamente exhaustivo de las situaciones posibles que pueden presentar las condiciones que intervienen en el problema y el tratamiento o conjunto de actuaciones que decidimos que hay que aplicar a cada posible situación. En otras palabras: un conjunto de Reglas de Decisiones. (Ver TD esquematizada en Figura 14.3).

Situaciones				
Combinación de las condiciones 1	Combinación de las condiciones 2	Combinación de las condiciones 3	...	Combinación de las condiciones n
Conjunto de las acciones 1	Conjunto de las acciones 2	Conjunto de las acciones 3	...	Conjunto de las acciones 4
Tratamientos				

Figura 14.3 – Formato de la Tabla de Decisiones

¿Qué entendemos por situaciones simples?

Las distintas combinaciones de valores que pueden tomar las condiciones que intervienen en el problema nos dan situaciones simples (con todos los valores de las condiciones explicitados) a diferenciar para ver que tratamiento le corresponde a cada una de ellas.

¿Qué entendemos por situaciones compuestas?

Cuando una situación contiene una o más indiferencias en alguna de las condiciones, es equivalente a todo el conjunto de situaciones que estas indiferencias abarcan y diremos que es una situación compuesta.

En el ejemplo del semáforo (Tabla 14.1) las situaciones de las Reglas 3 y 4 son simples (tienen todas las condiciones definidas); por el contrario la Regla 2 corresponde a una situación compuesta que abarca dos situaciones simples:

S		S	S
N	=	N	N
—		S	N

Y la regla 1, al tener dos indiferencias binarias, abarca el conjunto de 4 situaciones simples:

N		N	N	N	N
—	=	S	S	N	N
—		S	N	S	N

¿Cuántas situaciones simples puede tener un problema?

Tantas como combinaciones posibles de valores distintos puedan tomar las condiciones que intervienen en el problema. Lógicamente, cuántas más condiciones intervengan y más valores distintos puedan tomar, más situaciones diferentes pueden presentarse. Es una simple cuestión de combinatoria.
Supongamos que en un problema intervienen tres condiciones:
     — Una condición 1ª con 3 valores posibles.
     — Una condición 2ª con 4 valores posibles.
     — Una condición 3ª con 2 valores posibles.
Las situaciones simples que habrá que contemplar en este problema serán 3 x 4 x 2 = 24 (la combinación de todas las condiciones).

Reglas simples, reglas compuestas y peso de una regla

Una regla es la correspondencia de una situación con el tratamiento que se le ha asignado.

Regla = Situación + Tratamiento

Si la situación es simple, tendremos una regla simple (diremos que su peso es 1). Si la situación es compuesta tendremos una regla compuesta cuyo peso será el de la situación compuesta. En el problema del semáforo los pesos de las reglas son 4 para Regla 1, 2 para la Regla 2 y 1 para el resto de reglas.

Identificación de las condiciones

No es un ejercicio trivial identificar las condiciones que definen un problema. Es una cuestión que merece calma y una mente abierta a replantear todos los ajustes y modificaciones que sean necesarios. Como es lógico, la experiencia en resolver el mismo tipo de problemas es de una gran ayuda a la hora de prever que tipo de condiciones puedan intervenir.
A veces, en el primer análisis de un problema se nos pueden escapar condiciones fundamentales y las vamos descubriendo a medida que vamos profundizando en él. Otras veces, vemos al final del proceso que ciertas condiciones que al inicio nos parecían muy importantes en realidad no afectan en absoluto o son de escasa importancia.

Condiciones independientes e interdependientes

Dos condiciones son independientes entre sí cuando la situación puede tomar cualquier combinación de ambas (por ejemplo: la edad y el género de una persona). Son interdependientes, en cambio, si los valores que puede tomar una de las condiciones dependen del valor que haya tomado la otra condición (por ejemplo: tallas de ropa y edad del cliente).

Proceso de las Tablas de Decisiones

    1 - Visualizar en forma tabular la planificación de la toma de decisiones.
    2 - Comprobar que estén contempladas todas las situaciones posibles.
    3 - Ver si hay reglas repetidas. Si las hay, eliminarlas.
    4 - Ver si hay inconsistencias lógicas. Si las hay, resolverlas.
    5 - Simplificar al máximo posible las reglas de la toma de decisiones.

6 - Optimizar la TD, ordenándola según la importancia de las reglas y dentro de las reglas, atendiendo las condiciones por orden de importancia.

Ejemplo de una TD de selección de personal

Busquemos la clarificación de los conceptos expuestos con el apoyo de un ejemplo didáctico.

Supongamos que el Responsable del Departamento de I + D de una empresa le encarga al Jefe de Personal la selección de un nuevo colaborador con los siguientes requerimientos:

Condiciones de la TD
> **a** - Que tenga una edad comprendida entre 25 y 35 años.
> **b** - Que conozca un software concreto de Gestión de Proyectos.
> **c** - Que tenga el título universitario oficial en Ingeniería Industrial.
> **d** - Que tenga una experiencia laboral mínima en trabajo parecido de 1 año.

Expresión discursiva de las reglas
Las TD arrancan siempre a partir de la definición discursiva que alguien efectúa de un procedimiento de toma de decisiones. En el ejemplo planteado de la selección de personal, el Responsable de I + D expresa al Jefe de Personal sus criterios:
> **1** - Si no cumplen con el margen de edad, de momento los dejas aparte pero no los rechaces, no sea que luego nos convenga hacer una segunda vuelta de repesca.
> **2** - Me separas todos los que cumplen las cuatro condiciones y me programas una entrevista con cada uno ellos.
> **3** - Comprueba que sean Ingenieros Industriales, si no tienen el título, los rechazas directamente.
> **4** - Los que tengan el título pero les falta la experiencia, me los dejas también aparte, por si hace falta una segunda vuelta de repesca.

Número de situaciones de la TD
Si sabemos identificar todas las condiciones que intervienen en una toma de decisiones, sabremos acotar perfectamente el conjunto de situaciones posibles. Y, para cada situación concreta, podremos determinar cuáles serían las acciones oportunas que le corresponderían.

En el ejemplo tenemos 4 condiciones binarias independientes entre sí. Si hubiera condiciones interdependientes, habría que aplicar la corrección pertinente al número real de combinaciones posibles. Normalmente la edad y la experiencia laboral deben considerarse interdependientes porque no se le puede pedir experiencia laboral a un menor de edad; pero en el ejemplo son independientes porqué nos limitan a un rango de edad perfectamente compatible con experiencia laboral. El número de combinaciones posibles será, pues, de 2 x 2 x 2 x 2 = 16.

Primera versión de la TD del ejemplo

El Jefe de Personal ha plasmado estos criterios, en el mismo orden que se los han dado, en la TD de la Tabla 14.2:

La primera regla es compuesta y tiene peso de 8. (Ver su desglose en Figura

		R1	R2	R3	R4
		Situaciones			
Condición 1	¿Edad entre 25 y 35?	N	S	S	S
Condición 2	¿Gestión de Proyectos?	–	S	–	–
Condición 3	¿Ingeniero Industrial?	–	S	N	S
Condición 4	¿Experiencia?	–	S	–	N
Acción 1	Dejarlo para segunda vuelta	X			X
Acción 2	Entrevista		X		
Acción 3	Rechazar			X	
		Tratamientos			
	Peso de las reglas	8	1	4	2

Tabla 14.2 – TD inicial del proceso de selección

14.4).

En cambio la regla segunda de la misma TD es una regla simple puesto que

N	>	N	N	N	N	N	N	N	N
–		S	S	S	S	N	N	N	N
–		S	S	N	N	S	S	N	N
–		S	N	N	S	S	N	S	N

Reglas simples que la componen

8	>	Peso de la regla compuesta

Figura 14.4 – Desglose de R1

tiene definido todos los valores de las condiciones que intervienen. Su peso es 1. La regla tercera tiene peso 4 (dos indiferencias) y la regla cuatro tiene peso 2 (una indiferencia).

Fusión de reglas compatibles

Si dos reglas tienen el mismo tratamiento y solo difieren en una condición (en la que una tiene un S y la otra un N, o una de las reglas expresa indiferencia y la otra no) nos conviene fusionarlas y ganar una nueva indiferencia (ahorro de comprobaciones que no discriminan nada). Imaginemos que en una TD tenemos las reglas que aparecen en la Figura 14.5.

Cuántas menos condiciones tengamos que analizar más fácil, económica y

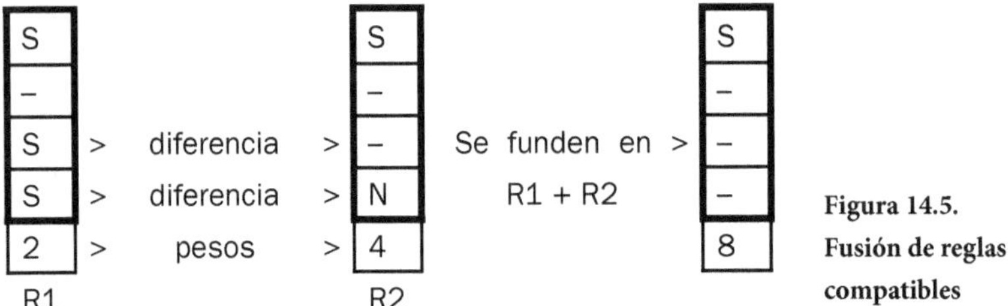

Figura 14.5. Fusión de reglas compatibles

eficaz será nuestra toma de decisiones. Imaginemos por un momento que la evaluación de una condición comporta un costoso análisis de un laboratorio. El ahorro de una sola prueba puede representar miles de euros.

Situaciones con redundancia total o parcial

A veces enunciamos una situación simple que está comprendida dentro de una compuesta y no nos damos cuenta. Otras veces expresamos dos situaciones compuestas sin advertir que comparten situaciones simples comunes. En el primer caso diremos que la situación simple tiene redundancia total. En el segundo caso diremos que las situaciones tienen redundancia parcial.

Cuando hay situaciones redundantes, si tienen el mismo tratamiento, son reglas repetidas y bastará con eliminar las sobrantes. Pero si tienen tratamientos distintos, estamos frente a una incongruencia lógica que habrá que resolver con la calma que el tema merece.

En la Figura 14.6 ponemos un ejemplo de situaciones con redundancia total. Si S1 y S2 tienen el mismo tratamiento, hay que eliminar la regla R1. Si tienen

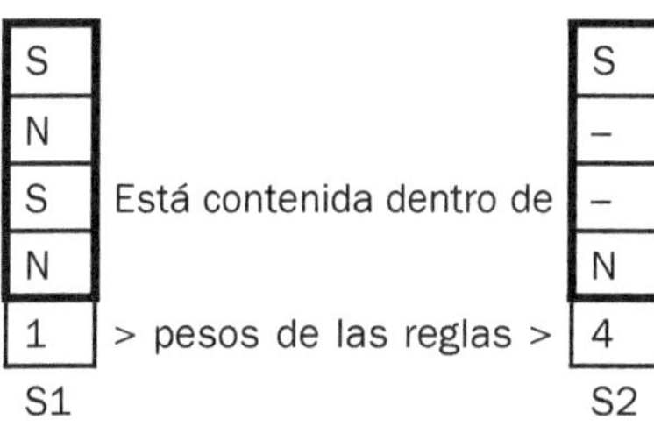

Figura 14.6. – Redundancia total

tratamientos distintos, tenemos una incongruencia lógica a analizar con toda la calma y rigor necesarios.

En la Figura 14.5, las situaciones S1 y S2 tienen redundancia parcial. En cambio, en la TD del ejemplo de Selección de personal de la Tabla 14.2 no se observan redundancias.

Reglas repetidas

Si dos situaciones con redundancia parcial y tienen asignadas los mismos tratamientos, tendremos **reglas repetidas** que habrá que eliminar. Veamos un ejemplo de reglas repetidas. Supongamos que las situaciones de la Figura 14.7 tienen los mismos tratamientos.

Habrá que eliminar las reglas redundantes porque a la hora de ver si la TD

R1		R2			R1.1	R1.2
S		S	tienen en común las		S	S
–	y	–	dos situaciones		S	N
N		–	siguientes:		N	N
–		N			N	N
4		4	> pesos de las reglas >		1	1

Figura 14.7
Reglas repetidas

está completa, estaríamos contando 4 + 4 = 8 reglas cuando en realidad solamente tenemos 6. La eliminación de estas dos reglas repetidas nos dejaría una regla de peso 4 y dos de peso 1. Tenemos dos maneras equivalentes de expresarlo: conservando como compuesta la primera de las reglas o conservando como compuesta la segunda (Figura 14.8).

R1	R2.1	R2.2		R2	R1.3	R1.4
S	S	S		S	S	S
–	S	N		–	S	N
N	S	S	O bien:	–	N	N
–	N	N		N	S	S
4	1	1		4	1	1

Figura 14.8
Sin reglas repetidas

Para decidirnos sobre cuál de las dos formas equivalentes nos inclinamos, hay una consideración de tipo económico a hacer: los costes de comprobar las condiciones. En la primera de las formulaciones hacemos la comprobación de las condiciones 2ª y 4ª. En la formulación segunda hacemos la comprobación de las condiciones 2ª y 3ª. Obviamente, la opción que nos proporcione más ahorro deberá ser la escogida. Imaginemos una TD en la que comprobar las condiciones representa unas pruebas de laboratorio de costos muy elevados. La elección correcta de cómo expresamos la TD nos puede ahorrar miles de euros.

Reglas incongruentes

Recordemos que si las dos situaciones con redundancia parcial tienen tratamientos distintos, estamos frente a un caso de incongruencias y hay que profundizar el análisis de todas las situaciones involucradas para deshacer los errores de lógica.

Comprobar si la TD está completa

Cuando disponemos de una Tabla de Decisiones, podemos comprobar fácilmente si está completa o nos olvidemos de alguna situación que —obviamente— puede causarnos perjuicios indeseados cuando aparezca y no tengamos previsto que tratamiento le corresponde: primero eliminamos las redundancias y después hallamos la suma de los pesos de las reglas

TD Completa:

Una TD está completa si carece de situaciones redundantes y la suma de los pesos de todas las reglas es igual al número de situaciones posibles que nos da la combinatoria de las condiciones. Si faltan situaciones, habrá que añadirlas y completar la TD con los Reglas adicionales que hagan falta.

Como la TD del ejemplo tiene 4 condiciones binarias, el número de situaciones simples que debe contemplar son 2 x 2 x 2 x 2 =16.

		Situaciones			
Condición 1	¿Edad entre 25 y 35?	N	S	S	S
Condición 2	¿Gestión de Proyectos?	–	S	–	–
Condición 3	¿Ingeniero Industrial?	–	S	N	S
Condición 4	¿Experiencia?	–	S	–	N
Acción 1	Dejarlo para segunda vuelta	X			X
Acción 2	Entrevista		X		
Acción 3	Rechazar			X	
	Pesos de las reglas > 15	8	1	4	2

Tabla 14.3 – Número total de reglas formuladas

Mirando los pesos de las reglas formuladas vemos que entre todas contemplan tan solo 8 + 1 + 4 + 2 = 15 situaciones. O sea que hay una situación en la que el Responsable de I +D no nos ha detallado qué se espera que hagamos. ¿Cómo lograremos saber qué situación se nos estaba escapando? Simplemente, desplegando por orden todas las combinaciones posibles y ver cuáles están informadas y cuáles no (Figura 14.9).

¿Edad entre 25 y 35?	S	S	S	S	S	S	S	S	N	N	N	N	N	N	N	N
¿Gestión de Proyectos?	S	S	S	S	N	N	N	N	S	S	S	S	N	N	N	N
¿Ingeniero Industrial?	S	S	N	N	S	S	N	N	S	S	N	N	S	S	N	N
¿Experiencia?	S	N	S	N	S	N	S	N	S	N	S	N	S	N	S	N
	R1	R2	R3		FAL-TA	R4	R3		R1							

Figura 14.9 – Encontrar la regla que faltaba

Nos toca preguntarle al Responsable de I + D qué hacemos con los candidatos que cumplen con todos los requisitos pero que no dominan la Gestión de Proyectos. ¿Los rechazamos? ¿Los pasamos a posible repesca? ¿Prefiere entrevistarlos? ¿Hay que aplicar alguna otra nueva acción? La TD no estaba completa y hay que completarla.

		R1	R2	R3	R4	R5
Condición 1	¿Edad entre 25 y 35?	N	S	S	S	S
Condición 2	¿Gestión de Proyectos?	–	S	–	–	N
Condición 3	¿Ingeniero Industrial?	–	S	N	S	S
Condición 4	¿Experiencia?	–	S	–	N	S
Acción 1	Dejarlo para segunda vuelta	X			X	
Acción 2	Entrevista		X			X
Acción 3	Rechazar			X		
	Pesos de las reglas > 16	8	1	4	2	1

Tabla 14.4 – TD completa pero sin ordenar

Supongamos que el Responsable de I + D nos dice que en este caso prefiere entrevistar a los candidatos para ver si los pasa o no a segunda ronda. La TD completada sería ahora la de la Tabla 14.4.

Simplificar y ordenar la TD

El último paso (de gran importancia) consiste en ordenar la TD por orden decreciente de peso de sus reglas y, dentro de las reglas, ordenar las condiciones también por orden decreciente de importancia.

TD ordenada:
— Las reglas más importantes son las que tienen mayor peso o, visto desde otro punto de vista, las que tienen más indiferencias entre sus condiciones y dependen de menos preguntas.
— Las condiciones más importantes son las que aparecen en mayor número de reglas, es decir, las que tienen menos indiferencias en la TD.

Apliquemos la ordenación final a la TD del ejemplo. Empecemos ordenado las reglas en función de su peso (Tabla 14.5):

		R1	R3	R4	R2	R5
Condición 1	¿Edad entre 25 y 35?	N	S	S	S	S
Condición 2	¿Gestión de Proyectos?	–	–	–	S	N
Condición 3	¿Ingeniero Industrial?	–	N	S	S	S
Condición 4	¿Experiencia?	–	–	N	S	S
Acción 1	Dejarlo para segunda vuelta	X		X		
Acción 2	Entrevista				X	X
Acción 3	Rechazar		X			
Pesos de las reglas > 16		8	4	2	1	1

Tabla 14.5 – TD con reglas en orden de importancia

Ahora podemos observar que R2 y R5 tienen el mismo tratamiento y solo difieren en un S y un N en la condición 2. Se pueden fundir perfectamente en una regla R2' de peso 2 (Tabla 14.6).

			R1	R3	R4	R2'
	Condición 1	¿Edad entre 25 y 35?	N	S	S	S
A eliminar>	Condición 2	¿Gestión de Proyectos?	–	–	–	–
	Condición 3	¿Ingeniero Industrial?	–	N	S	S
	Condición 4	¿Experiencia?	–	–	N	S
	Acción 1	Dejarlo para segunda vuelta	X		X	
	Acción 2	Entrevista				X
	Acción 3	Rechazar		X		
	Pesos de las reglas > 8		4	2	1	1

Tabla 14.6. – La condición 2ª no afecta a la decisión y se elimina

Vemos que la condición de conocer el software de Gestión de Proyectos, que inicialmente parecía tener su importancia, de hecho no afecta para nada la decisión y debe ser eliminada de este primer filtro. Aunque los candidatos no tengan este requisito, si cumple con la edad, la titulación y el mínimo de experiencia, el Responsable de I+D los quiere entrevistar. Será en una segunda TD posterior que la condición 2 deberá ser tenida en cuenta.

Las condiciones ya han quedado en su orden de importancia. La TD debe tener ahora solo 8 reglas simples (la mitad). Pero vemos que R1 y R4 tienen el mismo tratamiento y esto nos plantea la posibilidad de analizar otra manera de expresar el conjunto de las 5 reglas que entre ambas reúnen. Fijémonos en que el rechazo solo se produce cuando no se cumple la condición de Ingeniero. Ésta debería ser, pues, la condición más importante.

En la Figura 14.10 detallamos el proceso de reordenación. Como primer paso desglosamos R1 de peso 4 en dos reglas de pesos mitad. A continuación desglosamos R1.2 en sus reglas simples . Seguidamente fusionamos R1.3 con R4 y obtenemos R9. En este paso final se nos confirma que la condición Ingeniero puede ser considerada la más importante de la TD.

	R1	R4	>	R1.1	R1.2	R4	>	R1.1	R1.3	R1.4	R4	>	R1.1	R1.4	R9	Condición más importante
Edad	N	S		N	N	S		N	N	N	S		N	N	–	
Ingeniero	–	S		N	S	S		N	S	S	S		N	S	S	
Experiencia	–	N		–	–	N		–	S	N	N		–	S	N	
	4	1		2	2	1		2	1	1	1		2	1	2	

Figura 14.10 - Reestructuración de la TD para resaltar la mayor importancia de condición 3ª

La nueva versión de la TD será la que muestra la Tabla.

		R1'	R2'	R3'	R4'
Condición 3	¿Ingeniero Industrial?	N	S	S	S
Condición 1	¿Edad entre 25 y 35?	-	N	S	S
Condición 4	¿Experiencia?	-	-	N	S
Acción 1	Dejarlo para segunda vuelta		X	X	
Acción 2	Entrevista				X
Acción 3	Rechazar	X			
	Pesos de las reglas > 8	4	2	1	1

Tabla 14.7 - TD definitiva de la selección de candidatos

Vemos que las negativas a Edad y a Experiencia conducen al mismo tratamiento. Ello nos permitiría cambiar el orden de prelación entre ambas condiciones. Pero como es más fácil y tiene menor coste en tiempo comprobar la Edad que la Experiencia, el orden actual es el más conveniente.

Representación en árbol de decisiones (diagrama de flujo)

La visualización de la TD, completamente simplificada y ordenada, mediante un diagrama de flujo la tenemos en Figura 14.11.

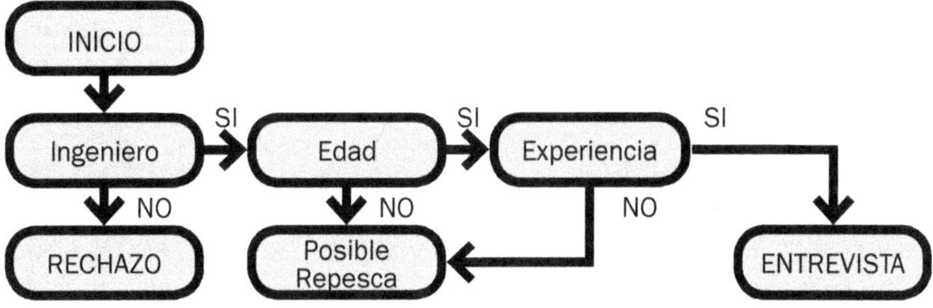

Figura 14.11. – Diagrama de flujo de la TD resultante

La idoneidad de las actuaciones

Dar a cada situación la actuación más conveniente es un tema de experiencia y sabiduría muy difícil de enseñar. Sólo el estudio concienzudo de cada problema, la práctica y la reflexión sistemática nos pueden ayudar. Las vivencias reales y la experiencia acumulada suelen ser buenos maestros para ello. Valga para muestra el siguiente botón:

El escape de gas
En unas pruebas de selección de ayudantes de cocina, el jefe de personal le preguntó al candidato:
> —Descubre Ud. un terrible escape de gas en la cocina. ¿Qué es lo primero que debe hacer Ud.?
> —Intentar taparlo con algo que esté a mano —contestó el buen hombre.
> —Suponga que no hay manera humana de taparlo. ¿Qué hará Ud.?

El candidato dijo que avisaría al cocinero jefe y fue eliminado. Otro candidato contestó que avisaría a los bomberos y también fue eliminado. ¿Por qué? ¿Qué respuesta esperaba el jefe de personal?
Es obvio que el jefe de personal considera que a los candidatos se les debe pedir una

capacidad de decisión más inteligente. La única actuación que estaba dispuesto a aceptar como válida en primera instancia, y hay que reconocer que tenía razón, era la de "Cerrar la llave de paso y desalojar al personal". Después, inmediatamente después, está bien que se avise a los bomberos, al jefe del laboratorio o a quién nos parezca más conveniente, podremos instruir al candidato sobre ello. Pero no podremos instruirle sobre cómo pensar de una manera sensata en cada nueva emergencia que se le pueda plantear en el desempeño de su puesto de trabajo.

Ejemplo de proceso completo de una TD

A continuación emplearemos una TD llena de ambigüedades e incongruencias para ejemplificar con finalidad didáctica los pasos que hay que hacer para depurar cualquier TD y llegar a la optimización del algoritmo de decisión.

Las vacaciones de un indeciso
Rigoberto —un chico con bastantes problemas de indecisión y confusión mental— se presenta en una Agencia de Viajes para adquirir informaciones de cara a planificar sus vacaciones y, de sus muchas afirmaciones, hemos elaborado una TD de 11 reglas iniciales que habrá que estudiar para depurarla de repeticiones e inconsistencias.

TD inicial

Detectar y eliminar las reglas repetidas.

	R1	R2	R3	R4	R5	R6	R7	R8	R9	R10	R11
¿Buen tiempo?	S	S	S	S	–	N	N	N	N	N	N
¿Suficiente dinero?	S	S	S	–	N	–	S	N	–	S	N
¿Viene mi novia?	S	–	N	S	–	S	S	S	–	S	N
¿Suficientes días?	S	S	–	N	N	S	S	S	–	S	N
Ir al Caribe	X	X									
Ir a playa local			X	X							
Ir a la montaña						X	X	X		X	
Quedarse en casa					X				X		X
Peso de las reglas > 25	1	2	2	2	4	2	1	1	8	1	1

Tabla 14.12 – TD inicial de las vacaciones de Rigoberto

— R1 se puede suprimir porqué está contenida en R2.

— R7 y R8 se pueden eliminar porqué están contenidas en R6.

— R10 se puede suprimir porqué está contenida en R6.

— R11 se puede suprimir porqué está contenida en R5.

Ya hemos ganado algo de simplicidad en Tabla 14.13. Aun así tenemos un peso total de 20 (en vez de 16) que nos indica que todavía nos quedan situaciones redundantes.

	R2	R3	R4	R5	R6	R9
¿Buen tiempo?	S	S	S	–	N	N
¿Suficiente dinero?	S	S	–	N	–	–
¿Viene mi novia?	–	N	S	–	S	–
¿Suficientes días?	S	–	N	N	S	–
Ir al Caribe	X					
Ir a playa local		X	X			
Ir a la montaña					X	
Quedarse en casa				X		X
Peso de las reglas > 20	2	2	2	4	2	8

Tabla 14.13 – TD con primera simplificación

Detectar y resolver incongruencias.

R2 presenta redundancias incongruentes con R3 que habrá que resolver (ver las reglas simples sombreadas en Figura 14.14).

	R2	R3		R2.1	R2.2	R3.1	R3.2		R2	R3'
¿Buen tiempo?	S	S		S	S	S	S		S	S
¿Suficiente dinero?	S	S		S	S	S	S		S	S
¿Viene mi novia?	–	N	>	S	N	N	N	>	S	N
¿Suficientes días?	S	–		S	S	S	N		S	–
Ir al Caribe	X			X	X				X	
Ir a playa local		X				X	X			X
	2	2		1	1	1	1		2	1

Figura 14.14– Detección de las reglas incongruentes

Consultamos a Rigoberto y nos aclara que, en realidad, si no le puede acompañar su novia, no le apetece ir al Caribe. También vemos una inconsistencia entre R4 y R5 (ver reglas sombreadas):

	R4.1	R4.2	R5.1	R5.2	R5.3	R5.4		R4.1	R5
¿Buen tiempo?	S	S	S	S	N	N		S	–
¿Suficiente dinero?	S	N	N	N	N	N		S	N
¿Viene mi novia?	S	S	S	N	S	N		S	–
¿Suficientes días?	N	N	N	N	N	N	>	N	N
Ir al Caribe									
Ir a playa local	X	X						X	
Ir a la montaña									
Quedarse en casa			X	X	X	X			X
	1	1	1	1	1	1		1	4

Figura 14.15 – Segundo grupo de inconsistencias

Hablando con Rigoberto, nos aclara que si no tiene dinero ni días suficientes, se quedará en casa (con la novia o sin ella).

La inconsistencia entre R6 y R9, Rigoberto la resuelve a favor de R9 y suprimimos R6. Nos quedará corregida la tabla según se ve a continuación en Tabla 14.16:

	R2	R3'	R4.1	R5	R9
¿Buen tiempo?	S	S	S	–	N
¿Suficiente dinero?	S	S	S	N	–
¿Viene mi novia?	S	N	S	–	–
¿Suficientes días?	S	–	N	N	–
Ir al Caribe	X				
Ir a playa local		X	X		
Ir a la montaña					
Quedarse en casa				X	X
Peso de las reglas > 16	1	2	1	4	8

Tabla 14.16 - Nueva simplificación de la TD

Notemos que la acción "Ir a la montaña" ha dejado de tener sentido porqué ya no la utilizaremos en ninguna regla. Podemos suprimirla. También podemos suprimir la mitad de la R5 que empieza por N por ser redundante con R9.

	R2	R3'	R4.1	R12	R5.1	R9
¿Buen tiempo?	S	S	S	S	S	N
¿Suficiente dinero?	S	S	S	N	N	–
¿Viene mi novia?	S	N	S	–	–	–
¿Suficientes días?	S	–	N	S	N	–
Ir al Caribe	X					
Ir a playa local		X	X	X		
Quedarse en casa					X	X
Peso de las reglas > 16	1	2	1	2	2	8

Tabla 14.17 - TD completada de Vacaciones Rigoberto.

Nos falta determinar qué quiere hacer Rigoberto en dos situaciones que no han sido contempladas hasta ahora (R12). Él se pronuncia a favor de ir a una playa local.

Ordenar reglas y condiciones

La regla más importante para Rigoberto es si hará buen tiempo o no. Si no hace buen tiempo, se quedará en casa y (en caso de tener dinero, lo guardará para mejor ocasión (D1).
La condición más importante para él también coincide con el buen tiempo, seguida de cerca por el dinero. En tercer lugar está la condición de los días suficientes y la condición menos prioritaria es si su novia le podrá acompañar o no. Esta última condición solo le servirá para irse con ella al Caribe si todas las demás son positivas.

	D1	D2	D3	D4	D5	D6
¿Buen tiempo?	N	S	S	S	S	S
¿Suficiente dinero?	–	N	N	S	S	S
¿Suficientes días?	–	S	N	N	S	S
¿Viene mi novia?	–	–	–	–	N	S
Ir al Caribe						X
Ir a playa local		X		X	X	
Quedarse en casa	X		X			
Peso de las reglas > 16	8	2	2	2	1	1

Tabla 14.18 - TD definitiva de las Vacaciones de Rigoberto.

Recomendaciones para la toma de decisiones

— Aprende a diferenciar y reconocer claramente los distintos tipos de decisiones (instintivas, impulsivas o emocionales, intuitivas, racionales y planificadas).

— En situaciones en que esté en peligro tu integridad física, confía en tus instintos de conservación antes de reflexionar sobre cómo librarte del peligro.

— Evita totalmente que tus decisiones sean debidas a un arrebato emocional. Utiliza tus emociones para saber cómo te afectan las cosas a nivel personal, pero contrólalas para que tus decisiones sean meditadas y justas.

— Persigue el objetivo de que tus decisiones sean siempre racionales, pero si te faltan datos o las prisas te obligan a decidir antes de poder efectuar los análisis racionales profundos de todas las alternativas, decídete por la alternativa que te indique tu intuición.

— Perfecciona tanto como puedas tu intuición en el dominio de tu capacitación profesional. Ten presente que la fiabilidad de tu intuición solo crecerá en aquellos temas en los que acumules experiencia.

— Lleva un "diario de intuiciones" y revisa periódicamente los resultados de tus decisiones intuitivas para ir calibrando y mejorando tu intuición.

— Siempre que veas la necesidad de tomar decisiones que se presentan repetitivamente, párate a organizar una Tabla de Decisiones bien depurada.

— Sé consciente de la tremenda distancia que puede existir entre una narración discursiva de unos criterios de toma de decisiones —inexacta y propicia a repeticiones y errores de lógica— y una Tabla de Decisiones bien procesada y depurada.

— No pierdas de vista la necesidad de revisar periódicamente la idoneidad de las decisiones planificadas y ajustar en todo lo que haga falta las Tablas de Decisiones usadas.

— Apóyate en tus colaboradores y comparte con ellos la preparación de la toma de decisiones. Es muy conveniente sumar al máximo posible conocimientos, experiencia, inteligencia y sabiduría.

— Asume por adelantado que algunas de tus decisiones serán erró-neas y dispón tu ánimo a reconocer los errores cuanto antes mejor para detener los daños y corregir todo lo que se pueda.

— Decide en compañía de tu equipo y reparte los méritos de los éxitos con ellos; pero en los fracasos, quédate en solitario con la responsabilidad.

— Que el miedo a equivocarte no te paralice ni te haga perder más tiempo del necesario. Recuerda siempre que: "La peor decisión es no decidir nada".

— Valora con perspectiva las posibles repercusiones a futuro de tus decisiones. Si van a ser negativas, mejor vete valorando otras alternativas.

— Que tus decisiones respeten los principios éticos, el sentido de equidad y justicia y los valores de la empresa.

CAPÍTULO 15 – INICIATIVA Y EMPRENDIMIENTO

Iniciativa y emprendimiento

Iniciativa es la capacidad de afrontar cualquier proyecto nuevo y de buscar soluciones innovadoras a los problemas. Peter Drucker describe al empresario con iniciativa como "alguien que busca activamente el cambio, responde a él y lo sabe aprovechar como una oportunidad". La iniciativa empresarial puede desarrollarse tanto si se trabaja por cuenta ajena o por cuenta propia.

Emprendimiento es la capacidad de iniciativa para crear una nueva empresa. La mayoría de los analistas de Economía coinciden en que la iniciativa empresarial es un ingrediente necesario para estimular el crecimiento económico y las oportunidades de empleo de cualquier país. En la mayoría de países del mundo desarrollado, las pequeñas empresas que tienen éxito son un motor muy importante en la creación de empleos, el crecimiento del PIB y la reducción de la pobreza. Por esa razón, es una estrategia vital para el desarrollo económico que los gobiernos apoyen a los empresarios y a los jóvenes emprendedores.

Espíritu emprendedor

Se dice que posee espíritu emprendedor aquella persona que sabe apreciar una oportunidad en los cambios de condiciones socio-económicas y tecnológicas del mercado para proponer la producción de nuevos bienes y/o servicios que satisfagan de manera innovadora las necesidades del público. Puede tratarse de un empresario que innova su empresa o un emprendedor que inicia la creación de una nueva empresa.

Los emprendedores contribuyen al crecimiento de la sociedad incrementando la productividad de los países y son una fuente importante de implantación de nuevas tecnologías, productos innovadores y servicios avanzados.

Según Friedrich A. Hayek, premio Nobel de Economía, muchas iniciativas empresariales no serán aceptadas por el mercado y fracasarán, mientras que otras, socialmente valiosas y capaces de generar suficiente demanda, triunfarán. De este modo, la iniciativa individual, junto con la coordinación global y automática por parte del mercado, asegurará que todas las posibilidades de innovación imaginables serán probadas y que sólo aquellas iniciativas mejor adaptadas al mercado serán capaces de sobrevivir al proceso de competencia contribuyendo al progreso económico.

Joseph Schumpeter introduce la diferencia entre innovación radical e innovación adaptativa. El emprendedor es el elemento que proporciona respuestas creativas del sistema económico, mientras el empresario convencional solo presenta respuestas adaptativas.

Las actividades innovadoras no sólo abarcan innovaciones estrictamente tecnológicas sino también la creación de nuevos bienes, nuevos métodos de producción, nuevos mercados, nuevas fuentes de aprovisionamiento, nuevas formas de organización de la industria y del comercio.

En el informe de la OCDE (Organización para la Cooperación y el Desarrollo Económicos) de 1998, podemos leer que:

«Los emprendedores son agentes del cambio y del crecimiento en una economía de mercado y pueden actuar para acelerar la generación, difusión y aplicación de ideas innovadoras. Los emprendedores no sólo buscan e identifican oportunidades económicas potencialmente rentables, sino que están en posición de asumir riesgos si sus intuiciones son buenas».

Razones para convertirse en emprendedor

Diversas razones, una o más de la siguiente lista, pueden llevar a una persona a tomar el camino del emprendimiento:

— **Tradición familiar**, llevarlo el emprendimiento en el ADN personal debido al ejemplo directo del entorno familiar.
— Búsqueda de la **independencia profesional**. Provocada por una iniciativa positiva de querer generar una empresa innovadora diferente de las existentes, o por la necesidad de huir de una sobreexplotación laboral.
— **Desempleo o precariedad laboral**. A pesar de estar "suficientemente preparado/a", no ha conseguido un empleo adecuado. En estas circunstancias, algunos deciden emigrar a otros países y buscar mejores oportunidades de empleo; otros, con mayor iniciativa empresarial, deciden emprender su propia aventura de autoempleo.
— Tener desde hace tiempo **una buena idea innovadora**, confianza en ella y en la propia capacidad de trabajo y superación de obstáculos.
— Capacidad y **motivación para afrontar situaciones de riesgo**. Preferir el riesgo del fracaso que ofrece la posibilidad de grandes éxitos a la seguridad de un empleo estable pero que aleja de éxitos dignos de destacarse.

Los elementos imprescindibles

— **Tener una buena ide**a de empresa innovadora.
— Desarrollar un buen **Plan de Empresa**.

— **Saberlo exponer** en un máximo de 5 minutos.
— **Buscar inversores** y fuentes de financiación sin caer en el desánimo.
— **Trabajar tantas horas como el sueño y el cansancio te permitan.**

Elementos adicionales

— Superar los temores y **eliminar las frases derrotistas** en el entorno de trabajo.
— Tener claro que la suerte no es el factor principal, que **las empresas crecen con el trabajo, los buenos productos y el profesionalismo.**
— Que **no hay que confundir empresa con negocio.** Puede haber buenos negocios con malas empresas y buenas empresas con poco negocio, pero una buena empresa no nace de priorizar el negocio, sino la calidad de sus servicios
— Que **una empresa la forman también sus clientes.** No puede sobrevivir una empresa que no consiga clientes y **la parte más importante de una empresa es la atención al cliente.**

Competencias directivas del emprendedor

A todas las competencias directivas desplegadas en los capítulos anteriores hay que añadirle las específicas siguientes:
— Iniciativa empresarial.
— Emprendimiento.
— Gestión del cambio.
— Asumir la formación adicional que el nuevo proyecto empresarial requiera.

Elección del ámbito empresarial

El emprendedor elige el ámbito empresarial en el que va a desplegar su iniciativa atendiendo a uno o más de los siguientes factores:
— Sus características y **habilidades personales.**
— Su **formación** y experiencia laboral previa.
— Sus **aficiones y gustos**, o su vocación, su ilusión, su pasión por un tema concreto.
— La observación objetiva del entorno, los resultados de **estudios de mercado**, criterios analíticos libres de apasionamientos.

Ideas para crear una empresa

Las ideas más frecuentes de los emprendedores para crear una nueva empresa son:
- La **distribución en exclusiva** de un producto o servicio novedoso en el país.
- Acogerse a una **franquicia** de éxito asegurado en el sector.
- La **mejora innovadora de un producto o servicio** existente.
- La creación de un **producto o servicio nuevo.**
- Un **modelo de negocio totalmente innovador en su sector**.

La viabilidad de un proyecto empresarial

Se trata de valorar la viabilidad del proyecto en sus cuatro dimensiones: técnica, comercial, económica y financiera.

Viabilidad técnica
- ¿Todas las tecnologías a utilizar están operativas y estables?
- ¿Disponemos del conocimiento técnico necesario para la producción?
- ¿Es viable el plan de producción?

Viabilidad comercial
- ¿Sobre qué bases se ha hecho el estudio del mercado? ¿Obedece a una simple intuición? ¿Se ha hecho una encuesta fiable?
- ¿Satisface o una necesidad real y estable del mercado? ¿O se trata de una necesidad pasajera sujeta a rápida desaparición?
- ¿Podremos resistir a los cambios socio-económicos durante el período de tiempo necesario?
- ¿Tenemos valor diferencial respecto de la competencia? (creatividad e innovación).

Viabilidad económica
- ¿Será rentable? ¿La diferencia entre los costes de producción y comercialización y la facturación esperada ofrece un margen suficientemente atractivo?

Viabilidad financiera
- ¿La inversión necesaria para cubrir la puesta en marcha y los primeros tiempos de ventas bajas está a nuestro alcance?
- Si no disponemos de capital suficiente, ¿Podemos conseguir présta-

mos bancarios a un buen interés? ¿Tenemos manera de conseguir socios inversores que no nos ahoguen financieramente y no nos quiten el liderato de la empresa?

Plan de empresa

Una buena planificación de la futura empresa es imprescindible porque, aunque no garantiza el éxito, lo cierto es que una mala planificación asegura el fracaso a las primeras de cambio.

Un buen plan de empresa junto a una buena gestión del cambio y a una buena capacidad de tomar las buenas decisiones frente a los imprevistos, es la mejor herramienta para llevar Supongamos que el Responsable de I + D nos dice que en este caso prefiere entrevistar a los candidatos para ver si los pasa o no a segunda ronda. La TD completada sería ahora la de la Tabla 14.4.

Supongamos que el Responsable de I + D nos dice que en este caso prefiere entrevistar a los candidatos para ver si los pasa o no a segunda ronda. La TD completada sería ahora la de la Tabla 14.4.

a buen puerto el proyecto. Tanto es así que e**s imposible encontrar inversores que apuesten por un proyecto empresarial innovador si no dispone de un buen plan de empresa** (business plan).

Elementos del plan de empresa

Los elementos imprescindibles para un plan de empresa son:

Definir el producto o servicio y a qué público nos dirigimos
— Explicar cómo nace la idea.
— Describir la actividad, (en qué consiste nuestro producto o servicio y qué utilidad tiene).
— Analizar el nicho de mercado susceptible de comprar el producto o servicio (clientes potenciales).

Influencia del entorno
— Cómo nos afectará la **evolución demográfica y política**.
— Qué **normativas para empresas de la Administración** debemos contemplar.
— De qué manera se adaptará la nueva empresa a los **cambios sociales y tecnológicos**.
— Describir al **público objetivo**.
— Qué **proveedores** requiere la empresa y en qué condiciones: pagos, plazos de entrega, clientes, etc.
— Describir a los **competidores**: sus servicios, precios y clientes.

— **Nombre o marca comercial y su imagen** (atractivo, fácil de recordar, de pronunciar y que se identifique con el servicio que ofertamos).

— **Identidad corporativa de la empresa** (logotipo) y dónde se utiliza (papelería, señalización, vehículos, packaging, etc.).

— **Ciclo de vida del producto**: si su consumo es temporal o permanente y si tenemos previsto cambiarlo. (P. ej.: el consumo de helados, un producto veraniego que actualmente funciona todo el año).

— **Precio del producto o servicio** (teniendo en cuenta el coste de producción y distribución y los precios de la competencia).

— **Distribución de nuestro producto** (canales y condiciones).

— **Acción promocional**. Medios elegidos y por qué (prensa, radio, televisión, buzoneo, Internet, muestras, descuentos, etc.). En qué momento se desarrollará la campaña y sus costes.

Disponibilidad de medios técnicos

+ **Material necesario** para comenzar la actividad y su importe.

— **Sistema de producción**: describir el proceso de elaboración.

— **Cantidades de producción y plazos previstos**.

— **Control de calidad** del producto o servicio.

— **Condiciones del local**: (propio o alquilado, coste y forma de pago, superficie, situación).

— **Mejoras o adecuaciones necesarias**.

— **Espacio para almacén o futuras ampliaciones**.

— **Equipamiento** (maquinaria, herramientas, equipos informáticos, etc.)

— **Transporte** (propio o contratado y en qué condiciones).

Disponibilidad de medios humanos

— **Tareas y establecer cuántos trabajadores necesitamos** (definir perfiles profesionales).

— **Selección de personal** (¿vamos a contratar a una empresa especializada o nos encargaremos personalmente?).

— **Informarnos sobre tipos de contratación existente** (optar por la más adecuada a nuestro caso y calcular los costes. Tener en cuenta ayudas a la contratación por parte de la Administración).

Estudio económico-financiero

— **Inversiones necesarias**: maquinaria, equipos informáticos, instalaciones (teléfono, luz, agua,...), compra de locales, gastos de constitución y puesta en marcha (abogados, escrituras, Impuesto de Actividades

Económicas o IAE, licencia de apertura), etc.
— **De qué dinero disponemos**, (contemplar si necesitaremos un préstamo o crédito y en qué condiciones, si tenemos garantías o avales y por
último, a qué subvenciones podemos optar y cuanto tardan en hacerse
efectivas).
— **Estimaciones de la rentabilidad** (confrontar los ingresos que se espe-
ran con los gastos).

Fuentes de financiación para emprendedores

— **Fuentes propias** de financiación
· El propio emprendedor (Bootstrapping).
· El círculo cercano (las 3 efes: Family, Friends & Fools).
— **Fuentes ajenas** de financiación
· Capital Riesgo y Business Angels
· Inversores corporativos o industriales
· Family Offices
· Incubadoras
— **Financiación bancaria**
· Préstamos
· Líneas de crédito
— **Nuevas modalidades**
· Crowfunding

Fuentes propias de financiación
Son las más frecuentes en empresas que requieren un nivel bajo de inversión inicial.

Capital Riesgo
Se define como Capital Riesgo la inversión que realizan uno o más inversores
independientes en forma minoritaria en acciones (o títulos de valores similares) en una empresa no financiera —de naturaleza no inmobiliaria y que no
cotice en primeros mercados— con el fin de apoyar a la empresa en su paso
por uno o varios estadios de crecimiento a lo largo de su vida económica. En
economías avanzadas es uno de los principales instrumentos de financiación
empresarial y de obtención de beneficios rápidos de los inversores expertos.
En España existen sociedades privadas de Capital Riesgo que alcanzan un nivel de desarrollo bastante limitado. El Capital Riesgo español de tipo privado
se suele centrar en proyectos muy específicos de mercados muy concretos.
Los emprendedores se apoyan preferentemente en las iniciativas de Capital

Riesgo del sector público. Casi todas las comunidades autónomas tienen una sociedad de este tipo.

Business Angels

Se llaman así a los empresarios o directivos con recursos financieros que invierten y aportan su amplia experiencia de gestión a la nueva empresa. Es un capital inteligente puesto que proporciona valor añadido en materia de gestión (experiencia, know-how, contactos, clientes, etc.).Son inversores que buscan participar de forma directa en proyectos innovadores con alto potencial de crecimiento. Podemos hallar ciertas similitudes de esta práctica con el mecenazgo que se efectuaba en la época del Renacimiento.

Fammily Offices

Son gestores de patrimonios familiares. El origen del Family Office data de finales del siglo XIX, cuando las primeras sagas industriales se dieron cuenta de la necesidad de crear oficinas propias dedicadas a gestionar el patrimonio familiar. Actúan como un interlocutor único para las familias en la prestación de servicios de asesoramiento financiero, gestiones bancarias, creación de estructuras fiscales óptimas o la contratación de seguros personales.

Los más importantes en España son:
— Omega (Koplowitz)
— Ponte Gadea (Ortega)
— Pactio (del Pino)
— Torreal (Abelló)

Incubadoras o Viveros

Las Incubadoras de Empresas (también llamadas **Viveros de Empresas**) son estructuras de acogida temporal de jóvenes empresas, donde cada emprendedor puede optar a alquilar espacios de trabajo o naves industriales a un bajo coste con todos los servicios e infraestructuras que toda empresa necesita para comenzar a funcionar. Además de contar con espacio físico, los emprendedores pueden acceder a un servicio de asesoramiento que les permite orientar su negocio de forma estratégica en relación a diversos ámbitos como el administrativo, el fiscal, el financiero o el laboral.

Son entidades diseñadas para acelerar el crecimiento y el éxito de las compañías emprendedoras a través de la variedad de recursos y servicios puestos a su disposición, normalmente compartidos para generar economía de escala. Se suelen compartir desarrollos tecnológicos, equipos de diseño, marketing, recursos humanos de servicios básicos, asesoramiento financiero y legal, contabilidad y soporte de negocio, ventas, etc. El objetivo principal de la incubadora consiste en crear las condiciones para que la pyme sea financieramente viable y autónoma.

Las primeras incubadoras, de carácter universitario, nacen en EE.UU en los años 40. En la década de los 80 nacen en España las primeras incubadoras sin ánimo de lucro mediante la involucración de las universidades, las administraciones locales y los gobiernos autonómicos y centrales. Algunas universidades españolas han implementado planes de financiación a los emprendedores surgidos de su campus a través de fundaciones. Una referencia en el tema es la **Red Española de Fundaciones Universidad Empresa** (REDFUE).

AVIE es la **Asociación de Viveros e Incubadoras de Empresas** de referencia en España. Su razón de ser es el promover e incentivar la cultura emprendedora y dar soporte a través de herramientas de última tecnología a las personas tanto físicas como jurídicas que desarrollen actividades afines al emprendimiento. AVIE es un ente de carácter civil sin ánimo de lucro que coordina más de 130 Viveros e Incubadoras de Empresas con el fin de:

— Promover la labor de los Viveros e Incubadoras de Empresas.

— Incentivar la creación de nuevos Viveros e Incubadoras de Empresas.

— Formar sobre emprendimiento y cultura empresarial.

— Actualizar el conocimiento, habilidades y destrezas de nuestros asociados.

— Generar redes y sinergias entre los asociados.

El 90% de empresas que se generan en estos ámbitos sobreviven el primer año, frente al 50% de las que nacen sin este apoyo.

La National Business Incubator Association declara que existen más de 4.000 incubadoras en el mundo, la cuarta parte de ellas en EE.UU.

La Financiación bancaria

En España existen más de cuarenta entidades financieras que, supuestamente, pueden ofrecer préstamos o líneas de crédito a emprendedores. Existe también el **Instituto de Crédito Oficial** (ICO) que dispone de diversas líneas de financiación y cuyo objetivo es impulsar y apoyar las inversiones productivas de las empresas españolas y promover los proyectos de autónomos y pymes. Uno de los comparadores más reputado de las ofertas activas en cada momento y para cada Plan de Empresa particular es Bankimia.com.

En el ámbito europeo también encontramos las opciones del **Banco Europeo de Inversiones** (BEI) y del **Fondo Europeo de Inversiones** (FEI). El BEI puede realizar préstamos para proyectos emprendedores mientras que el FEI trabaja a través de bancos privados.

Diferencia entre préstamo y línea de crédito

Préstamo: es la transferencia temporal del poder de disposición sobre un capital a cambio del compromiso por parte del deudor (prestatario) de pagarle a la entidad crediticia (prestamista) unos intereses y devolver el principal en una fecha o dentro de un plazo establecido.

Línea de Crédito: es la operación financiera a través de la cual se pone a disposición del cliente una cantidad de dinero hasta un límite determinado, durante un período de tiempo establecido, de la cual podrá hacer uso si lo estima conveniente, pagando intereses solamente en función del capital dispuesto.

Crowdfunding

También conocido como financiación en masa, financiación colectiva, micro-financiación colectiva o incluso micro-mecenazgo. Se trata de una iniciativa de cooperación colectiva llevada a cabo por personas que utilizan una red en internet para conseguir dinero u otros recursos a cambio de futuras compensaciones proporcionales a la cuantía de la participación. Se suele usar para: artistas o escritores que buscan apoyo de sus fans, campañas de políticos o la financiación del nacimiento de pequeñas compañías o pequeños negocios.

Subvenciones y ayudas a los emprendedores

Existen organismos, generalmente públicos, en casi todas las economías, cuyo objetivo es prestar apoyo a la creación de empresas. Estas ayudas consisten en subvenciones al capital o concesión de préstamos a bajo tipo de interés. A veces también ofrecen ayudas en temas formales como la obtención de información o la asesoría en la elaboración del plan de empresa o en la tramitación de constitución.

No conviene considerar estas subvenciones como una fuente de capital sino como un simple incentivo económico. Ningún emprendedor debería confiar en estas ayudas o subvenciones para la puesta en marcha de su negocio.

Las principales instituciones de este tipo en España son:
— Centro de Desarrollo Tecnológico Industrial (CDTI)
— Dirección General de la Pequeña y Mediana Empresa (DGPYME)
— Instituto Español de Comercio Exterior (ICEX)
— Cámaras de comercio
— Asociación de Parques Científicos y Tecnológicos (APTE)

A nivel europeo:
— Europe INNOVA
— OCDE
— Eurocámaras
— European Business and Innovation Centres Network, (EBN)
— EUREKA

DGIPYME del Gobierno de España

La **Dirección General de Industria** y **de la Pequeña y Mediana Empresa**

(DGIPYME) ofrece a los emprendedores una herramienta gratuita que les permite construir su Plan de Empresa para analizar la oportunidad de su negocio y examinar su viabilidad técnica, económica y financiera. El usuario puede crear su proyecto empresarial y jugar con diferentes escenarios económicos para comprobar aspectos tales como cuánto dinero va a necesitar para poner en práctica su negocio, con cuántos trabajadores debe contar, a cuánto vender su producto o servicio… Al finalizar de definir correctamente su plan, podrá acudir con su idea a las personas o entidades financieras que pueden ayudarle a ponerlo en marcha.

Test de la capacidad emprendedora

Para determinar si lector está en posesión de la necesaria capacidad de iniciativa y emprendimiento, le aconsejamos que realice el siguiente test diseñado por el autor. El test mide ocho factores necesarios. Para cada factor debe valorarse entre 1 y 5 el nivel de acuerdo o desacuerdo con cinco frases escogidas. La media entre las cinco frases de cada factor nos da la valoración entre 1 y 5 de dicho factor. Al final del test, la media de los ocho factores nos da una valoración global de la capacidad emprendedora.

FACTOR	Frases a valorar entre 1 (total desacuerdo) y 5 (total acuerdo)					
1.- Sentido de la responsabilidad empresarial		1	2	3	4	5
	Me siento cómodo teniendo la responsabilidad máxima de un proyecto					
	Tengo palabra y mantengo mis compromisos					
	Primero es la obligación que la devoción					
	Cumplo con lo prometido, aunque a veces no sea agradable					
	Si hace falta, quito horas al sueño y a lo que convenga para cumplir con los plazos					
	Valor del factor (suma de los puntos de las frases divido por 5)					

2.- Capacidad de asumir riesgos	1	2	3	4	5
Las personas que asumen riesgos tienen muchas más probabilidades de éxito					
Un proyecto empresarial necesite involucrar recursos económicos propios					
He asumido riesgos en muchas oportunidades anteriores de mi vida					
Asumir riesgos me anima y me hace sentir más vivo					
Considero que un problema es un reto para demostrar la capacidad propia					
Valor del factor (suma de los puntos de las frases divido por 5)					

3.- Creatividad y capacidad innovadora	1	2	3	4	5
Creo que mi nivel de creatividad es alto					
Cuando hay que tomar una decisión, me resulta fácil idear alternativas poco comunes					
Escucho con mucha atención todo aquel que me plantea ideas nuevas					
Disfruto más cuando hago cosas nuevas y originales					
Me fío mucho de mi intuición porque me ha demostrado que funciona					
Valor del factor (suma de los puntos de las frases divido por 5)					

4.- Autoconfianza y optimismo	1	2	3	4	5
Me considero muy bueno en mi profesión y mis habilidades específicas					
Tengo plena confianza en mis capacidades					
Sé que tengo posibilidades de llevar a cabo mi idea					
Solo rindo al máximo si actúo con plena autonomía					
Prefiero no pedir ayudas externas si no son absolutamente imprescindibles					
Valor del factor (suma de los puntos de las frases divido por 5)					

5.- Visión de futuro y capacidad de planificación	1	2	3	4	5
Planifico de forma muy rigurosa todos mis proyectos					
Analizo a fondo los recursos de todo tipo que voy a necesitar					
En mi cabeza tengo muy claros los objetivos que quiero alcanzar en mi proyecto					
Tengo cantidad de notas escritas sobre mi proyecto					
Me planteo los temas con visión a largo plazo					
Valor del factor (suma de los puntos de las frases divido por 5)					

6.- Motivación para llevar adelante el proyecto	1	2	3	4	5
Los proyectos que más me motivan son los que me obligan a tomar la iniciativa					
Cuando tengo unos objetivos, no me rindo hasta conseguirlos					
Afronto todos los problemas convencido de que podré superarlos					
No acepto "imposibles" a priori y pienso resolver cosas difíciles está en la naturaleza de un líder					
La aventura me da adrenalina y me hace sentir vivo					
Valor del factor (suma de los puntos de las frases divido por 5)					

7.- Capacidad de gestión empresarial	1	2	3	4	5
Administro eficazmente los recursos humanos, técnicos y económicos disponibles					
Soy un buen líder de equipos de trabajo. Saco lo mejor de ellos					
Domino el arte de asignar tareas, coordinar y seguir resultados					
Tengo facilidad de convencer a los demás través de la palabra					
Ante una situación imprevista y compleja, me crezco y tomo las decisiones oportunas					
Valor del factor (suma de los puntos de las frases divido por 5)					

8.- Aprender de los errores y fracasos	1	2	3	4	5
vTengo flexibilidad y capacidad para adaptarme a los cambios					
El fracaso es normal y no puede hundir mi motivación por seguir luchando					
Cuando fracaso, analizo los errores para aprender de ellos					
Hay que persistir porque las cosas no siempre salen bien a la primera					
Al atacar los proyectos hay que empezar siempre por el lado más difícil					
Valor del factor (suma de los puntos de las frases divido por 5)					
ÍNDICE TOTAL DE CAPACIDAD EMPRENDEDORA (SOBRE 5)					
Suma de los 8 factores dividida por 8					

Recomendaciones para el emprendedor

— Disfruta con lo que haces, diviértete buscando la satisfacción de tus clientes.
— Enamórate de la satisfacción de tus clientes, no de tu proyecto. Pregúntate si estás haciendo lo que verdaderamente ellos necesitan. Si no es así, date prisa en ajustar tu proyecto.
— Busca socios que tengan el carácter y las habilidades complementarias a los tuyas; pero no olvides nunca que mejor solo que mal acompañado.
— Incluye en el plan de empresa tu retribución. No contemples vivir de los beneficios (que deberías reinvertirlos).
— Separa totalmente la economía de tu empresa de la personal. No te conviene mezclar y perder la visión real de la marcha de la cuenta de resultados.
— Si tienes algún fracaso, no te desanimes. Significa que estás caminando y que tienes la oportunidad de aprender cómo no hay que hacer las cosas. Practica la resistencia a la frustración que forma parte de tu bagaje competencial.

REFERENCIAS BIBLIOGRÁFICAS

Referencias bibliográficas del Capítulo 1

Barnes, Tony. *Cómo lograr un liderazgo exitoso.* Mc Graw Hill,1999;

Bass, B. *Leadership and performance beyond expectations.* The Free Press, 1985.

Bennis, Warren: *"On becoming leader".* Adisson-Wessley Publishing, 1989

Blanchard, K; Zigarmi P. y Zigarmi, D. *El Líder Ejecutivo al minuto.* Grijalbo, 1986 .

Drucker, Peter F. *El Líder del Futuro.* Deusto, 1998. Kouzes, James M. & Barry Z. Posner. *The Leadership Challenge.* Jossey-Bass; 2008.

Northouse, Peter G. *Leadership: Theory and Practice.* Western Michigan University, 2013.

O'Donnell, Ken. *Valores humanos en la empresa.* LID Editorial Empresarial, 2007.

Referencias bibliográficas del Capítulo 2

Blanchard, Ken and O´Connor, Michael: *Administración por valores.* Norma, 1997.

Buzan, T.; Dottino, T.; Israel, R. *La inteligencia de líder.* Bilbao: Deusto., 1999.

Conger, Jay. *El líder carismático.* Mc Graw Hil, 1991

Coper R. K. y Sawaf, A. *La inteligencia emocional aplicada al liderazgo y a las organizaciones.* Ed. Norma, 1998.

Covey, S.R. *Liderazgo Centrado en Principios.* Paidós, 1997.

De Pree, Max. *El Liderazgo es un arte.* Editorial Vergara, 1993.

Dilts, Robert. *Visionary Leadership Skills.* Meta Publications, 1997.

Handscombe, Richard y Norman, Philip. *Liderazgo Estratégico.* Mc Graw Hill Interamericana de España, 1993.

Sashkin, M. *El líder visionario: cuestionario sobre la conducta del líder.* Centro de Estudios Ramón Areces, 1998.

Referencias bibliográficas del Capítulo 3

Gardner, Howard. *Estructuras de la mente-La teoría de las inteligencias múltiples.* Fondo de cultura económica, 1995.

Goldberg, E. *El cerebro ejecutivo: lóbulos frontales y mente civilizada.* Crítica, 2002.

Guilera, Llorenç. *Más allá de la inteligencia emocional: Las cinco dimensiones de la mente.* Thomson Paraninfo, 2006.

Morgado, Ignacio (ed). *Emoción y conocimiento: la evolución del cerebro y la inteligencia.* Metatemas, 2002

Referencias bibliográficas del Capítulo 4

Botella Llusia, Jose y J. A. F. Tresguerres. *Hormonas, instintos y emociones.* Editorial Complutense, 1996.

Gigerenzer, Gerd. *Decisiones Instintivas: la inteligencia inconsciente.* Ariel, 2008

Kohler, Wolfgang. *The Mentality of Apes.* Liverigh, 1976.

Tinbergen, N. *El estudio del instinto.* Siglo XXI, 1975.

Winston, Robert. *Instinto humano.* Globo Livros, 2006.

Referencias bibliográficas del Capítulo 5

Antoni, Marcelo. *Las cuatro emociones básicas.* Herder, 2014.

Damasio, A. *El error de Descartes: la emoción, la razón y el cerebro humano.* Crítica, 1996.

Ekman, Paul. *Cómo detectar mentiras*. Paidós, 1991.

Ekman, Paul. *El rostro de las emociones: signos que revelan significado más allá de las palabras*. RBA, 2015

Fernández Berrocal, P. & Ramos, N. *Corazones Inteligentes*. Kairós, 2002.

LeDoux, J. *El cerebro emocional*. Ariel, 1999.

Referencias bibliográficas del Capítulo 6

Burns, David D. *Adiós ansiedad*. Paidós, 2009.

Coper R. K. y Sawaf, A. *La inteligencia emocional aplicada al liderazgo y a las organizaciones*. Ed. Norma, 1998.

Goleman, Daniel. Liderazgo: *El poder de la inteligencia emocional*. Ediciones B, 2013.

Martín Asuero, Andrés. *Con Rumbo Propio: Disfruta de la vida sin estrés*. Plataforma Actual, 2013.

Moreno Gil, Pedro y Julio César Martín García-Sancho. *Dominar las crisis de ansiedad: Una guía para pacientes*. Desclée De Brouwer, Serendipity, 2014.

Stamateas, Bernardo. *Gente toxica*. Zeta bolsillo, 2013.

Referencias bibliográficas del Capítulo 7

Aguadero Fernández, F. *El arte de comunicar*. Editorial Ciencia3. 1999.

Baró Catafau, Teresa. *La gran guía del lenguaje no verbal: Cómo aplicarlo en nuestras relaciones para lograr el éxito y la felicidad*. Paidós, 2012.

Bou Bauzá, Guillem. *Comunicación persuasiva para directivos, directores y dirigentes*. Pirámide, 2005.

De Manuel, F & Martinez-Vilanova, R. *Habilidades de comunicación para directivos*. ESIC, 1999.

Donovan, Jeremey. *El Método Ted para hablar en público*. Ariel, 2013.

Finkler, P. *Comunicar y dialogar: el arte de entender a los demás*. Madrid: San Pablo, DL, 1997.

Gallo, Carmine. *The Presentation Secrets of Steve Jobs: How to Be Insanely Great in Front of Any Audience*. Mc Graw Hill, 2011.

Naistadt, I. *Hablar sin miedo*. Oniro, 2006.

Pease, Allan y Barbara Pease. *El lenguaje del cuerpo: Cómo interpretar a los demás a través de sus gestos*. Amat, 2010.

Torralba, Francesc. *El arte de saber escuchar*. Milenio, 2011.

Referencias bibliográficas del Capítulo 8

Bach, E. & Forés, A. *La asertividad para gente extraordinaria*. Barcelona: Plataforma Editorial, 2008.

Castanyer, Olga y Estela Ortega. *Asertividad en el trabajo: Cómo decir lo que siento y defender lo que pienso*. Conecta, 2013

Hare, Beverly. *Sea Asertivo*. Ediciones Gestión, 2000.

Referencias bibliográficas del Capítulo 9

Adair, J. *Liderazgo y motivación*. Gedisa, 2009.

Cruelles Ruiz, José Agustín. *Productividad e incentivos*. Marcombo Ediciones Técnicas, 2012.

Marina, José Antonio. *Los secretos de la motivación*. Ariel,2011.

Maslow, Abraham H. *Motivación y personalidad*. Díaz de Santos, 2008.

Palomo Vadillo, Mª Teresa. *Liderazgo y motivación de equipos de trabajo*. ESIC Editorial, 2010

Referencias bibliográficas del Capítulo 10

Andrés Reina, Maria Paz. *Gestión de la formación en la empresa.* Pirámide, 2001

Argyris, Chris. *Conocimiento para la acción.* Granica, 1999.

Maxwell, John C. *Las 17 leyes incuestionables del trabajo en equipo.* Grupo Nelson, 2003.

Wilson, Terry. *Manual del Empowerment: Cómo conseguir lo mejor de sus colaboradores.* Gestión 2000, 2007

Withmore, John. *Coaching: el método para mejorar el rendimiento de las personas.* Paidós, 2011.

Zamora Enciso, Ricardo. *Trabajo en equipo: motivación, compromiso y resultados.* Lulu.com, 2011.

Referencias bibliográficas del Capítulo 11

Cabana, Guy. *Los diez secretos del negociador eficaz.* Sirio, 2007.

De Manuel Dasi, Fernando. *Técnicas de negociación (11ª ed.).* ESIC, 2015

Font Barrot, Alfred. *Las 12 Leyes de la Negociación.* Conecta, 2013

Hernández, Alejandro. *Negociar es fácil, si sabe cómo: ¿Cuánto dinero pierde por desconocer las técnicas de negociación?* Alienta, 2011.

Lid (2009). *Negociación eficaz for Rookies.* LID.

Referencias bibliográficas del Capítulo 12

Business Review Harvard. *Negociación y resolución de conflictos.* Deusto, 2001.

Casado, L. *Conflict mentoring: cómo afrontar y resolver los conflictos.* Barcelona: Bresca Editorial, 2007.

Munuera, María del Pilar. *Resolución de Conflictos*. Editorial Académica Española, 2014

Orozco Pardo, Guillermo & Monereo Pérez, José Luis. *Tratado de Mediación en la Resolución de Conflictos*. Biblioteca Universitaria de Editorial Tecnos, 2015.

Ruiz López, Cristina. *Mediación y resolución de conflictos: Técnicas y ámbitos*. Biblioteca Universitaria de Editorial Tecnos, 2014.

Referencias bibliográficas del Capítulo 13

Adams, L. A. *Guías y juegos para superar bloqueos mentales*. Barcelona: Gedisa, 1993.

Guilera, Llorenç. *Anatomía de la Creatividad*. FUNDIT-ESDi, 2011 (disponible pdf gratis en http://www.esdi.es/content/pdf/anatomia-de-la-creatividad.pdf)

McKim, Robert H. *Experiences in Visual Thinking*. CengageLearning, 1980.

Sibbet, David. *Pensamiento Visual*. Conecta, 2012

Williams, Brian & Watanabe, Ken *¡Resuélvelo!: un método simple para solucionar problemas*. Empresa Activa, 2009.

Wujec, Tom. *Gimnasia mental*. MR Ediciones, 2006.

Referencias bibliográficas del Capítulo 14

Adair, John. *Toma de Decisiones y Resolución de Problemas*. Gedisa, 2013,

Castellanos, Luis. *Árboles y tablas de decisiones*. (https://luiscaste-llanos.files.wordpress.com/2015/02/arboles-y-tablas-decisiones-luis-castella nos.pdf).

Harvard Business Essentials. *Toma de decisiones: Para conseguir mejores resultados*. Deusto, 2007.

McDaniel, Herman. *Applications of Decision Tables*. AuerbachPublishers, 1970.

Signavio Decision Manager. *Aplicación para crear y manejar Tablas de Decisiones.* (http://www.signavio.com/es/products/decision-manager/tablas-de-decisiones/).

Valhondo Solano, Domingo. *Gestión del conocimiento.* Diaz de Santos, 2002.

Referencias bibliográficas del Capítulo 15

Edersheim, Elizabeth. *Enseñanzas de Peter Drucker.* McGraw Hill, 2007.

Gunter, Pauli. *La economia azul.* Tusquets, 2012.

Hayek, Friedrich A. *Camino de servidumbre.* Alianza Editorial, 2011

Manzanera, Antonio. *Finanzas para emprendedores.* Deusto, 2010.

Manzanera, Antonio. *Los diez mandamientos del emprendedor.* CreateSpace Independent Publishing Platform, 2014.

McCraw, Thomas K. *Joseph Schumpeter: Innovación y destrucción creativa.* Belloch, 2013.

Revista Emprendedores. *El Libro de los Emprendedores.* (Sin colección), 2013.

Ries, Eric. El método *Lean Startup: Cómo crear empresas de éxito utilizando la innovación continua.* Deusto, 2013

Manual de gestión aduanera. Normativas y procedimientos clave del comercio internacional
Pedro Coll

Productos y servicios inteligentes y sostenibles
Llorenç Guilera, Antoni Garrell

Lean Six Sigma Green Belt, paso a paso
Luis Socconini, Eduardo Escobedo

Manual de estrategia de operaciones
Ángel Caja Corral

Cerebro, inteligencias y mapas mentales
Zoraida G. de Montes, Laura Montes G.

Manual del comercio electrónico
Eva María Hernández Ramos, Luis Carlos Hernández Barrueco

Manual de transporte para el comercio internacional
Cristina Peña Andrés

Manual de gestión de almacenes
Sergi Flamarique

Anatomía de la creatividad
Llorenç Guilera Agüera

Lean Six Sigma. Sistema de gestión para liderar empresas
Luis Socconini, Carlo Reato

Lean Company. Más allá de la manufactura
Luis Socconini

El proceso de las 5'S en acción
Luis Socconini, Marco Barrantes

Lean Energy 4.0. Guía de Implementación
Luis Socconini, Juan Pablo Martín

Lean Manufacturing. Paso a paso
Luis Socconini

Lean Services. Certification Manual
Luis Socconini

Lean Six Sigma Yellow Belt. Manual de certificación
Luis Socconini

Lean Six Sigma Green Belt. Manual de certificación
Luis Socconini

Lean Six Sigma Black Belt. Manual de certificación
Luis Socconini

València, 558 – 08026 Barcelona – Tel. +34-931 429 486 – marge@margebooks.com – www.margebooks.com